Janine Courtillo

Rendez-Vous Champs Elysées

Hatier ⇆ International

© HATIER - Paris, Août 1986

Toute représentation, adaptation ou reproduction,
même partielle, par tous procédés, en tous pays,
faite sans autorisation préalable est illicite
et exposerait le contrevenant à des poursuites judiciaires.
Réf. Loi du 11 mars 1957

ISBN : 2-218-06910-5

*Je remercie
Monsieur Hubert EICHHEIM
pour ses encouragements
et ses conseils.*

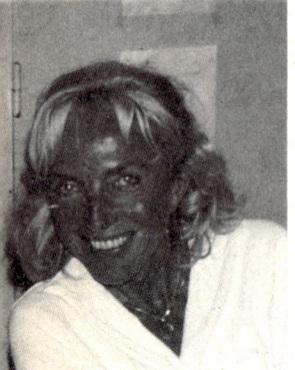

Rendez-vous : Champs-Elysees takes the form of a serial with the same characters appearing throughout the 26 episodes. As the story unfolds, so psychological relationships develop between the leading characters. (Not all these relationships will be obvious at first sight - so you will sometimes have to interpret them). The same characters reappear from beginning to end in order to show that there is more to learning a language than simply mastering its major structures and functions. **Indeed the best learning takes place through personal experience and contacts, and through the pleasure of discovery** - of how people live and act, of their ideas and beliefs, and of new and exciting insights into the « civilisation » of a particular country. It is for this reason, therefore, that the "cast" is not an all-French one but includes people from other countries who are spending time in France, talking to French people and finding out about their way of life. In addition, the "magazine" pages introduce aspects of the cultures of other French-speaking countries, such as Belgium, Canada and Switzerland.

With any home-based/self-study course, some means has to be found to make up for the absence of those personal contacts that you would normally have in the classroom or in a French-speaking country. This is why this method attempts, as it were, **to replace the teacher** by building in particular features to help you learn how to memorise sentences and to act and react as in real life.

These are some of the key learning principles underlying the method:

• If you are going to learn a language fast as a means to communication, you need first to be able to grasp in general terms those elements in any situation which give you clues as to meaning and which guide you to the fuller understanding you need before being able to speak. Such features as tone of voice, the relationships between speakers, and particular cultural and psychological aspects - all need to be perceived **as a whole.** After this the language itself can be analysed indirectly by means of the various « reference-marks » and deductions you make as you memorise the sentences and do the various exercises designed to help you consolidate and check you understanding. Basically, the process works like this:

Overall perception → analysis and learning of rules → speech in real-life situations.

• But, while this is the general principle, other variations are certainly possible since **no two people learn in exactly the same way.** Indeed, there is no such thing as a set method perfectly suited to one and all, and so, as you use this method, we suggest that you experiment with the various techniques proposed and select those that suit you best. The important thing is **to keep tabs on yourself and see what works for you.**

Regardless of your reasons for wanting to learn French, the process should never become tedious. RENDEZ-VOUS : CHAMPS-ELYSEES sets out to make your task as easy and pleasant as possible.

Now it's up to you! Good luck with Helene, Philippe, Gunther and the others!

How to work with this method

Each unit consists of the following elements:

1⃣ *A recorder dialogue for comprehension and memorising.* You listen to the dialogue without looking at the translation. But if you think that the translation will help you to understand, first read the translation and then listen to the dialogue without looking at the translation. As you progress, you will find yourself increasingly able to understand the dialogues without looking at the translations at all, and you will be pleased to see how much better your understanding is becoming. In any event, though, it is up to you to decide which method suits you best.

2⃣ **"Avez-vous compris?"** - *"Did you understand?"* In this section you will be asked wheter you can remember the various replies given in the dialogue. This serves as an aid to memory. In your book you read the sentences in English and you then try to reply to them whilst covering up the righ-hand column (with the correct replies). For instance, when you read the sentence, "Mr. Schmidt is asking for cigarettes....", you should try to remember what was said in French before reading the French version, and (if you are using cassettes) before listening to it: "Je voudrais un paquet de cigarettes, s'il vous plaît". If your goal is to learn to read and understand rather than actually speak French, you do not have to learn all the sentences by heart, but **if you do want to learn to speak, you will have to do a lot of memorising,** particularly at the beginning.

3⃣ **"Pouvez-vous le dire en français?"** - *"Can you say it in French"* Here, you are put in an imaginary but common situation requiring communication to see if you are able **produce a statement that is appropriate to the situation,** (What would you say if...). In the book the answer is given in the right-hand column and is also recorded on cassette. In many cases there is more than one possible response.

4⃣ **"Pouvez-vous répondre aux questions?"** - *"Can you answer the questions?"* Here, you are put into a theoretical but direct situation of communicating. Someone speaks to you to obtain information or to hear your point of view on a subject. It is as if a French person were speaking to you for the question is put to you in French and, through playing a role, you check your **ability to react.**

5⃣ **"Pratique de la Langue"** - *A grammar section containing tables, rules of grammar, conjugations and exercises, including a translation from English into French.*

The rules of grammar are given in English and the correct answers supplied for all exercises. It might be useful to study this grammar section and do the exercises before doing Section 3 ("Pouvez-vous le dire en français?"). It all depends on how you work best: do you need to know the rules or do you primarily need to rely on you memory? Try both ways to see which you prefer. It also depends on what your French needs are: do you want to acquire "tourist" French simply to « get by » with the basics, or do you want a more thorough command? In any case, you can do "Pouvez-vous le dire en français?" several times, before and after the exercises, until you are satisfied with the speed and accuracy of your responses.

Lastly, each unit contains a magazine, which you can browse through for your enjoyment and which enable you to gather some insights into the culture of some French-speaking countries. It covers everyday concerns, such as restaurants, hotels, means of transportation, cinema, etc.

Sommaire

Unit 1 — A l'aéroport — Taking a taxi:
page 8 — Asking for directions.
Asking the price.

Unit 2 — J'ai réservé — Arrival at the hotel.
page 14 — Checking in.

Unit 3 — Ce n'est pas ma clé — In the hotel hall:
page 20 — Asking for information.
Requesting a service.

Unit 4 — Je voudrais téléphoner — Looking up a phone number:
page 28 — Numbers and letters.

Unit 5 — Excusez-moi, je dois partir — Meeting at a café:
page 36 — Asking where someone's from, where they live.
Saying goodbye.

Unit 6 — Qui est à l'appareil ? — Taking on the telephone.
page 48 — Asking questions.

Unit 7 — On sort ce soir ? — Greetings and introductions.
page 56

Unit 8 — Vous voulez venir avec nous ? — Inviting someone out.
page 64 — Agreeing on a place to go.
Asking the time.

Unit 9 — Vous avez aimé le film ? — After a film:
page 74 — Stating your opinion.
Discussing prices.
Choosing a restaurant.

Unit 10 — Dîner aux Champs-Elysées — Ordering dinner.
page 88

Unit 11 — Elle oublie toujours quelque chose — Complaining.
page 100 — Paying (at the restaurant).

Unit 12 — Les plus belles femmes du monde — In a night-club:
page 112 — Inviting someone, conversing, declining an invitation, insisting.

Unit 13 — Ça vous ferait plaisir de partir avec moi ? — Arranging a rendez-vous over the telephone.
page 126

Unit 14 page 138	Dépêchez-vous ! Le train part dans cinq minutes	At the train station: Asking for information about trains (time, frequency).
Unit 15 page 152	Tu trouves que cette robe me va bien ?	In a department store: Buying clothes ans shoes.
Unit 16 page 162	Il a de la chance d'habiter sur la Côte d'Azur	On the train: Talking to one's neighbours. Dates, days, months.
Unit 17 page 174	Heureusement que les flics sont sympas !	Hiring a car. Driving in France. Contacts with the traffic police. Reporting a minor accident.
Unit 18 page 186	C'est facile d'apprendre une langue	Enrolling in a language school. Talking about one's knowledge of French.
Unit 19 page 198	Ça fait une heure que je vous attends	Impressions while waiting: Theories and deductions.
Unit 20 page 210	Un dimanche ordinaire	Walking along the Seine in Paris. Evening at the Coupole: Commenting on people and things.
Unit 21 page 222	Où peut-on reprendre contact ?	Discussion at the Cannes Film Festival: Exchanging views to convince someone in a professional field (the cinema).
Unit 22 page 232	Ça vous dérange si on se tutoie ?	Talking in a bar: Expressing feelings. Telling an adventure.
Unit 23 page 244	Vous voulez réserver	Booking a hotel, a restaurant, a camp-site, theatre.
Unit 24 page 254	Parlez-moi d'amour	Exchanging ideas about life, feelings, politics.
Unit 25 page 264	Le dîner (d'adieu)	An invitation to a family dinner: Conversing on general topics.
Unit 26 page 276	C'est triste Orly le dimanche	Saying goodbye at Orly airport.

UNITÉ 1

À l'aéroport

Voyageur :	L'autobus pour la Porte Maillot, s'il vous plaît ?	Which is the bus to la Porte Maillot ?
Homme :	C'est là, en face.	It's there, opposite you.
	By the bus door.	
Voyageur :	C'est l'autobus pour la Porte Maillot ?	Is this the bus for la Porte Maillot ?
Homme :	Oui Monsieur.	Yes.
	He gets on.	
Voyageur :	C'est combien ?	How much is it ?
Homme :	Trente francs.	Thirty francs.
Voyageur :	Merci.	Thank you.
	Later. In the taxi.	
Homme :	Où allez-vous ?	Where do you want to go ?
Voyageur :	À l'hôtel de France, rue de la Sorbonne, s'il vous plaît.	To the Hotel de France in the rue de la Sorbonne, please.
	The taxi stops.	
Homme :	C'est ici. C'est quarante francs avec la valise... Vous n'avez pas de monnaie ?	This is it. That will be forty francs including the suitcase... Don't you have any change ?
Voyageur :	Non, j'ai un billet de cent francs.	No, I've a one hundred franc note.

The taxi-driver counts out the change.

Homme : Cinquante et cent. Voilà Monsieur.
Voyageur : Merci Monsieur, au revoir Monsieur.
Homme : Au revoir.

Fifty and one hundred. There you are, sir.
Thank you. Goodbye.
Goodbye.

AVEZ-VOUS COMPRIS ?
Have you understood ?

At the airport, the traveller asks which bus goes to the Porte Maillot. He says	L'autobus pour la Porte Maillot, s'il vous plaît ?
Where is the bus ?	Là, en face.
The traveller asks the price of the ticket	C'est combien ?
How much does the ticket cost ?	Trente francs.
The taxi driver asks where the traveller is going. He says	À l'Hôtel de France. Il va à l'Hôtel de France.
Where is the Hotel de France ?	Rue de la Sorbonne.
How much is the taxi ride ?	Quarante francs avec la valise.
The taxi driver asks the traveller if he has any change	Vous n'avez pas la monnaie ?
Does the traveller have any change ?	Non, il a un billet de cent francs.

Listen and repeat once more.

POUVEZ-VOUS LE DIRE EN FRANÇAIS

Can you say this in French?

You ask where you catch the bus for la Porte Maillot	L'autobus pour la Porte Maillot, s'il vous plaît ?
You ask the price of the ticket	C'est combien ? C'est combien pour la Porte Maillot ?
You ask the coach driver where he is going	Où allez-vous ?
You want to go to the Hotel du Louvre on the Avenue de l'Opéra	L'Hôtel du Louvre, avenue de l'Opéra s'il vous plaît.
You want change (for a one hundred franc note)	Vous n'avez pas la monnaie ? Vous avez la monnaie de cent francs ?
You want to know how much the taxi ride will be, with a suitcase	C'est combien avec la valise ?

POUVEZ-VOUS RÉPONDRE AUX QUESTIONS ?

Can you reply to these questions?

Où va le voyageur ?	Il va à l'Hôtel de France. Il va rue de la Sorbonne. Il va à Paris.
Où est l'Hôtel de France ?	Rue de la Sorbonne, à Paris.
Un billet d'autobus, c'est combien ?	C'est trente francs.
La course du taxi, c'est combien ?	C'est quarante francs avec la valise.

PRATIQUE DE LA LANGUE
Language practice

COMBINAISONS GRAMMATICALES
Grammar study

You can make the following constructions :

Où est	l'autobus ?
	le métro ?
	la station de taxis ?
	la gare ?
	la poste ?
	la banque ?
	l' hôtel ?

le *is masculine*
la *is feminine*
l' *is followed by a vowel or by a mute 'h'*

il (l'autobus) est là
elle (la valise) est là

il *is masculine*
elle *is feminine*

C'est	combien ?
	là ?
	où ?
	à Paris
	rue de la Sorbonne

J'ai	une valise
Vous avez	un billet de cent francs
	la monnaie
	le billet

une *is feminine*
un *is masculine*

J'ai *is the first person of the verb* avoir.
Vous avez *is the second person singular (polite form) or plural.*

L'aéroport Roissy - Charles de Gaulle

Cinq francs belges

Cinq francs français.

Vingt-cinq cents canadiens.

Cent francs C.F.A.

MAGAZINE MAGAZINE MAGAZINE MAGAZINE MAGAZINE MAGAZINE

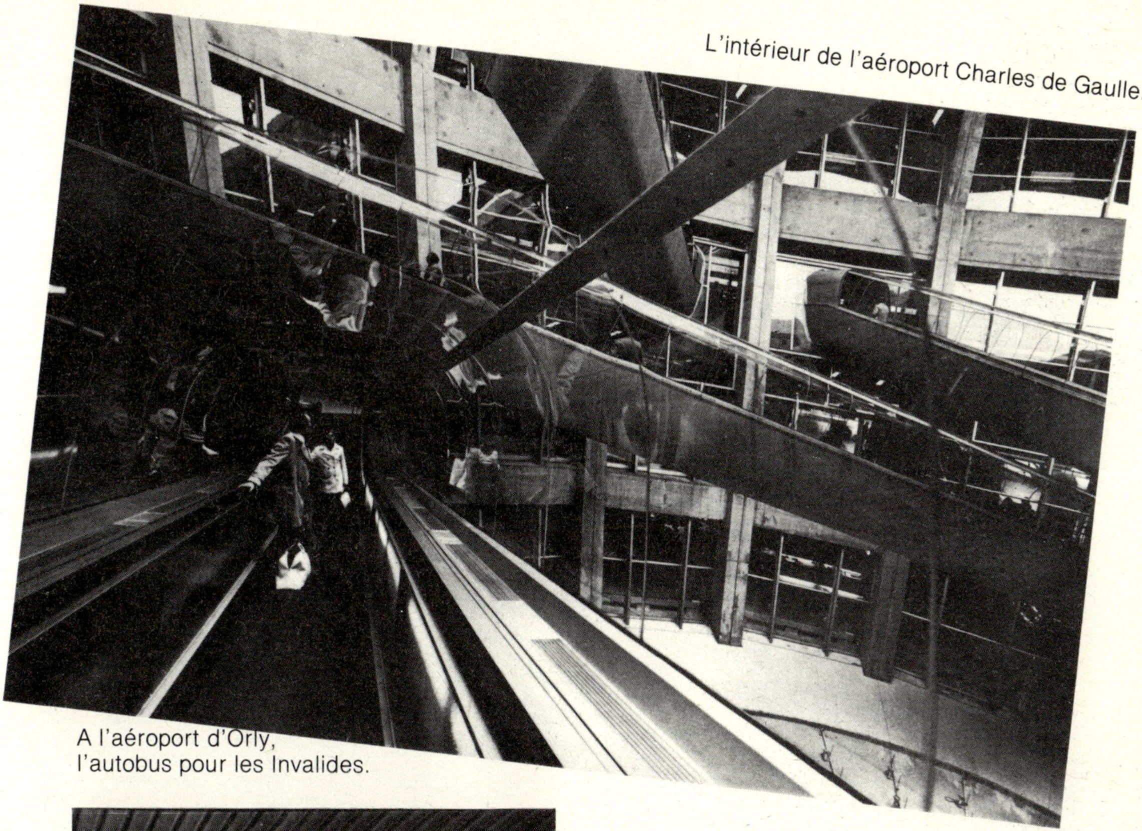

L'intérieur de l'aéroport Charles de Gaulle.

A l'aéroport d'Orly, l'autobus pour les Invalides.

Sur la grande place, à Bruxelles.

UNITÉ 2

J'ai réservé

Réceptionniste :	Bonsoir Monsieur.	*Good evening, sir.*
Günter Schmidt :	Bonsoir Monsieur. J'ai réservé une chambre.	*Good evening. I have reserved a room.*
Réceptionniste :	À quel nom ?	*In what name ?*
Günter Schmidt :	Pardon ?	*I beg your pardon ?*
Réceptionniste :	Quel est votre nom ?	*What is your name ?*
Günter Schmidt :	Schmidt.	*Schmidt.*
Réceptionniste :	Monsieur Schmidt... oui. C'est pour une semaine ?	*Mr Schmidt... yes. It's for a week, isn't it ?*
Günter Schmidt :	Oui.	*Yes.*
Réceptionniste :	Votre passeport, s'il vous plaît.	*Can I have your passport, please ?*
Günter Schmidt :	Voilà.	*Here you are.*
Réceptionniste :	Merci... Vous avez la chambre 10, au 2e étage.	*Thank you. You are in room number 10 on the second floor.*
Günter Schmidt :	Au 2e étage ?	*The second floor ?*
Réceptionniste :	Oui... Voici votre clé.	*That's right... Here's your key.*

Günter Schmidt :	Merci.	*Thank you.*
Réceptionniste :	L'ascenseur est là, à droite... bonsoir monsieur.	*The lift is over there on the right... Good bye, sir.*
Réceptionniste :	Bonsoir Madame. Vous avez réservé ?	*Good evening, madam. Have you reserved a room ?*
Hélène Panayoti :	Oui je suis Madame Panayoti.	*Yes, I am Mrs Panayoti.*
Réceptionniste :	Vous avez réservé pour 2 semaines ?	*You have reserved for two weeks, is that right ?*
Hélène Panayoti :	Oui, environ, je ne sais pas encore.	*Yes, roughly. I don't know yet.*
Réceptionniste :	Vous avez votre passeport ?	*Do you have your passport ?*
Hélène Panayoti :	Oui, voilà.	*Yes, there you are.*
Réceptionniste :	Merci. Voici votre clé. Chambre 12, au 2e étage.	*Thank you. Here's your key : room number 12 on the second floor.*
Hélène Panayoti :	J'ai des bagages, Monsieur.	*I have some luggage with me...*
Réceptionniste :	*(to the porter)* Vous accompagnez Madame à la chambre 12, s'il vous plaît.	*Will you take the lady's bags to room number 12, please.*
	(to Mrs D) Bonsoir Madame.	*Good bye, madam.*
Mme D :	Bonsoir Monsieur.	*Good bye.*

AVEZ-VOUS COMPRIS ?

Have you understood ?

Mr Schmidt has reserved a room for a week. He says	J'ai réservé une chambre pour une semaine.
The hotel receptionist asks in what name the room is reserved	À quel nom ? Quel est votre nom ?
He asks for his passport	Votre passeport, s'il vous plaît.
He tells him his room number (Room number 10 on the second floor)	Vous avez la chambre 10, au 2e étage.
He shows him where the lift is	L'ascenseur est là, à droite.
Mrs Panayoti arrives. The receptionist greets her and asks if she has reserved a room	Bonsoir Madame, vous avez réservé ?
Mrs Panayoti gives her name	Je suis Madame Panayoti.
The receptionist asks if she has reserved a room for two weeks	Vous avez réservé pour deux semaines ?
She does not yet know exactly	Oui, environ, je ne sais pas encore.
He asks for her passport	Vous avez votre passeport ?
He tells her her room number. (Room number 12 on the second floor)	Vous avez la chambre 12, au 2e étage.
Mrs Panayoti has some luggage. She tells the receptionist	J'ai des bagages.

POUVEZ-VOUS LE DIRE EN FRANÇAIS
Can you say this in French ?

You go into a hotel. You have already reserved a room. What do you say ? ....
Bonsoir Monsieur (ou Madame).
J'ai réservé une chambre.

You have not reserved ....
Vous avez une chambre ?

The receptionist asks you if your reservation is for one or two weeks ....
C'est pour une semaine ou pour deux semaines ?

The receptionist asks in what name you have reserved ? ....
À quel nom ?
Quel est votre nom ?

The receptionist asks for your passport .....
Votre passeport, s'il vous plaît.
Vous avez votre passeport ?

You ask what floor your room is on ....
C'est à quel étage ?

You ask where the lift is ....
Où est l'ascenseur ?

POUVEZ-VOUS RÉPONDRE AUX QUESTIONS ?
Can you reply to these questions ?

Quel est votre nom ?
Je suis Monsieur ...
Je suis Madame...

Quelle est votre nationalité ?
Je suis américain.
Je suis américaine.
Je suis allemand.
Je suis allemande.

Avez-vous un passeport ?
Oui. J'ai un passeport (américain).
Oui. J'ai un passeport (allemand).

Quel est le numéro de votre passeport ?
...

Before replying, listen to these numbers from nought to twenty.
zéro (0) - un (1) - deux (2) - trois (3) - quatre (4) - cinq (5) - six (6) - sept (7) - huit (8) - neuf (9) - dix (10) - onze (11) - douze (12) - treize (13) - quatorze (14) - quinze (15) - seize (16) - dix-sept (17) - dix-huit (18) - dix-neuf (19) - vingt (20).

PRATIQUE DE LA LANGUE
Language practice

COMBINAISONS GRAMMATICALES
Grammar study

You can already use the following constructions :

Quel est	votre nom ?
	votre numéro de téléphone ?
	le numéro de votre chambre ?

quel *is masculine*
est *is the third person singular of the verb* être *(to be)*

| Quelle est | votre adresse ? |
| | votre nationalité ? |

quelle *is feminine*

| Quel numéro | avez-vous ? |
| Quelle chambre | |

| Combien de | bagages avez-vous ? |
| | jours restez-vous ? |

restez *is the second person of the verb* rester *(to stay)*

Je suis	Monsieur Schmidt
	allemand (masculin)
	Madame Panayoti
	américaine (féminin)
	ici pour un mois

suis *is the first person of the verb* être

| J'ai | un passeport américain |
| Vous avez | des bagages |

des *is plural, masculine and feminine*

Je n'ai pas	la monnaie
	la clé
	votre adresse
	les billets

The negative form of a verb is constructed like this : **ne... pas** *ou* **n'... pas**
je **n'**ai **pas**... je **ne** suis **pas**...
les *is plural, masculine and feminine*

POINTS DE GRAMMAIRE
Notice the following rules

Mrs Panayoti is speaking ;
she says :............................. J'ai réservé
The receptionist speaks ;
he says : .... Vous avez réservé ?
Mr Schmidt has reserved .... **il** a réservé. **il** *is masculine*
Mrs Panayoti has reserved .... **elle** a réservé. **elle** *is feminine*

Il a **une** valise, elle a **des** bagages. **une** *is singular,* **des** *is plural (She has several suitcases)*

La chambre 10 **est** au 2ᵉ étage *(the form* **est** *is used for the singular)*
Les chambres 10 et 12 **sont** au 2ᵉ étage *(the form* **sont** *is used for the plural)*

Les bords de la Seine
vus de l'hôtel.

L'hôtel d'Anvers,
à Paris.

Un hôtel à Anvers,
en Belgique.

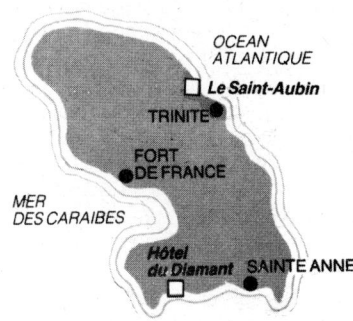

L'hôtel Saint Aubin à la Martinique.

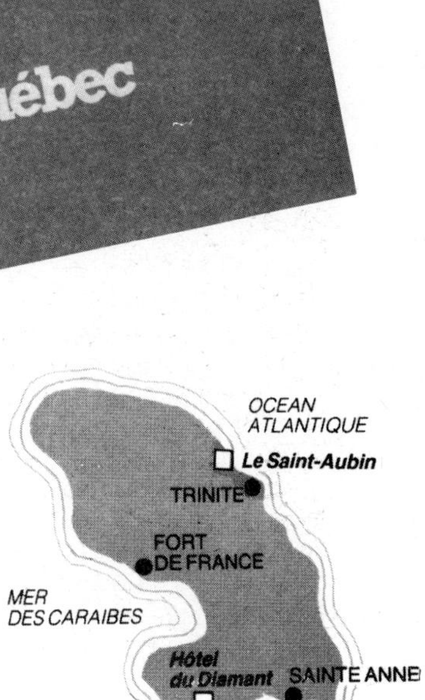

L'île de la Martinique.

UNITÉ 3

Ce n'est pas ma clé

In the corridor, on the second floor

Günter :	Qu'est-ce qu'elle a cette clé ? Elle ne marche pas, je me suis trompé de chambre. Mais non, pourtant, c'est bien la chambre 10.	*What's wrong with this key ? It doesn't work. Perhaps I have the wrong room. But this is room 10, right enough.*
Günter :	*(to the porter)* Monsieur s'il vous plaît... Je ne peux pas ouvrir ma porte. Vous pouvez ouvrir ?	*Excuse me please... I can't open my door. Would you mind trying ?*
Bagagiste :	*(to Hélène)* Excusez-moi, Madame, un instant.	*Excuse me a moment, madam.*
	(to Günter) Vous ne pouvez pas ouvrir ?	*You can't open your door ?*
Günter :	Non, la clé ne marche pas. Vous n'avez pas un passe ?	*No, the key doesn't work. Do you have a master key ?*
Bagagiste :	Non. Vous avez quelle chambre ?	*No. Which room are you in ?*
Günter :	J'ai la chambre 10.	*Room number 10.*
Bagagiste :	Attendez, on va voir ça... Mais regardez ! Ce n'est pas votre clé.	*Wait, now let's see... But, wait a second, this isn't your key !*
Günter :	Ce n'est pas ma clé ?	*It's not mine ?*
Bagagiste :	Non. Vous avez la clé de la chambre 12.	*No, you've got the key to room 12.*
Hélène :	Et moi, j'ai la clé de la chambre 10.	*And I've got the key to room 10.*
Günter :	Ah bon !	*Oh I see !*

AVEZ-VOUS COMPRIS ?

Have you understood ?

Günter Schmidt calls the porter	Monsieur, s'il vous plaît !
He can't open his door	Je ne peux pas ouvrir ma porte.
He asks the porter to open the door with a master-key	Vous pouvez ouvrir avec un passe ?
The porter asks Mrs Panayoti to wait a moment	Un instant, s'il vous plaît.
He is surprised that Günter Schmidt can't open his door	Vous ne pouvez pas ouvrir ?
Günter Schmidt says that his key doesn't work	Ma clé ne marche pas.
He asks the porter if he has a master-key ...	Vous n'avez pas un passe ?
The porter asks Günter Schmidt for his room number	Vous avez quelle chambre ?
He realises that he can't open the door because he has the key for room 12, not room 10	Regardez, ce n'est pas votre clé, c'est la clé de la chambre 12.
Mrs Panayoti has the key to room 10	Moi, j'ai la clé de la chambre 10.

And now, listen to the dialogue

Did you understand everything ?

POUVEZ-VOUS LE DIRE EN FRANÇAIS ?
Can you say this in French ?

At the customs, you can't open your suitcase. You tell the customs officer	Je ne peux pas ouvrir ma valise.
You ask the customs officer to open it	Vous pouvez ouvrir ma valise, s'il vous plaît ?
You ask him to wait a moment	Vous pouvez attendre un instant ?
	ou
	Un instant, s'il vous plaît.
The customs officer thinks you haven't got your key	Vous n'avez pas la clé ?
You ask someone if they have a car, any children	Vous avez une voiture ?
	Vous avez des enfants ?
At the station, you ask someone to carry your suitcase	Vous pouvez porter ma valise, s'il vous plaît ?

You ask what seat number this is (in a train or on an aeroplane)	Vous avez quel numéro ?
	ou
	Quel est votre numéro ?
Your neighbour is sitting in the wrong place ; you tell him/her	Excusez-moi, ce n'est pas votre place, c'est ma place.
Your seat number is 8, his/hers is 18	J'ai le numéro huit et vous avez le numéro dix-huit.

POUVEZ-VOUS RÉPONDRE AUX QUESTIONS ?
Can you reply to these questions ?

Vous avez une voiture ?	Oui, j'ai une voiture.
	Non, je n'ai pas de voiture.
Vous avez des enfants ? Combien ?	Oui, j'ai un, deux, trois enfants.
	Non, je n'ai pas d'enfants.
Pouvez-vous compter de un à douze en français ?	Un, deux, trois, quatre, cinq, six, sept, huit, neuf, dix, onze, douze.

PRATIQUE DE LA LANGUE
Language practice

COMBINAISONS GRAMMATICALES
Grammar study

You can now use the following constructions:

| Je peux / Je ne peux pas | entrer / sortir / fermer / ouvrir |

Je peux *from the verb* pouvoir
je peux
il / elle peut
nous pouvons
vous pouvez
ils / elles peuvent

| Vous pouvez | attendre ? / revenir ? / écrire votre nom ? / écrire votre numéro ? / épeler ? / répéter ? / traduire ? |

votre *is masculine and feminine*

| Vous n'avez pas | la clé ? / votre valise ? / votre passeport ? / la monnaie ? / les billets ? |

| Vous avez | réservé une chambre ? / fermé votre valise ? / ouvert (fermé) avec quelle clé ? / rempli votre fiche ? / écrit votre adresse ? / perdu (trouvé) votre clé ? / perdu vos bagages ? |

vos *is plural, masculine and feminine*

These sentences are in the **passé composé** *(past tense - perfect)*

Notice the **participe passé** *(past participle):*

réserver → réservé
perdre → perdu
fermer → fermé
ouvrir → ouvert
remplir → rempli
écrire → écrit

| Je n'ai pas | réservé / fermé à clé / écrit mon adresse / rempli ma fiche / trouvé mes clés |

mon *is masculine*
ma *is feminine*
mes *is plural, masculine and feminine*

Notice the position of the negatives: **ne... pas**. *These two words are put either side of the auxiliary verb* avoir.

EXERCICES

1 Translate :

1 - I have lost my key.
2 - I did not fill up my card.
3 - I have not reserved.
4 - I can't open my suitcase.
5 - Can you write your address ?
6 - Can you spell your name ?
7 - Can you close the door, please ?
8 - Can you wait a moment ?

Corrigé - answer

1 - J'ai perdu ma clé. 2 - Je n'ai pas rempli ma carte. 3 - Je n'ai pas réservé. 4 - Je ne peux pas ouvrir ma valise. 5 - Vous pouvez écrire votre adresse ? 6 - Vous pouvez épeler votre nom ? 7 Vous pouvez fermer la porte, s'il vous plaît ? 8 Vous pouvez attendre un instant ?

2 How much does this cost ? Ça coûte combien ?

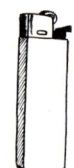

Write the prices of the following objects in words :

- Un briquet *(cigarette lighter)* coûte 10 . . . . . . francs.

- Une boîte d'allumettes *(box of matches)* coûte 1 . . . . . . franc.

- Un paquet de cigarettes *(packet of cigarettes)* coûte 8 . . . . . . francs.

- Un timbre *(stamp)* coûte 2 . . . . . . francs.

- Un journal *(newspaper)* coûte 3 . . . . . . francs.

- Un hebdomadaire *(weekly magazine)* coûte 11 . . . . . . francs.

- Un stylo bic *(ballpoint pen)* coûte 7 . . . . . . francs.

- Une carte postale *(post-card)* coûte 4 . . . . . . francs.

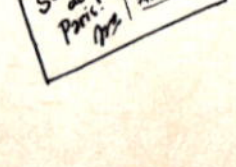

3 *Answer the following questions putting the verb in brackets in the perfect tense*

Exemple : Où est votre clé ?
Je (perdre) ma clé → j'ai perdu ma clé

1. Qu'est-ce que vous avez fait hier ?
   Je (visiter) Paris
2. Et ce matin, qu'est-ce que vous avez fait ?
   Je (changer) de l'argent à la banque.
3. Vous avez téléphoné à votre femme ?
   Non, je (ne pas téléphoner).
4. Vous partez ce soir ?
   Oui, je (réserver) une place dans l'avion.
   Je ne sais pas. Je (ne pas réserver).
5. Vous avez assez d'argent sur vous ?
   Non, je (ne pas changer) mes traveller-chèques.

Corrigé - answer

1. J'ai visité. 2. J'ai changé. 3. Je n'ai pas téléphoné. 4. J'ai réservé/Je n'ai pas réservé. 5. Je n'ai pas changé.

Apprenez les adjectifs possessifs

Observez le tableau

	masculine	*féminine*	*plural (masculine et féminine)*
(Je)	mon	ma	mes
(Tu)	ton	ta	tes
(Il/elle)	son (*)	sa (*)	ses(*)
	(his or her)	*(his or her)*	*(his or her)*
(Nous)	notre	notre	nos
(Vous)	votre	votre	vos
(Ils/elles)	leur	leur	leurs

* L'adjectif prend la marque de l'objet possédé et non du possesseur.

Fill in the appropriate possessive adjective

1. N'oubliez pas ..... clé (la clé).
2. N'oubliez pas ..... billets (le billet).
3. Je n'ai pas ..... passeport (le passeport).
4. Vous pouvez garder ..... bagages, s'il vous plaît ? (le bagage).
5. Il a perdu ..... valise (la valise).
6. Elle a perdu ..... sac et ..... valise (le sac).
7. Vous avez retrouvé ..... papiers ? (les papiers).
8. Il n'a pas téléphoné à ..... femme (la femme).
9. Je n'ai pas ..... lunettes (les lunettes).
10. Ils ont laissé ..... bagages à l'hôtel.

Corrigé - answer

1. votre. 2. vos. 3. mon. 4. mes. 5. sa. 6. son/sa. 7. vos. 8. sa. 9. mes. 10. leurs.

26

Dans une épicerie, on trouve tout :
le café, le chocolat, le thé, le sucre,
les pâtes, les conserves et même le vin et le champagne.
Pour préparer un repas,
vous pouvez faire vos achats
dans une épicerie.

Des spécialités françaises : le foie gras,

La vitrine
d'un grand bijoutier,
place Vendôme
à Paris.

le champagne.

MAGAZINE   MAGAZINE   MAGAZINE   MAGAZINE   MAGAZINE   MAGAZIN

Dans un bureau de tabac on trouve des cigarettes et des timbres-postes.

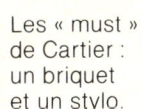

Les « must » de Cartier : un briquet et un stylo.

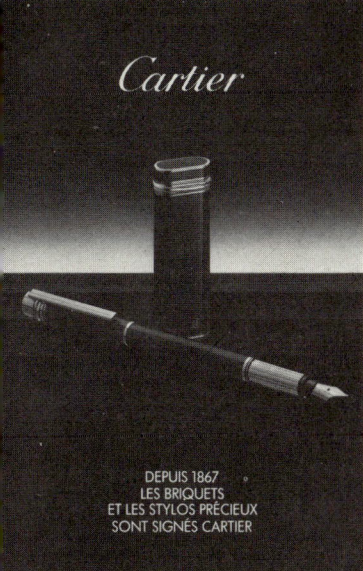

MAGAZINE MAGAZINE MAGAZINE MAGAZINE MAGAZINE MAGAZINE

UNITÉ 4
Je voudrais téléphoner

	The next morning, at the hotel.	
Hélène :	Je voudrais téléphoner, s'il vous plaît.	*I'd like to make a telephone call, please.*
Réceptionniste :	Vous avez le numéro ?	*Do you have the number ?*
Hélène :	Non, je n'ai pas le numéro.	*No, I don't.*
Réceptionniste :	C'est à Paris ?	*Is it a Paris number ?*
Hélène :	Oui.	*Yes.*
	He gives her the directory.	
Réceptionniste :	Voici l'annuaire.	*Here's the directory.*
Hélène :	Merci.	*Thank you.*
	She looks, but can't find the name.	
Hélène :	Je ne trouve pas le nom.	*I can't find the name.*
Réceptionniste :	Un instant.	*One moment.*
	He takes the directory.	
Réceptionniste :	C'est quel nom ?	*What is the name ?*
Hélène :	Lapeyre, Jeanne Lapeyre.	*Lapeyre, Jeanne Lapeyre.*
	He doesn't know how to spell Lapeyre.	
Réceptionniste :	Ça s'écrit comment ? Avec un e accent grave, ou e, i grec ?	*How do you spell it ? With an "e" with a grave accent, or "e-y" ?*
Hélène :	e, i grec.	*"e-y".*

The receptionist finds the address of Juliette Lapeyre, who lives at 45 avenue de la République. But it is the wrong Lapeyre.
Hélène's friend is called Jeanne Lapeyre, and she lives in the boulevard du Montparnasse.

Réceptionniste :	Ici, vous avez Lapeyre Juliette, 45 avenue de la République.	*Here's Juliette Lapeyre, 45 avenue de la République.*
Hélène :	Non, ce n'est pas ça. Mon amie habite boulevard du Montparnasse, elle s'appelle Jeanne.	*No, that's not it. My friend lives in the boulevard du Montparnasse, and she's called Jeanne.*
Réceptionniste :	Ah ! Voilà Jeanne Lapeyre.	*Ah ! Here's Jeanne Lapeyre.*
Hélène :	Oui, c'est ça.	*Yes, that's it.*
Réceptionniste :	C'est le 43.20.12.13.	*The number is 43.20.12.13.*
Hélène :	Quarante trois, vingt, douze, treize.	*Four, three, two-zero, one-two, one-three.*

The telephone is already being used and Hélène Panayoti doesn't have time to wait. The receptionist offers to make the call from the reception desk. But there is no reply at Jeanne Lapeyre's.

Hélène :	Je peux téléphoner ? Où est le téléphone ?	*May I make a telephone call ? Where is the telephone ?*
Réceptionniste :	Vous avez une cabine là-bas, mais elle est occupée. Vous pouvez attendre ?	*There is a booth over there, but somebody is using it. Can you wait ?*
Hélène :	Non, je suis pressée.	*No, I'm in a hurry.*
Réceptionniste :	Alors vous pouvez appeler ici à la réception.	*You can make the call from reception, then.*
Réceptionniste :	Ça ne répond pas, Madame.	*There's no answer, madam.*
Hélène :	Ah bon, je vous remercie, Monsieur.	*Oh well, thank you.*
Réceptionniste :	À votre service, Madame.	*You're welcome, madam.*

AVEZ-VOUS COMPRIS ?

Hélène Panayoti wants to make a telephone call................	Je voudrais téléphoner s'il vous plaît.
She doesn't have the number.............	Je n'ai pas le numéro.
The receptionist asks if it is a Paris number.	C'est à Paris ?
He gives her the directory................	Voici l'annuaire.
She can't find the name.................	Je ne trouve pas le nom.
The receptionist asks what the name is.....	C'est quel nom ?
He asks how to spell the name...........	Ça s'écrit comment ?
She replies.............................	Ça s'écrit e, i grec.
Where does Hélène's friend live ?..........	Boulevard du Montparnasse.
What is Hélène's friend's name ?..........	Elle s'appelle Jeanne Lapeyre.
What is her telephone number ?...........	C'est le quarante trois, vingt, douze, treize.
Hélène asks where the telephone is.........	Où est le téléphone ?

The receptionist tells her that someone is using the call-box	La cabine est occupée.
He asks Hélène if she can wait	Vous pouvez attendre ?
She can't wait, she is in a hurry	Non, je suis pressée.
She asks if she can telephone from the reception desk	Je peux téléphoner de la réception ? ou Je peux appeler de la réception ?
Nobody answers the telephone. The receptionist tells Hélène	Ça ne répond pas.
She thanks the receptionist	Je vous remercie Monsieur.

Listen again.
And now listen to the dialogue

POUVEZ-VOUS LE DIRE EN FRANÇAIS ?

You want to make a telephone call to Paris ..	Je voudrais téléphoner à Paris. ou Je voudrais un numéro de téléphone à Paris.
You want a telephone directory	Je voudrais l'annuaire s'il vous plaît. ou Vous avez l'annuaire, s'il vous plaît.
You enquire the name and address of someone to whom you are speaking	Quel est votre nom ? Quelle est votre adresse ?
You want to know his/her telephone number	Quel est votre numéro de téléphone ?
You could also say	Vous avez le téléphone ? C'est quel numéro ?
You want to know the telephone number of a hotel	Quel est le numéro de téléphone de l'hôtel ?

You give your name and address	Mon nom est ...
	ou
	Je m'appelle ...
	Mon adresse est ...
	ou
	J' habite ...
You want to know how a name is spelt	Ça s'écrit comment ?
You want to know where a road is / where the telephone is.............................	Où est la rue de la Sorbonne ?
	Où est le téléphone ?
You can't find the name in the directory/the road (on a map)	Je ne trouve pas le nom.
	Je ne trouve pas la rue.

POUVEZ-VOUS RÉPONDRE AUX QUESTIONS ?

Before answering the questions, do the exercises "Les chiffres et les lettres" (p. 32).

Quel est votre nom ?
Ça s'écrit comment ? Pouvez-vous épeler ?
Oú habitez-vous ?
Quelle est votre adresse ?
Pouvez-vous épeler le nom de la rue et de la ville ?
Vous avez le téléphone ?
Quel est votre numéro de téléphone ?

PRATIQUE DE LA LANGUE

COMBINAISONS GRAMMATICALES

Je voudrais	parler à Monsieur Legrand		
	téléphoner à Paris		
	réserver une chambre pour	une semaine
		deux jours
		une nuit

Oú	habitez-vous ?		Je vais	en Grèce
	allez-vous ?			à Athènes
	voulez-vous	téléphoner ?		rue de la Paix
		dîner ?		au cinéma
				à la gare
				à l'aéroport

Les chiffres et les lettres *(Numbers and letters)*

Les chiffres : *Learn how to count*

from 0 to 9	*from 11 to 19*	*ten or so*
0 zéro		10 dix
1 un	11 onze	20 vingt
2 deux	12 douze	30 trente
3 trois	13 treize	40 quarante
4 quatre	14 quatorze	50 cinquante
5 cinq	15 quinze	60 soixante
6 six	16 seize	70 soixante-dix
7 sept	17 dix-sept	80 quatre-vingt
8 huit	18 dix-huit	90 quatre-vingt-dix
9 neuf	19 dix-neuf	100 = cent 1 000 = mille

To add units to tens :

20	vingt	60	soixante
21	vingt et un	61	soixante et un
22	vingt-deux	69	soixante-neuf
30	trente	70	soixante-dix (60+10)
31	trente et un	74	soixante-quatorze (60+14)
35	trente-cinq	79	soixante-dix-neuf (60+19)
40	quarante	80	quatre-vingt (4×20)
41	quarante et un	81	quatre-vingt-un
44	quarante-quatre	87	quatre-vingt-sept
50	cinquante	90	quatre-vingt-dix (4×20+10)
51	cinquante et un	91	quatre-vingt-onze (4×20+11)
56	cinquante-six	99	quatre-vingt-dix-neuf (4×20+19)

N.B. You must put et *before the figure* un *except after 80* (quatre-vingt) *: you say* quatre-vingt-un.

EXERCICES

1 *How to telephone*

To telephone from Paris to the province, you dial 16 + eight figures.
To telephone from the province to Paris, you dial 16 (1) + eight figures.

Write out the following telephone numbers in full.

46 33 32 11   12 44 95 71
52 21 12 18   73 81 16 19
36 42 14 36   57 71 76 77

Write out your own telephone number in words.
Write out your address (write the figures in words).

2 *Listen to the following telephone numbers, then write them in figures.*

Corrigé

35.44.38.28 - 75.38.91.86 - 57.61.78.13 - 78.88.93.20 - 43.25.12.21 - 24.57.41.16 - 37.23.61.21 - 85.55.95.40 - 73.25.81.40 - 56.02.63.01.

3 *Listen to the prices of the following objects :*

1. Cette chambre est à ....   6. Le tailleur fait ....
2. Avec salle-de-bains, c'est ....   7. Ce parfum vaut ....
3. Le petit déjeuner est à ....   8. La bouteille de whisky coûte ....
4. Nous avons un menu à ....   9. Cette cravate fait ....
5. Ce pantalon fait ....   10. Les cigarettes sont à ....

Corrigé

1. 250 francs. **2.** 330 francs. **3.** 16 francs. **4.** 75 francs. **5.** 390 francs. **6.** 1 700 francs. **7.** 425 francs. **8.** 85 francs. **9.** 49 francs. **10.** 65 francs.

☐☐☐☐☐☐☐☐

Les lettres : Ça s'écrit comment ? *How do you spell it... ?*

Here are the letters of the alphabet :

a - b - c - d - e - f - g - h - i - j - k - l - m - n - o - p - q - r - s - t - u - v - w - x - y - z

Listen to their pronunciation on the tape.
N.B. W *is pronounced* "double v", Y *is pronounced* "i grec".

The letter **e** *can be written with accents*

accent aigu : é — accent grave : è — accent circonflexe : ê

4 *Spelling names*

Can you spell out letter by letter the following names :

Hélène Panayoti :   Jean Gabin :

Günter Schmidt :   Yves Montand :

Now spell your surname and your Christian name.

☐☐☐☐☐☐☐☐

Le programme d'un café-théâtre.
Les « bébés-femmes », titre calqué sur les « bébés phoques »,
à la suite des campagnes de Brigitte Bardot
pour sauver la vie de ces animaux.

Une colonne Morris,
où sont affichés les spectacles :
pièces de théâtre
ou revues de music-hall.

POUR

    SORTIR

        A PARIS

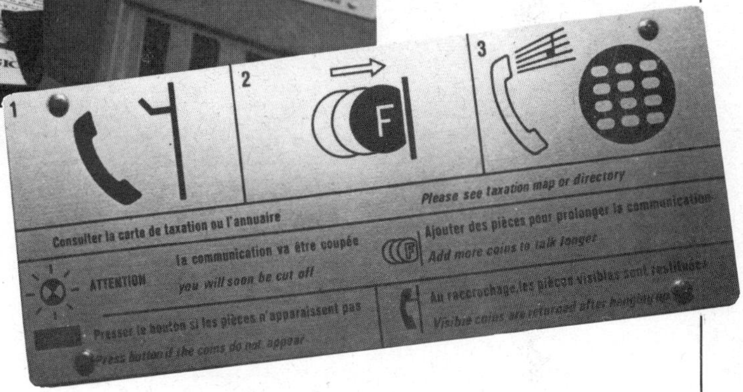

POUR TELEPHONER

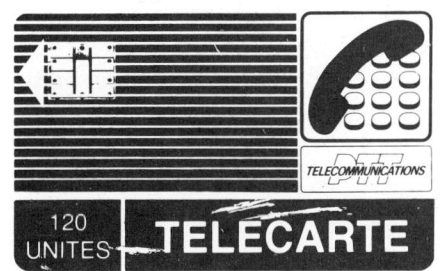

Attention : maintenant pour téléphoner,
on utilise de plus en plus les télécartes.
On les achète dans les bureaux de poste.

UNITÉ 5

Excusez-moi, je dois partir

In a cafe, around midday. After leaving the hotel, Hélène Panayoti has done some shopping and has now gone to a café to telephone her friend, Jeanne Lapeyre. She has just made the call, and now sits down at a table and calls the waiter.

Hélène :	Monsieur, s'il vous plaît !	*Waiter, please.*
Garçon :	Madame, vous désirez ?	*What would you like, madam ?*
Hélène :	Un café, s'il vous plaît.	*A coffee, please.*
	Hélène asks if service is included (In France, it nearly always is.)	
Hélène :	Le service est compris ?	*Is service included ?*
Garçon :	Oui, Madame.	*Yes, madam.*
Hélène :	Voilà.	*Here you are ?*
Garçon :	Quatre et cinq. Merci Madame.	*Four and five. Thank you, madam.*
	A man is sitting at a neighbouring table. He starts talking to Hélène.	
Monsieur :	Pardon Madame, vous avez du feu s'il vous plaît ?	*Excuse me, do you have a light, please ?*
Hélène :	Non, je ne fume pas.	*No, I don't smoke.*
Monsieur :	Vous n'êtes pas française ?	*You're not French, are you ?*
Hélène :	Hum... je suis américaine...	*umm... I'm American.*
Monsieur :	Et vous habitez Paris ?	*And you're living in Paris ?*
Hélène :	Non, j'habite aux États-Unis... mais... je suis née en Grèce.	*No, I live in the United States... but... I was born in Greece.*

Monsieur :	Vous êtes née en Grèce et vous êtes américaine ?	You were born in Greece and yet you are American ?
Hélène :	Oui, c'est ça !	Yes, that's right !
Monsieur :	Et vous parlez combien de langues ?	And how many languages do you speak ?
Hélène :	Trois langues : je parle anglais, grec et français.	Three : I speak English, Greek and French.
Monsieur :	Vous parlez bien français.	You speak French very well.
Hélène :	Ma mère est française.	My mother is French.
Monsieur :	Ah bon ! C'est pour ça ! Alors votre mère est allée passer ses vacances en Grèce, elle a rencontré un Grec, elle l'a épousé, vous êtes née, et ensuite, ils sont allés vivre aux États-Unis.	Ah, I see. That's why. So, your mother spent her holidays in Greece, met a Greek, married him, you were born and then the family went to live in the States.
Hélène :	Vous avez tout compris !	That's absolutely right !
Monsieur :	Et vous habitez où, aux États-Unis ?	And where do you live in the States ?
Hélène :	San Antonio.	San Antonio.
Monsieur :	Où est-ce que ça se trouve ?	Where exactly is that ?
Hélène :	Vous ne connaissez pas San Antonio ? C'est au Texas.	You don't know San Antonio ? It's in Texas.
Monsieur :	Moi, au Texas, je ne connais que Dallas. Vous êtes en vacances à Paris ?	Personally, the only thing I know about Texas is Dallas. Are you in Paris on holiday ?
Hélène :	Oui, je suis venue voir une amie.	Yes, I've come to see a friend.
Monsieur :	Et, vous habitez chez votre amie ?	And are you staying at your friend's ?
Hélène :	Non.	No.

The man asks Hélène in which district of Paris she is staying and he realises that she is at the hotel de la Sorbonne. Hélène finds him very inquisitive. And when he asks her if she likes Paris, she gets up quickly saying that she really must leave. He introduces himself and says how pleased he is to have met her, but she interrupts him and leaves.

Monsieur :	Alors, vous êtes à l'hôtel à Paris ?	So, you're staying in a hotel in Paris ?
Hélène :	Oui.	Yes.
Monsieur :	Dans quel quartier ?	In which district ?
Hélène :	Près de la Sorbonne.	Near the Sorbonne.
Monsieur :	Vous êtes à l'hôtel de la Sorbonne ?	Are you actually in the "Hôtel de la Sorbonne" ?
Hélène :	Oui... vous êtes bien curieux.	Yes... you're very curious.
Monsieur :	Excusez-moi... ça vous plaît Paris ?	I'm sorry... Do you like Paris ?
Hélène :	Oui oui, beaucoup. Excusez-moi, je dois partir, je suis pressée.	Oh, yes, a lot. I'm sorry, I must be off. I'm in a hurry.
Monsieur :	Je suis heureux de vous avoir rencontrée. Je m'appelle Philippe Legrand, je suis...	I'm very pleased to have met you. My name is Philippe Legrand, I'm...
Hélène :	Enchantée Monsieur, au revoir Monsieur.	Delighted. Good bye, Monsieur.
Monsieur :	Au revoir, Madame.	Good bye, Madame.
	Listen once more to the dialogue.	

AVEZ-VOUS COMPRIS ?

Hélène orders a coffee.	Un café, s'il vous plaît.
How much does the coffee cost ?	Trois francs.
Does she give 3 or 5 francs to the waiter ?	Elle donne cinq francs.
Is service included ?	Oui, le service est compris.
The waiter thanks her	Le garçon remercie.
A man asks Hélène for a light. He says	Vous avez du feu s'il vous plaît ?
What does she say in reply ?	Je ne fume pas.
He asks her if she is French. (He thinks she isn't)	Vous n'êtes pas française ?
Hélène replies	Je suis américaine.
He asks her if she lives in Paris	Vous habitez Paris ?
Where does she live ?	Elle habite aux États-Unis.
Where was she born ?	Elle est née en Grèce.
How many languages does she speak ?	Elle parle trois langues : l'anglais, le grec et le français.
Why does she speak French well ?	Parce que sa mère est française.
Where does she live in the United States ?	À San Antonio, au Texas.

[Cartoon: Two men at a café terrace. One says "VOUS HABITEZ CHEZ VOS PARENTS ?" The other replies "OUI, MAIS À SAN-ANTONIO, ... AU TEXAS !" Signed FRAPAR.]

She is surprised that the man hasn't heard of San Antonio.	Vous ne connaissez pas San Antonio ?
He asks where it is	Où est-ce que ça se trouve ?
She tells him	C'est au Texas.
He says that the only thing he knows about Texas is Dallas	Moi, au Texas, je ne connais que Dallas.
He wants to know if she is on holiday	Vous êtes en vacances à Paris ?
Hélène has come to see a friend in Paris.	Je suis venue voir une amie à Paris.

The man is curious. He want to know Hélène's address	Vous êtes à l'hôtel à Paris ? ou Vous habitez quel quartier à Paris ? ou Vous êtes à quel hôtel ?
He wants to know if she likes Paris	Ça vous plaît Paris ? ou Vous aimez Paris ?
Hélène wants to leave. What does she say ? .	Excusez-moi, je dois partir.
He introduces himself (tells Hélène his name)	Je m'appelle Philippe Legrand.
Hélène replies and says good-bye	Enchantée Monsieur, au revoir Monsieur.

POUVEZ-VOUS LE DIRE EN FRANÇAIS ?

You are in a restaurant. You call the waiter and ask for a light	Monsieur s'il vous plaît, vous avez du feu ?
You ask for some matches	Vous avez des allumettes ?
You wish to know if service is included	Le service est compris.
Someone speaks rapidly in French. You don't understand because you are not French/don't speak French very well	Excusez-moi, mais je ne suis pas français, je suis... Je ne parle pas bien le français.
You ask someone where he lives in France...	Vous habitez où, en France ?

You can also say	Où habitez-vous ?
	ou
	Vous êtes à Paris ?
	ou
	Vous habitez à Paris ?
	Vous habitez quel quartier à Paris ?
You want to know where someone was born.	Où êtes-vous né ?
	ou
	Vous êtes né au Canada ? En Suisse ?
You reply to someone who asks you where you live ?	J'habite aux États-Unis à Los Angeles.
	ou bien
	Je suis de Los Angeles.
You don't know where Saint-Tropez is. What do you say ?	Où est-ce que ça se trouve Saint-Tropez ?
It is in the south of France	Ça se trouve dans le midi de la France.
You ask someone if they are travelling on holiday/on business	Vous êtes en vacances ici ?
	ou bien
	Vous êtes ici pour affaires ?
You wish to take leave of someone. You are in a hurry	Excusez-moi, je suis pressé, je dois partir.

POUVEZ-VOUS RÉPONDRE AUX QUESTIONS ?

Est-ce que vous connaissez la France ?	Oui, je connais un peu la France.
	ou
	Non, je ne connais pas la France.
Avez-vous des amis en France ?	Oui, j'ai des amis à Paris.
	Non, je n'ai pas d'amis en France.
Avez-vous des amis dans un pays étranger ?	Oui, j'ai des amis en Angleterre, en Suisse, en Suède, en Allemagne.
Où habitez-vous aux États-Unis ? En Angleterre ? Au Canada ?	J'habite à San Francisco, Londres, Vancouver...
Où est-ce que ça se trouve ?	C'est près de...

PRATIQUE DE LA LANGUE

COMBINAISONS GRAMMATICALES

Vous connaissez	les États-Unis ?
	des gens aux États-Unis ?
	le sud de la France ?
	la Bretagne ?
	un bon restaurant ?
	l'avenue de la République ?
	la place de la Concorde ?
	la sœur de Philippe ?
	les amis d'Hélène ?

Learn the verb : connaître

je connais	nous connaissons
tu connais	vous connaissez
il, elle connaît	ils, elles connaissent

Où est-ce que ça se trouve ? *(Where is it ?)*

C'est	près d'ici, près de Paris, près de Toulouse.
	à côté de la gare, à côté du port.
	loin d'ici, loin de Los Angeles.
	à Paris, en France.
	dans le dix-huitième arrondissement.
	dans le quartier de l'Opéra.
	dans la région de...
	dans le nord de la France.
	dans le sud du pays.

Compare

Vous fumez	**des** cigarettes canadiennes ?	Vous aimez	**les** cigarettes belges ?
	des gauloises ?		**les** gauloises ?
	des blondes ?		**les** blondes ?

N.B. : *The verbs* fumer *and* aimer *are conjugated like* habiter.

EXERCICES

Translate :

1 - *Do you know the United-States ?*
2 - *Do you know a good hotel in Montreal ?*
3 - *Do you know a good restaurant around here ?*
4 - *Do you have American cigarettes ?*
5 - *I don't like French cigarettes.*
6 - *Are you here on holiday ?*
7 - *I don't know Quebec, I am not from here.*
8 - *I live in the south of the United States.*
9 - *Where is it located ?*
10 - *It's in Texas, near Dallas.*

Corrigé

1 - Vous connaissez les États-Unis ? 2 - Vous connaissez un bon hôtel à Montréal ? 3 - Vous connaissez un bon restaurant près d'ici ? 4 - Vous avez des cigarettes américaines ? 5 - Je n'aime pas les cigarettes françaises. 6 - Vous êtes ici en vacances ? 7 - Je ne connais pas Québec, je ne suis pas d'ici. 8 - J'habite dans le sud des États-Unis. 9 - Où est-ce que ça se trouve ? 10 - C'est au Texas, près de Dallas.

☐☐☐☐☐☐☐☐

Où habitez-vous ? Où est-ce que ça se trouve ? *Where do you live ? Where exactly is that ?*

If you want to give precise details about the place and distances, you should do the following exercise :

1. *To place the town where you live, you use the preposition* **à** *or simply the verb* **habiter** *followed by the name of the town.*

Examples in France : J'habite à Lyon *or* J'habite Lyon.
　　　　　　　　　　J'habite à Marseille *or* J'habite Marseille.

Here are the names of some cities :
Londres - Genève - Athènes - Rome - Bruxelles.

2. *To situate the place where you live*

- you use the preposition **en** *to situate the country or the province when they are of the feminine gender.*

Examples in France : J'habite en France, en Bretagne, en Bourgogne.

Examples in Europe and the United States : en Belgique - en Suisse - en Californie - en Floride.

- you use the preposition **au** *for countries of masculine gender and* **aux** *for the plural (masculine and feminine genders) :*

Examples : au Canada - au Portugal - aux États-Unis.

- you use the preposition **dans** *followed by the definitie article to name the region*

Examples in France : J'habite dans le midi, dans le nord, dans l'est, dans l'ouest.
Examples in the United States : J'habite dans le sud des États-Unis - J'habite dans l'État du Colorado.

- you use the prepositions **à** *and* **de** *to situate a town in a region*

For example : Strasbourg est à l'Est de la France

　　de *followed by the definite article becomes* **du**

For example : Saint Augustin est au nord-est du Canada.

3. *To indicate distance and situation in relation to another place, you use the prepositions* **à** *and* **de** *:*

For example : Lyon est à cinq cents kilomètres de Paris, Bruxelles est au nord de Paris.

You can also show distances in train-travel time (or boat, or plane)

For example : Marseille est à une heure d'avion de Paris et à cinq heures de train. Brest est à environ huit heures de train de Paris.

Tableau récapitulatif *Summary*		
In a town	c'est	à Paris à Londres à Rome au Havre (Le Havre)
In a country or a region *(when the gender is feminine)*	c'est	en France en Amérique en Bretagne en Californie
In a country (masculine)	c'est	au Canada au Portugal
In a country (plural)	c'est	aux États-Unis
In a region (masculine)	c'est	dans le midi dans le sud de la France dans le Colorado
Situated in relation to...	c'est	à l'est de Montréal à l'ouest de Chicago à trois cents kilomètres de New York à une heure d'avion de Genève au sud du Canada au nord de la France au centre des États-Unis

Apprenez à demander votre chemin *Learn how to ask your way*

pour aller   à l'Opéra s'il vous plaît ?
              à Lyon ?
              aux Champs-Élysées ?

- pour aller à l'Opéra vous prenez la direction Porte de la Chapelle et vous changez à la Madeleine

- pour aller à Lyon vous prenez l'autoroute du sud ou le TGV (train à grande vitesse) à la gare de Lyon

- pour aller aux Champs-Élysées vous prenez l'autobus n° 63 ou le R.E.R. (métro rapide) et vous descendez à Étoile-Charles de Gaulle.

prendre	descendre
je prends	je descends
tu prends	tu descends
il, elle prend	il, elle descend
nous prenons	nous descendons
vous prenez	vous descendez
ils, elles prennent	ils, elles descendent

EXERCICES

Reply to these questions:

- Pour venir en France, vous prenez le bateau ou l'avion ?
- Et pour aller de Montréal à Québec ?
- Où se trouvent les villes suivantes, par rapport à Paris : Strasbourg, Toulouse, Nice, Lille ?
- Est-ce qu'il faut changer d'avion pour aller de Dallas à Montréal ?
- Il faut combien de temps pour aller de New York à San Antonio par le train et en avion ?

☐☐☐☐☐☐☐☐

POINTS DE GRAMMAIRE

Conjugaisons

être	avoir	habiter	s'appeler	aller
je suis	j'ai	j' habite	je m'appelle	je vais
tu es	tu as	tu habites	tu t'appelles	tu vas
il, elle est	il, elle a	il, elle habite	il, elle s'appelle	il, elle va
nous sommes	nous avons	nous habitons	nous nous appelons	nous allons
vous êtes	vous avez	vous habitez	vous vous appelez	vous allez
ils, elles sont	ils, elles ont	ils, elles habitent	ils, elles s'appellent	ils, elles vont

Les articles

définis et **indéfinis**

le Français   un touriste grec
la Française   une touriste grecque
les Français   des touristes grecs

EXERCICES

Translate :

1 - *What's your name ?*
2 - *How do you spell your name ?*
3 - *Whereabouts in Geneva do you live ?*
4 - *Do you live in Montreal ?*
5 - *Where do you want to go ?*
6 - *Where do you want to call ?*
7 - *Are you going to the airport ?*
8 - *Can you go to the station ?*
9 - *I am going to the Opera.*
10 - *Can I go with you ?*

Corrigé

1 - Quel est votre nom ? **2** - Comment épelez-vous votre nom ?/ça s'écrit comment ? **3** - Où habitez-vous à Genève ? **4** - Vous habitez à Montréal ? **5** - Où voulez-vous aller ? **6** - Où voulez-vous téléphoner ? **7** - Vous allez à l'aéroport ? **8** - Vous pouvez aller à la gare ? **9** - Je vais à l'Opéra. **10** - Je peux aller avec vous ?

Carte des pays de langue française.

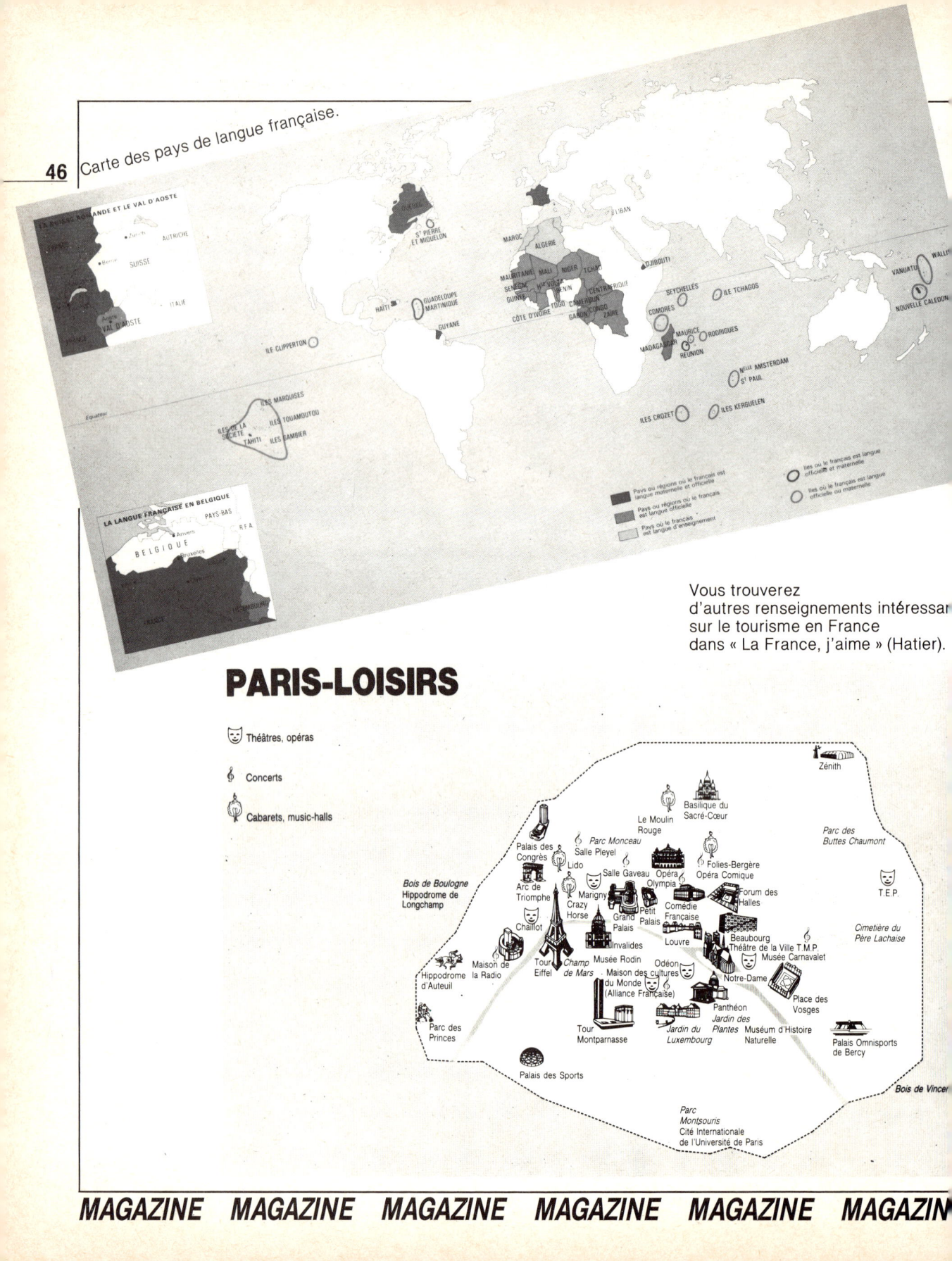

Vous trouverez
d'autres renseignements intéressan
sur le tourisme en France
dans « La France, j'aime » (Hatier).

PARIS-LOISIRS

- Théâtres, opéras
- Concerts
- Cabarets, music-halls

MAGAZINE MAGAZINE MAGAZINE MAGAZINE MAGAZINE MAGAZIN

47

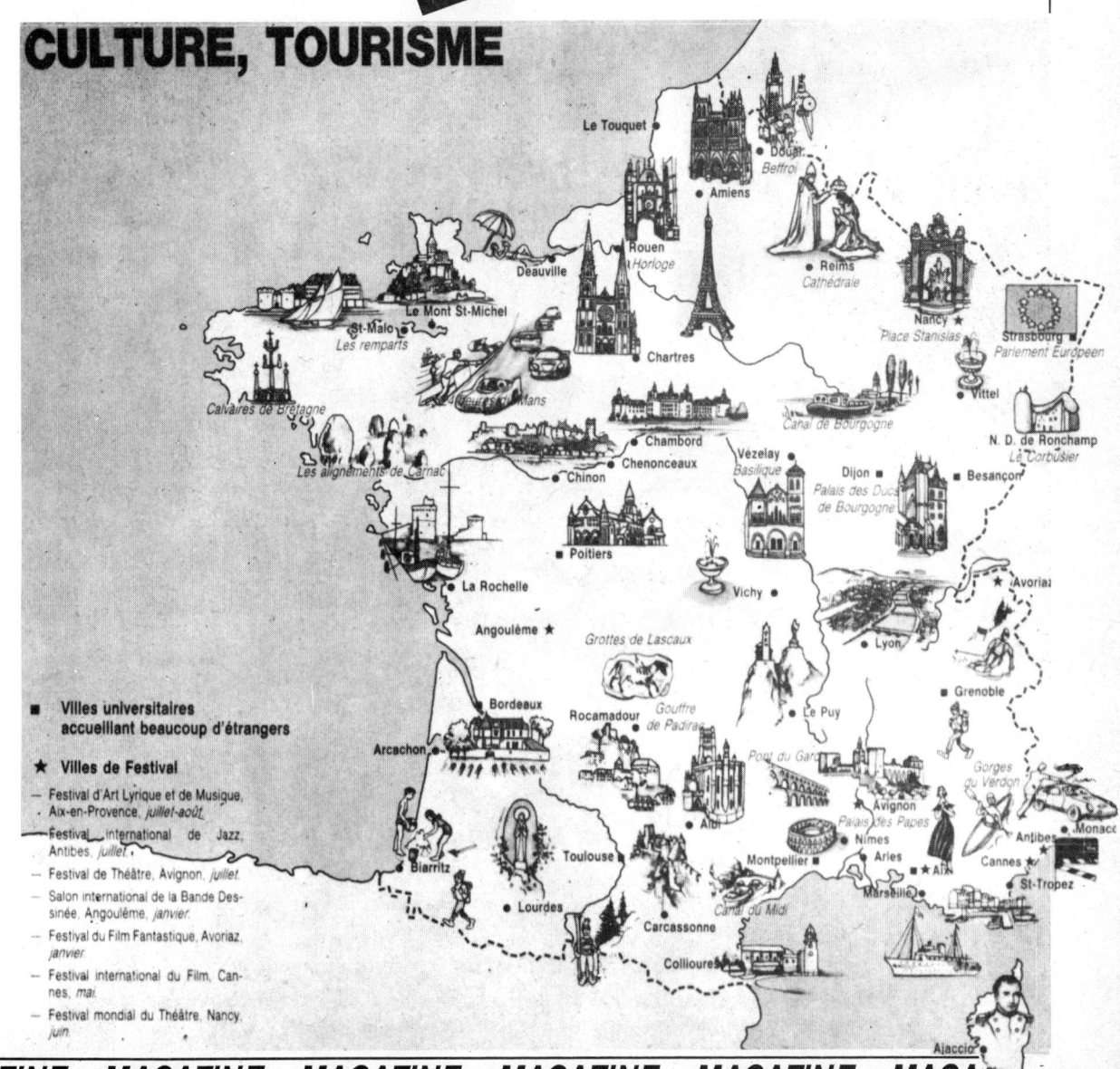

CULTURE, TOURISME

- ■ **Villes universitaires accueillant beaucoup d'étrangers**
- ★ **Villes de Festival**

— Festival d'Art Lyrique et de Musique, Aix-en-Provence, *juillet-août*.
— Festival international de Jazz, Antibes, *juillet*.
— Festival de Théâtre, Avignon, *juillet*.
— Salon international de la Bande Dessinée, Angoulême, *janvier*.
— Festival du Film Fantastique, Avoriaz, *janvier*.
— Festival international du Film, Cannes, *mai*.
— Festival mondial du Théâtre, Nancy, *juin*.

MAGAZINE MAGAZINE MAGAZINE MAGAZINE MAGAZINE MAGA

UNITÉ 6

Qui est à l'appareil ?

At the Hôtel de la Sorbonne, around 7 pm

Standardiste :	L'Hôtel de la Sorbonne, j'écoute.	*Hôtel de la Sorbonne. Can I help you ?*
Philippe :	Je voudrais parler à Madame Panayoti, s'il vous plaît.	*I would like to speak to Mrs Panayoti, please.*
Standardiste :	Un instant, je vous la passe.	*One moment please. I'll try to connect you.*
Standardiste :	Madame Panayoti, on vous demande au téléphone.	*Mrs Panayoti, I have a call for you.*

Hélène doesn't recognise who is calling. Philippe Legrand asks her if she remembers him. He tells her that he met her at the Café de la Gare.

Hélène :	Allô.	*Hello.*
Philippe :	Madame Panayoti ?	*Mrs Panayoti ?*
Hélène :	Oui.	*Yes.*
Philippe :	Ici Philippe Legrand. Comment allez-vous ?	*This is Philip Legrand here. How are you ?*
Hélène :	Mais... qui est l'appareil ?	*But... who's speaking ?*
Philippe :	Philippe Legrand. Vous vous souvenez ? Je vous ai rencontrée au Café de la Gare.	*Philippe Legrand. You remember ? I met you at the Café de la Gare.*

Hélène Panayoti left her address book on the table at the café. Philippe Legrand has found out her name from her address-book and has looked up the number of the hotel in the directory.

Hélène :	Mais, comment avez-vous eu mon numéro de téléphone ?	But how have you got hold of my number ?
Philippe :	Je l'ai trouvé dans l'annuaire.	I found it in the directory.
Hélène :	Et... vous connaissez mon nom ?	And... you know my name ?
Philippe :	Votre nom, je l'ai trouvé sur votre carnet d'adresses.	Your name ? I found that out from your address book.
Hélène :	Sur mon carnet d'adresses ?	My address-book ?
Philippe :	Vous l'avez oublié sur la table du café !	You left it on the table at the café !
Hélène :	Oh, mon Dieu !	Oh, for heaven's sake !

AVEZ-VOUS COMPRIS ?

Philippe telephones the hotel, wanting to speak to Mrs Panayoti. What does he say ? .... Je voudrais parler à Madame Panayoti s'il vous plaît.

The switchboard operator is about to connect the call to Hélène .... Un instant, je vous la passe.

What does the operator say to Hélène ? ..... Madame, on vous demande au téléphone.

Philippe Legrand introduces himself on the telephone .... Ici, Philippe Legrand.

Philippe reminds her that they met at the Café de la Gare .... Vous vous souvenez ? Je vous ai rencontrée au Café de la Gare.

Hélène is astonished. She hasn't given him her number .... Mais comment avez-vous eu mon téléphone ?

Philippe replies that he found it in the directory Je l'ai trouvé dans l'annuaire.

He explains how he found out her name .... Je l'ai trouvé dans votre carnet d'adresses.

Listen once more to the dialogue.

POUVEZ-VOUS LE DIRE EN FRANÇAIS

You answer the telephone. Someone asks to speak to your wife..................... Un instant, je vous la passe.
Someone asks to speak to your husband.... Un instant, je vous le passe.
Your husband (or wife) is not at home...... Il n'est pas là.
ou
Elle n'est pas là.

You suggest they leave a message......... Vous voulez laisser un message ?
You do not know the caller............... Qui est à l'appareil ?
It's a wrong number..................... Quel numéro demandez-vous ?
ou
C'est une erreur.

You have lost a key, a passport, an address-book. You ask the hotel porter if he has found them — Est-ce que vous avez trouvé une clé, un passeport, un carnet d'adresses ?

You are sorry but you have forgotten someone's name................................. Excusez-moi, j'ai oublié votre nom.

POUVEZ-VOUS RÉPONDRE AUX QUESTIONS ?

Avez-vous le téléphone ?

Oui, j'ai le téléphone.
Non, je n'ai pas le téléphone.

Quel est votre numéro de téléphone ?   ....

Vous téléphonez dans un bureau et vous demandez à parler à une personne.

Monsieur Durand, s'il vous plaît.
ou
Je voudrais parler à Monsieur Durand s'il vous plaît.

Vous téléphonez chez des amis, vous demandez à parler à un ami.

Ici Claudine, est-ce que je peux parler à Nicolas ?

PRATIQUE DE LA LANGUE

COMBINAISONS GRAMMATICALES

vous comprenez	le grec ?
	le français ?
	l'américain ?

je comprends	mal le français.
	un peu le français.
	bien le français.

comprendre *is conjugated like* **prendre**

the passé composé *(past tense-perfect)* *with a direct pronoun object*

vous avez	rencontré	des touristes grecs
j'ai		des amis français
		une amie française
		des amies de Jeanne

vous **les** avez rencontrés
je **les** ai rencontrés
je **l'**ai rencontrée
je **les** ai rencontrées

j'ai laissé	ma valise à l'hôtel
	mon manteau dans l'autobus
appelé	mon ami à Philadelphie
téléphoné	à ma femme en Suisse
oublié	le français
	le numéro de téléphone de l'hôtel
	votre adresse
trouvé	un carnet d'adresses
perdu	mon carnet de chèques
cherché	un hôtel
reçu	une lettre

je **l'**ai laissée
je **l'**ai laissé
je **l'**ai appelé
je **lui** ai téléphoné
je **l'**ai oublié

je **l'**ai oublié
je **l'**ai oubliée
je **l'**ai trouvé
je **l'**ai perdu
je **l'**ai cherché
je **l'**ai reçue

Study the personal pronouns

Je vous	réserve une table
	apporte mon passeport
	prépare la note
	appelle demain
	envoie le chèque par la poste
	donne mon adresse

je vous **la** réserve
je vous **l'**apporte
je vous **la** prépare

je vous **l'**envoie
je vous **la** donne

Vous me	réservez une table s'il vous plaît ?
me	préparez la note pour ce soir ?
m'	appelez demain à 8 heures ?
m'	envoyez le chèque par la poste s'il vous plaît ?
m'	envoyez un chèque de deux cents francs ?
me	donnez votre adresse ?

Vous me **la** réservez
Vous me **la** préparez

Vous me **l'**envoyez

Vous me **la** donnez

N.B. : *You write* **m'** *in front of a vowel*
The verbs **réserver, apporter, préparer, donner** *and* **chercher** *are conjugated like* **habiter**

perdre	envoyer
je perds	j'envoie
tu perds	tu envoies
il, elle perd	il, elle envoie
nous perdons	nous envoyons
vous perdez	vous envoyez
ils, elles perdent	ils, elles envoient

EXERCICES

1 *Put the following sentences into the perfect tense*

Je vous réserve une table

Je vous apporte les passeports

Je vous prépare la note

Je vous envoie le chèque

Je vous donne les adresses

Change the noun objects into pronouns keeping these sentences in the perfect tense
Example : Je vous ai réservé une table - Je vous l'ai réservée

Corrigé

Je vous ai apporté les passeports, - Je vous les ai apportés, - Je vous ai préparé la note, - Je vous l'ai préparée, - Je vous ai envoyé le chèque, - je vous l'ai envoyé, - Je vous ai donné les adresses, - Je vous les ai données.

2 *Translate*

1 - *Can you give me your address, please ?*

2 - *Can you call me to-morrow morning at 8.00 ?*

3 - *I'll call you tonight at your hotel.*

4 - *Wait a minute. I will give you my address.*

5 - *But you gave it to me !*

6 - *I'll mail you the cheque.*

7 - *Do you remember my name ?*

8 - *I am sorry, I have forgotten it.*

9 - *I left my cheque-book at the hotel.*

10 - *I lost my cigarette-lighter. Did you find it ?*

Corrigé

1 - Vous me donnez votre adresse, s'il vous plaît ? ou : vous pouvez me donner votre adresse ? 2 - Vous m'appelez demain matin à huit heures ? 3 - Je vous appelle ce soir à votre hôtel. 4 - Un instant, je vous donne mon adresse. 5 - Mais vous me l'avez donnée. 6 - Je vous envoie le chèque par la poste. 7 - Vous vous souvenez de mon nom ? 8 - Excusez-moi, je l'ai oublié. 9 - J'ai laissé mon carnet de chèques à l'hôtel. 10 - J'ai perdu mon briquet, vous l'avez trouvé ?

3 Fill in the questionnaire

1 - Quel est votre nom ?
2 - Quelle est votre nationalité ?
3 - Quelle est votre situation de famille :
célibataire - marié(e) - divorcé(e) - veuf (veuve)
4 - Combien d'enfants avez-vous ?
5 - Quelle est votre profession ?
6 - Où travaillez-vous ?
7 - Quel âge avez-vous ?
8 - Quelle est votre date de naissance ?
9 - Où êtes-vous né(e) ?
10 - Où habitez-vous ?
11 - Combien gagnez-vous par mois ?
12 - Avez-vous une voiture, une moto, un bateau, une résidence secondaire (maison de campagne, appartement au bord de la mer) ?

Corrigé

1 - Mon nom est John Smith. 2 - Je suis américain. 3 - Je suis marié. 4 - J'ai trois enfants, deux filles et un garçon. 5 - Je suis employé de banque. 6 - Je travaille à la Midland Bank. 7 - J'ai quarante-cinq ans. 8 - Je suis né le 12 avril 1937. 9 - Je suis né en Californie, à San Francisco. 10 - J'habite en Louisiane, à allée des Pirates à la Nouvelle Orléans. 11 - Je gagne 2 000 dollars. 12 - J'ai une voiture, je n'ai pas de bateau. Je n'ai pas de maison de campagne, j'ai un petit appartement au bord de la mer.

MÉMORANDUM

Nom : LAPEYRE
Prénom : Jeanne
Adresse : 45 boulevard du Montparnasse
☎ Domicile : 43 20 12 13
   Bureau : 42 30 24 57

Compte N° 04054 802

Groupe sanguin : A+
N° Sécurité Sociale : 2 48 03 22 267 019
Mutuelle N° :

VOTRE VOITURE

Permis de conduire N° 75/1427930
Carte grise N°
Lieu d'Immatriculation
Date de délivrance
Type de la voiture
N° de série
Assurance police N°
Compagnie

En cas de nécessité, prévenir
M. François LAPEYRE ☎ 45 44 38 37

1982 MARS

Lundi 8
matin : Atelier maquettes
après-midi : idem
soirée : Festival d'Automne

Mardi 9
Voyage Londres. Rendez-vous Chef de Publicité magazine "Times"

Mercredi 10
matin : Retour de Londres en fin de matinée
après-midi : Bureau téléphoner à Jane
soir : Atelier

Jeudi 11
matin : Atelier
après-midi : Tournage
soirée : Libre

Vendredi 12
matin : Montage-mixage
après-midi : Atelier et bureau
soir : Cinéma

Samedi 13
matin : Bureau jogging au bois chercher
après-midi : Sauna partenaire pour tennis
soirée : et salon de coiffure
Dîner en ville avec des amis

Dimanche 14

Une page de l'agenda d'un publicitaire.

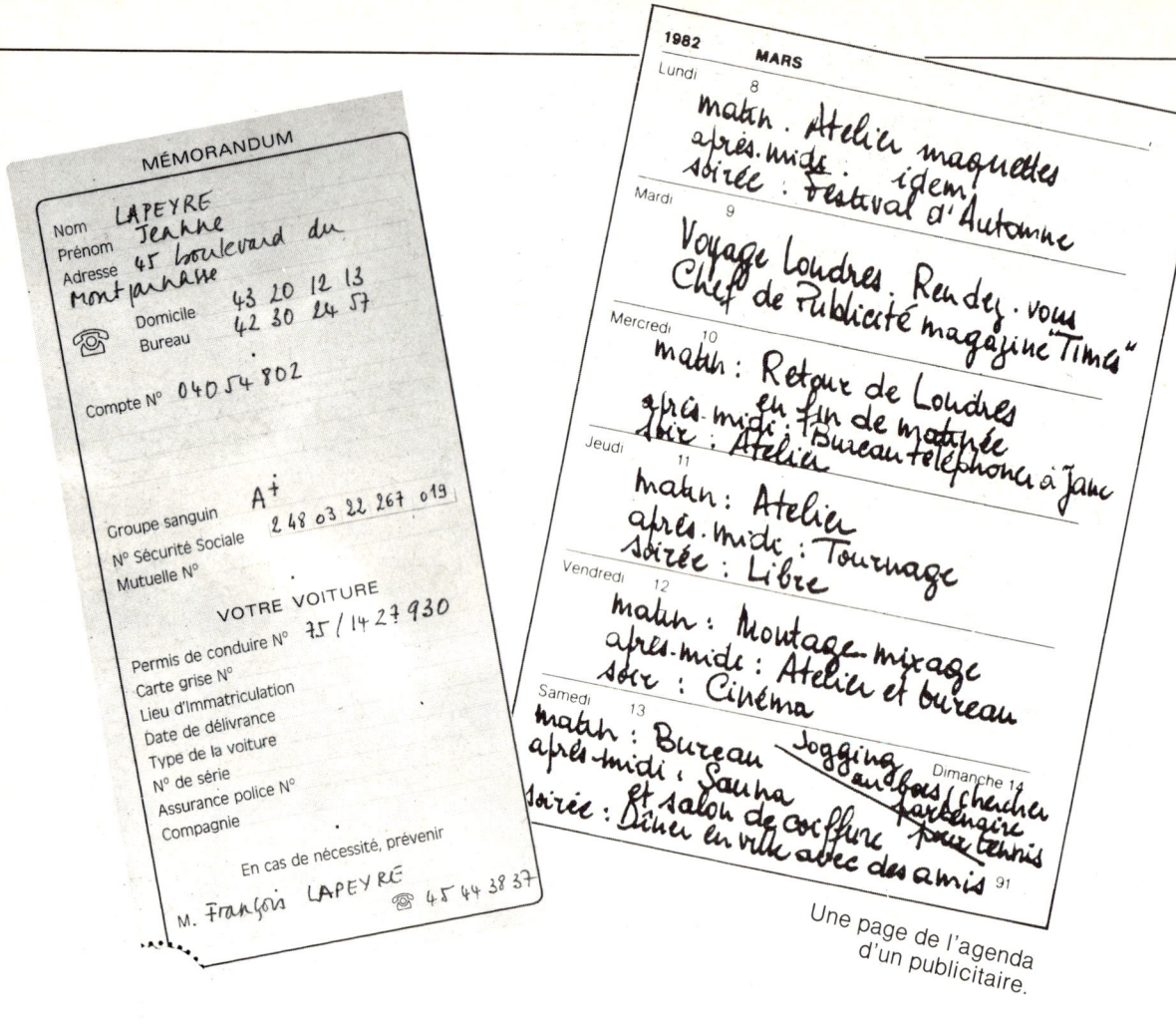

L'Ecole des officiers de Saint-Cyr, au défilé du 14 juillet.

Les Grands Magasins,
la nuit,
pendant la période de Noël.

55

Fêtes de l'année

Jour de l'an	1 janvier
Pâques	Avril (lundi)
Fête du travail	1 Mai
Victoire 1945	8 Mai
Ascension	Mai (jeudi)
Pentecôte	Mai (dimanche)
Fête nationale	14 Juillet
Assomption	15 Août
Toussaint	1 Novembre
Armistice 1918	11 Novembre
Noël	25 Décembre

Toutes ces fêtes sont
des jours fériés,
c'est-à-dire où on ne travaille pas.

Une vitrine gastronomique :
on y trouve les plats traditionnels
des fêtes de Noël et du Nouvel An :
du caviar, du foie gras,
du saumon fumé, etc.

MAGAZINE MAGAZINE MAGAZINE MAGAZINE MAGAZINE MAGAZINE

UNITÉ 7

On sort ce soir ?

A few days later, Hélène has arranged to meet her friends, François and Jeanne Lapeyre, and also Philippe, in the hotel lobby. They have already arrived and are waiting in the hall, but they do not know one another. Hélène arrives and makes the introductions. She greets her friends first.

Hélène :	*(To Jeanne)* Salut. Comment ça va ?	*Hi ! How are you ?*
Jeanne :	Ça va, merci et toi, tu vas bien ?	*Fine, thanks. And you ?*
Hélène :	Oui très bien. Bonsoir François, vous allez bien ?	*Very well. Good evening, François. How are you ?*
François :	Très bien. Et vous ?	*Very well thanks. And yourself ?*

Hélène notices Philippe. They have not seen one another since their meeting in the café. She introduces him to her friends.

Hélène :	Bonsoir Monsieur. Comment allez-vous ?	*Good evening. How are you ?*
Philippe :	Très bien merci, et vous ?	*Very well, thank you. And how about you ?*
Hélène :	Ça va, je vous présente Philippe Legrand. Mon amie Jeanne Lapeyre et son mari François.	*OK. May I introduce Philippe Legrand. My friend Jeanne Lapeyre and her husband François.*
Jeanne et François :	Enchanté. Heureux de vous connaître.	*Delighted. Pleased to meet you.*
Hélène :	Asseyez-vous... alors, qu'est-ce qu'on fait ? Quel film voulez-vous voir ?	*Do sit down... So, what are we going to do ? What film would you like to see this evening ?*

Philippe has brought "Une semaine de Paris - Pariscope". Hélène would like to see a detective film with Belmondo.

Philippe :	J'ai apporté un Pariscope.	*I've got a Pariscope.*
Hélène :	J'aimerais bien voir "Flic ou voyou". C'est un film policier avec Belmondo.	*I'd really like to see "Flic ou voyou". It's a detective film with Belmondo.*
Jeanne :	Ah ! Tu aimes Belmondo, toi ?	*Ah ! You like Belmondo ?*
Hélène :	Oui. Pas toi ?	*Yes, don't you ?*
Jeanne :	Si, j'aime bien Belmondo, mais je n'aime pas beaucoup les films policiers.	*Yes, I like Belmondo, but I don't like detective films.*
Hélène :	Qu'est-ce que tu aimes ?	*What do you like ?*
Jeanne :	Je préfère les films psychologiques ou les comédies.	*I prefer psychological thrillers or comedies.*

AVEZ-VOUS COMPRIS ?

Hélène greets her friends Jeanne and François. What does she say ? ....
Salut ! Comment ça va ?
Bonsoir François, vous allez bien ?

Hélène uses the "tu" form with Jeanne, and the "vous" form with François because she knows him less well. ....
Tu vas bien ?
Vous allez bien ?

Next Jeanne greets Philippe ....
Bonsoir Monsieur. Comment allez-vous ?

What does Philippe reply ? ....
Très bien, merci et vous ?

Hélène introduces Philippe to her friends ...
Je vous présente Philippe Legrand.

She introduces her friends ....
Mon amie Jeanne Lapeyre et son mari François.

What do they say in reply ? ....
Enchanté./Heureux de vous connaître.

Then, Hélène invites her friends to sit down.
Asseyez-vous.

She asks what they would like to do and which film they would like to see ....
Qu'est-ce qu'on fait ?
Quel film voulez-vous voir ?

Philippe has brought along a copy of "Une semaine de Paris", also known as Pariscope. It is a weekly publication containing the complete listings of leisure pursuits in Paris : cinema, theatre, exhibitions, restaurants, etc. What does he say ? ....
J'ai apporté Pariscope.

Hélène wants to see "Flic ou voyou" a detective film with J.P. Belmondo ....
J'aimerais bien voir "Flic ou Voyou", c'est un film avec Belmondo.

Does her friend Jeanne feel the same way as her ?
Non, elle n'aime pas les films policiers.

She is surprised that Hélène likes Belmondo.
Ah ! Tu aimes Belmondo, toi ?

Jeanne likes Belmondo, but she doesn't much like detective films ....
J'aime bien Belmondo, mais je n'aime pas les films policiers.

Hélène asks Jeanne what she likes	Qu'est-ce que tu aimes, toi ?
Jeanne prefers psychological thrillers or comedies	Je préfère les films psychologiques ou les comédies.

Listen once again.
And now, listen to the dialogue.

POUVEZ-VOUS LE DIRE EN FRANÇAIS ?

Les présentations *Introductions*

When you introduce a man to a woman, what do you say ?

If you don't know the people very well	Je vous présente mon ami Jean-Paul Bastien.
If you know the people well	Jean-Paul Bastien, Jacques Legrand.
In this instance, you need only say the individuals' names.	

How do you reply when someone greets you saying :

Bonjour Monsieur, comment allez-vous ?	Très bien merci.
And when he/she says :	
Bonjour, vous allez bien ?	Ça va merci, et vous ?
Bonjour, tu vas bien ?	Ça va, et toi ?
Finally, when he/she says :	
Salut, comment ça va ?	Ça va, et vous ?/Ça va, et toi ?

Les goûts et les désirs *Tastes and wishes*

You question someone about what they intend doing	Qu'est-ce que vous voulez faire ?/ Qu'est-ce que tu veux faire ?/ Qu'est-ce qu'on fait ?/
You ask someone questions about their tastes and preferences	Qu'est-ce que vous aimez ?/ Qu'est-ce que vous préférez ?/ Vous aimez le cinéma ? Vous préférez le théâtre ?
You meet a Frenchman and tell him that you would like to go to France or Canada	J'aimerais aller en France. J'aimerais aller au Canada./ Je voudrais bien aller en France. Je voudrais bien aller au Canada./ J'aimerais bien aller en France. J'aimerais bien aller au Canada.
You wish to express a taste or a preference for an actor, a town or a country	J'aime bien Belmondo, mais je préfère Alain Delon./

J'aime beaucoup le Canada, mais je n'aime pas beaucoup les grandes villes. Je préfère les villages ou les petites villes.

POUVEZ-VOUS RÉPONDRE AUX QUESTIONS ?

Qu'est-ce que vous préférez, les films français ou les films américains ?

Je préfère les films français./
Je préfère les films américains.

Qu'est-ce que vous préférez, la musique classique, la musique pop ou le jazz ?

Je préfère la musique classique.
Je préfère la musique pop.
Je préfère le jazz.

Aimez-vous l'opéra ?

J'aime bien l'opéra./
J'aime beaucoup l'opéra./
Je n'aime pas l'opéra.

Quel acteur français préférez-vous ?

Alain Delon, Jean-Paul Belmondo, Jean Gabin, Gérard Depardieu.

Quelle actrice française préférez-vous ?

Catherine Deneuve, Brigitte Bardot, Jeanne Moreau, Isabelle Adjani.

Quel chanteur préférez-vous ?

Yves Montand, Robert Charlebois, Jacques Brel, Georges Brassens, Charles Trénet.

Quelle chanteuse préférez-vous ?

Edith Piaf, Juliette Gréco, Anne Laure.

Aimez-vous un peu, beaucoup, passionnément, pas du tout :
    les histoires d'amour ?
    la peinture ?
    la musique ?

J'aime un peu...
J'aime beaucoup...
J'aime passionnément... j'adore...
Je n'aime pas du tout...

Aimeriez-vous passer la soirée avec une vedette ?
avec un homme politique ?
avec une femme célèbre ?

Oui, j'aimerais assez passer la soirée avec.../

Oui, j'aimerais beaucoup passer la soirée avec.../
Non, je n'aimerais pas passer la soirée avec.../
Non, je n'aimerais pas du tout passer la soirée avec.../

Où préférez-vous passer vos vacances : dans votre pays ou dans un pays étranger ?

Je préfère passer mes vacances dans mon pays/
Je préfère passer mes vacances dans un pays étranger./
ou
Les deux *(both)*.
Ça m'est égal *(I don't mind)*

PRATIQUE DE LA LANGUE

Notice the different ways of greeting someone:

	a close friend	an acquaintance
- on first meeting	salut	bonjour, bonsoir
- to ask how things are going	ça va ? tu vas bien ? comment ça va ?	vous allez bien ? comment allez-vous ?
- on leaving	salut à bientôt à demain	au revoir, bonsoir à bientôt à demain

COMBINAISONS GRAMMATICALES

Interroger sur les goûts et les préférences *Asking questions about tastes and preferences*

quel film quel acteur quelle actrice quel réalisateur	aimez-vous ? préférez-vous ?

qu'est-ce que vous préférez, qu'est-ce que vous aimez,	les films policiers ou les comédies ? le théâtre ou le cinéma ? le tennis ou le football ? la musique ou la peinture ? la ville ou la campagne ?

qu'est-ce que vous préférez,	dîner en ville ou dîner à la maison ? aller voir un ballet ou aller danser dans une boîte *(night-club)* ?

Interroger sur les intentions *Asking questions about intentions*

quel film	voulez-vous voir ? aimeriez-vous voir ? avez-vous envie de voir ?

qu'est-ce que vous voulez voir, faire,	un film ou un match de football ? dîner à la maison ou aller au restaurant ?

Learn these verbs
In the present (au présent)

aimer	**aller**	**vouloir**	**préférer**
j'aime	je vais	je veux	*is conjugated like*
tu aimes	tu vas	tu veux	**aimer**
il, elle aime	il, elle va	il, elle veut	
nous aimons	nous allons	nous voulons	
vous aimez	vous allez	vous voulez	
ils, elles aiment	ils, elles vont	ils, elles veulent	

In the conditional (au conditionnel)

vouloir *is often used in the conditional*	**aimer** *is used in the conditionnal to express a wish*
je voudrais	j'aimerais
tu voudrais	tu aimerais
il, elle voudrait	il, elle aimerait
nous voudrions	nous aimerions
vous voudriez	vous aimeriez
ils, elles voudraient	ils, elles aimeraient

EXERCICES

1 *Translate the following sentences into French :*

1 - *What film do you want to see ?*
2 - *What do you want to do, go to the movies or to a night club ?*
3 - *What kind of picture do you prefer ?*
4 - *Where would you like to spend the evening ?*
5 - *Where would you like to go, Switzerland or Portugal ?*
6 - *With whom would you like spend your holiday ?*
7 - *Where do you prefer to have dinner, at home or in a restaurant ?*
8 - *I would not like to spend the week-end in town.*

Corrigé

1 - Quel film voulez-vous voir ? 2 - Qu'est-ce que vous voulez faire, aller au cinéma ou dans une boîte ? 3 - Quelle sorte de film préférez-vous ? 4 - Où aimeriez-vous (aimerais-tu) passer la soirée ? 5 - Où aimeriez-vous (aimerais-tu) aller, en Suisse ou au Portugal ? 6 - Avec qui aimeriez-vous passer les vacances ? 7 - Où préférez-vous dîner, à la maison ou au restaurant ? 8 - Je n'aimerais pas passer le week-end en ville.

2 *Supply the questions that preceded these answers*

1 - ....
Avec Yves Montand.
2 - ....
Je déteste les matchs de football.
3 - ....
J'aimerais bien, mais ce soir je ne suis pas libre.
4 - ....
J'aimerais mieux aller danser dans une boîte.
5 - ....
Non, je voudrais passer mes vacances à la mer.

Corrigé

1 - Avec qui aimeriez-vous passer vos vacances (la soirée) ? 2 - Vous avez envie (tu as envie) d'aller voir un match de football ? 3 - Vous aimeriez dîner avec moi ce soir ? 4 Qu'est-ce que vous préférez (tu préfères), aller voir le dernier film de Belmondo ou aller dans une boîte ? 5 - Vous ne voudriez (tu ne voudrais) pas passer une semaine à New York avec moi ?

62

Un des derniers films de Truffaut.
Il se passe pendant la Seconde Guerre mondiale.

« La vraie nature de Bernadette »,
film canadien de Gilles Carles (1972).

CINEMA

Allez venez Milord,
Vous n'm'avez jamais vue,
Je n'suis qu'une fille du port,
Une ombre de la rue...

Edith Piaf.
Milord (M. Monnot - G. Moustaki).

MAGAZINE   MAGAZINE   MAGAZINE   MAGAZINE   MAGAZINE   MAGAZINE

ET CHANSONS

Quelques vedettes
de la chanson
en langue française.

*Si j'avais les ailes d'un ange,
Je partirais pour Québec...*

Robert Charlebois.

*Ô mon amour, mon doux,
mon tendre, mon merveilleux amour,
De l'aube claire, jusqu'à la fin du jour,
Je t'aime encore, tu sais, je t'aime...*

Jacques Brel.
Les vieux amants (J. Brel - G. Jouannest).

*Ménilmontant, mais oui Madame,
c'est là que j'ai laissé mon cœur...*

UNITÉ 8

Vous voulez venir avec nous ?

While Hélène and her friends are talking in the hotel lobby, Günter comes in, notices Hélène and greets her. She now introduces him to her friends and suggests he comes out with them.

Hélène :	Bonsoir. comment allez-vous ? Votre séjour se passe bien ?	*Good evening. How are you ? Is your stay going well ?*
Günter :	Oui, assez bien, merci. Mais je ne parle pas très bien le français et j'ai des problèmes.	*Yes, quite well, thanks. But I don't speak French very well and that causes problems.*
Hélène :	Je comprends. Vous êtes libre ce soir ?	*I see. Are you free this evening ?*
Günter :	Oui.	*Yes.*
Hélène :	Je sors avec mes amis. Vous voulez venir avec nous ?	*I am going out with my friends. Would you like to join us ?*
Günter :	Avec plaisir, c'est gentil. Où allez-vous ?	*I'd love to. That's very kind of you. Where are you going ?*
Hélène :	Nous allons au cinéma.	*We're going to the cinema.*
Günter :	Très bonne idée.	*That's a very good idea.*
Hélène :	*(to her friends)* Je vous présente Günter, qui est allemand. Je l'ai rencontré à l'hôtel.	*May I introduce Günter, who is German. I met him at the hotel.*
Voix :	Enchanté, enchanté, bonsoir.	*Delighted. Pleased to meet you. Hello.*

François, who does not particularly want to see the Belmondo film, suggests one by Woody Allen instead. This film begins at 8 pm. on the Champs-Élysées. It is already 7.30 pm. so they will have to take a taxi.

Hélène :	Bon alors, vous êtes d'accord pour Flic ou voyou ?	Right... Are we all agreed on "Flic ou voyou" ?
François :	J'aimerais mieux voir Zelig, de Woody Allen.	I'd prefer to see Woody Allen's "Zelig".
Jeanne :	Je n'aime pas beaucoup Woody Allen, mais ça ne fait rien. Où est-ce qu'il passe ?	I don't much like Woody Allen, but that doesn't matter. Where's it showing ?
Philippe :	Aux Champs-Élysées.	On the Champs-Élysées.
Jeanne :	À quelle heure ?	At what time ?
Philippe :	À huit heures.	Eight o'clock.
Jeanne :	Il est quelle heure maintenant ?	What time is it now ?
François :	Il est sept heures et demie.	Seven thirty.
Philippe :	On a le temps, mais il vaut mieux prendre un taxi.	We've got time, but we ought to take a taxi.
Jeanne :	D'accord, on y va. Tu es d'accord pour ce film, Hélène ?	OK, let's go. You're happy with this film, Hélène ?
Hélène :	Oui, j'aime bien Woody Allen.	Yes, I like Woody Allen.

AVEZ-VOUS COMPRIS ?

(speech bubble: JE SORS AVEC DES AMIS, CE SOIR. ...VOULEZ-VOUS VENIR AVEC NOUS ?)

Hélène asks Günter how his stay is going ...	Votre séjour se passe bien ?
He has certain problems. Why ?	Parce qu'il ne parle pas très bien le français.
Hélène invites him to go out with her friends	Vous êtes libre ce soir ? Je sors avec mes amis. Vous voulez venir avec nous ?
Günter accepts	Avec plaisir, c'est gentil.

He thinks it is a very good idea............	Très bonne idée.
Hélène, who wants to see "Flic ou voyou", asks if everybody is in agreement	Alors, vous êtes d'accord pour Flic ou voyou ?
François would prefer to see Woody Allen's "Zelig"	J'aimerais mieux voir « Zelig » de Woody Allen.
Jeanne doesn't much like Woody Allen, but she says that it doesn't matter. She asks where the film is showing........................	Je n'aime pas beaucoup Woody Allen mais ça ne fait rien. Où est-ce qu'il passe ?
She asks what time it begins	À quelle heure ?
The film is showing at the Champs-Élysées at 8 pm	Aux Champs-Élysées, à huit heures.
Jeanne wants to know what time it is now...	Il est quelle heure maintenant ?
You can also say	Quelle heure est-il ?
François says that it is 7.30 pm	Il est sept heures et demie.
Philippe thinks that they have time but that they ought to take a taxi	On a le temps, mais il vaut mieux prendre un taxi.
Jeanne agrees and says that they ought to leave right away..........................	D'accord, on y va.
Then she asks Hélène if she is happy with this choice of film	Tu es d'accord pour ce film, Hélène ?
Hélène likes Woody Allen	Oui, j'aime bien Woody Allen.
And now listen to the dialogue.	

POUVEZ-VOUS LE DIRE EN FRANÇAIS ?

You want to invite someone to come out with you tonight/tomorrow night. *What do you say ?*	Vous êtes libre ce soir / demain soir ? ou Qu'est-ce que vous faites ce soir / demain soir ?
You invite someone round to dinner	Vous voulez venir dîner chez moi ?
You invite a friend to come to the cinema with you (You use the "tu" form)	Tu viens au cinéma avec moi ? ou Tu veux venir au cinéma avec moi ?
You accept an invitation	Oui, avec plaisir, c'est gentil. ou C'est une bonne idée.
You refuse an invitation	Je suis désolée, mais je ne suis pas libre. ou Je voudrais bien, mais je n'ai pas le temps.

You wish to know where the film is showing.	Où passe le film ? ou Où est-ce qu'il passe ?
You wish to know where you can obtain matches, cigarettes, stamps	Où est-ce qu'on trouve des allumettes, des cigarettes, des timbres ?
In France, you can buy all these at the tobacconist's	Dans un bureau de tabac.
You can also get stamps at the post office . . .	On trouve aussi des timbres à la poste.
You want to know the time. You ask a stranger	Pardon Monsieur / Madame, quelle heure est-il s'il vous plaît ? ou Vous avez l'heure s'il vous plaît ?
You ask someone you know well for the time	Il est quelle heure ? ou Quelle heure est-il ?
You want to know the time of a film / a train / a bus	À quelle heure est le film ? ou À quelle heure passe le film ? À quelle heure est le train, l'autocar ?
You want to know the time of the last metro / of the last performance	À quelle heure passe le dernier métro ? À quelle heure est la dernière séance ?
You have a problem. You want someone to help you / to give you information	J'ai un problème, est-ce que vous pouvez m'aider ? ou Est-ce que vous pouvez me renseigner ?

POUVEZ-VOUS RÉPONDRE AUX QUESTIONS ?

Où est-ce que vous passez vos vacances ?	Je passe mes vacances chez moi, à la mer, à la montagne, à l'étranger, en France, au Canada, en Angleterre, aux États-Unis.
Avec qui passez-vous vos vacances ?	Je passe mes vacances en famille, avec des amis, seul(e).

Vos dernières vacances se sont bien passées ?

Oui, elles se sont très bien passées.
Non, elles ne se sont pas très bien passées.

À quelle heure partez-vous travailler ?

Je pars très tôt, je pars à sept heures.
ou
Je ne pars pas très tôt, je pars à neuf heures.

Et à quelle heure rentrez-vous ?

Je rentre tôt, à cinq heures.
ou
Je rentre tard, à sept heures.
ou
Je n'ai pas d'heure.

Par où passez-vous, quand vous allez travailler ?

Je passe par le centre de la ville.
ou
Je passe par les boulevards extérieurs.
ou
Je passe par la place de la Concorde.

PRATIQUE DE LA LANGUE

COMBINAISONS GRAMMATICALES

Faire une invitation *Inviting an acquaintance*

vous voulez	venir avec nous ?
	aller au cinéma avec nous ?
	venir dîner avec moi ?
	passer chez moi prendre un verre ?

or, alternatively

vous venez	dîner chez moi ?
	au cinéma avec nous ?
vous passez	nous voir à la maison ?
passez	
venez	

Inviting a close friend

viens	dîner chez moi
	au cinéma avec nous
passe	chez moi prendre un verre

or

| tu viens | avec nous à la maison ? |
| tu passes | chez nous après le cinéma ? |

Faire une demande *Making a request*

Est-ce que je peux	venir avec vous ?
	aller vous voir ?
	passer chez toi ?

Est-ce que vous pouvez	me donner un renseignement ?
	m'aider ?
	nous aider ?
	me donner les horaires ?

Savoir l'heure *Finding out the time*

The time it is now
Quelle heure est-il ?
Il est quelle heure ?
Vous avez l'heure ?

At what time... ?
C'est à quelle heure ?

À quelle heure	est la séance ?
	passe le film ?
	est le prochain train ?
	est le dernier métro ?
	est la dernière séance ?
	passe le dernier métro ?

Il est cinq heures - Il est **tôt.** *(early)*
Il est onze heures - Il est **tard.** *(late)*
J'ai rendez-vous à huit heures. Je suis **en avance.** *(early)*
J'avais rendez-vous à sept heures. Je suis **en retard.** *(late)*

Further phrases :

vous êtes	gentil
	libre ?
	d'accord ?

il faut	prendre un taxi
il vaut mieux	partir immédiatement
	se décider

vous avez	le temps ?
	l'heure ?
	une idée ?

je n'ai pas	le temps
	l'heure
	d'idée

Learn :

- these pronouns which are used after a preposition :

avec	moi
	toi
	lui, elle
	nous
	vous
	eux, elles

- *the verbs* **passer** *and* **se passer** *and* **passer par**

passer *has several different senses :*
je passe mes vacances à la mer
je passe chez toi à six heures
à quelle heure passe le film ?

se passer (bien/mal)
mon séjour se passe très bien
mon séjour ne se passe pas très bien, j'ai des problèmes
or l'action du film se passe au Portugal, en Angleterre

This is a reflexive verb which is only used in the 3rd person. In the past tense, the auxiliary "être" is used :

Example : Votre séjour s'est bien passé ?
          Oui, très bien, merci.

passer par
L'autobus passe par les Invalides.
Quand je vais au Japon, je passe par le Pôle.

- *the expression :* **être d'accord pour**
Vous êtes d'accord pour venir chez moi ?
Non, je ne suis pas d'accord.

Conjugate

venir	pouvoir	sortir	faire
je viens	je pourrais	je sors	je fais
tu viens	tu pourrais	tu sors	tu fais
il, on (*) vient	il, on pourrait	il, on sort	il, on fait
nous venons	nous pourrions	nous sortons	nous faisons
vous venez	vous pourriez	vous sortez	vous faites
ils, elles viennent	ils, elles pourraient	ils, elles sortent	ils, elles font

(*) On = nous
Nowadays, the pronoun "on" is used in preference to "nous".

quelques impératifs :
(vous)   (tu)

venez   viens
passez   passe
allez   va
sortez   sors
entrez   entre

EXERCICES

[1] *Translate*

1 - *Can you give me the film schedule ?*
2 - *At what time is the film showing ?*
3 - *I am enjoying my stay here.*
4 - *I have no time. The last train is at 12.30.*

5 - *At what time will you drop by ?*
6 - *What did you do last night ? Where did you go ?*
7 - *What time is it now ? I don't have the time.*
8 - *Did you enjoy your stay in London ?*
9 - *We could meet at the hotel, and then have dinner together. Do you agree ?*
10 - *I must leave early to-morrow morning.*

Corrigé

1 - Vous pouvez me donner les horaires du film ? **2** - À quelle heure passe le film ? **3** - Mon séjour se passe très bien. **4** - Je n'ai pas le temps, le dernier train est à douze heures trente. **5** - Vous passez chez moi à quelle heure ? **6** - Qu'est-ce que vous avez fait hier soir, où êtes-vous allé ? **7** - Quelle heure est-il maintenant ? Je n'ai pas l'heure. **8** - Votre séjour à Londres s'est bien passé ? **9** - Nous pourrions nous rencontrer à l'hôtel et ensuite dîner ensemble. Vous êtes d'accord ? **10** - Je dois partir tôt demain matin.

2 *Translate the following sentences giving two alternative forms : one familiar and one more neutral (formal)*

1 - *Would you like to spend the evening with me ?*
2 - *Please come home and have a drink.*
3 - *May I come and see you to-morrow at 4 ?*
4 - *We might go to the cinema first and have dinner at home.*
5 - *With whom did you spend your holiday ?*

Corrigé

1 - Tu passes la soirée avec moi ? Vous aimeriez passer la soirée avec moi ? **2** - Tu passes à la maison prendre un verre ? Vous passez à la maison prendre un verre ? **3** - Je peux passer te voir demain à quatre heures ? Est-ce que je peux passer vous voir demain à quatre heures ? **4** - On pourrait aller au cinéma d'abord et dîner à la maison. Nous pourrions aller au cinéma d'abord et dîner à la maison. **5** - Tu as passé tes vacances avec qui ? Avec qui avez-vous passé vos vacances ?

72

HORAIRES ET SUPPLÉMENTS TGV

Si vous êtes perdu, vous trouverez le plan de Paris sur ce panneau.

Quel train choisissez-vous ?
Il part à quelle heure ?
Et il arrive à quelle heure ?

QU'EST-CE QU'ON FAIT DEMAIN ?

A quelle heure est votre train ?

MAGAZINE   MAGAZINE   MAGAZINE   MAGAZINE   MAGAZINE   MAGAZIN

Jean-Claude Sérillon,
présentateur du journal télévisé de 20 heures,
sur Antenne 2.

73

QU'EST-CE QU'ON FAIT CE SOIR ?

TF1	A2	FR3	CANAL+	LA 5	TV6
	SAMEDI	20.5 DISNEY CHANNEL cela va de soi. Et n'oubliez pas que « Peter Pan » est de retour au cinéma.	20.30 CHARLIE MUFFIN Non, pas un petit pain anglais mais un film TV sur un espion de la perfide Albion qui manipule des pions comme un champion...	**SAMEDI** 20.30 CHERCHEZ LA FEMME et vous trouverez Amanda Lear.	A tout hasard : 18. NRJ SUPER SIX hit-parade. 21. CONCERT ROCK 22. SIX TONIC clips, extraits de films et de concerts.
20.30 LE SALON DU PRÊT A SAIGNER malgré son titre, est une « série noire » pas trop rouge Pour une fois. Une veine !	« Champs-Élysées ». Changez : lisez « Margeries », par exemple, de Jean Tardieu. le jardinier des mots. (Éditions Gallimard).			**DIMANCHE** 20.30 L'ASSOCIÉ de René Gainville, c'est Michel Serrault, le génial Harpagon de Villeurbanne. Ma cassette !	Sait-on jamais... 18. EURO SIX ou US SIX hit-parade européen ou mondial. 21. CONCERT 22. SIX TONIC
Un pour tous et tous pour un, si vous avez un tant soit peu de respect pour vos souvenirs d'enfance, courage, fuyez ces « Trois mousquetaires » sans panache...	**DIMANCHE** Maigret n'en finit plus d'enquêter. Et comme TF 1 vous lâche... passez donc sur Canal+ ou sur la « 5 ». Avant 22.5 PROJECTION PRIVÉ Invité : André Chouraqui, au sens biblique du terme.	20.35 L'HEURE ESPAGNOLE de Ravel. Un « opéra-vidéo » du dernier chic. 22.30 TENSION Une série B bien noire et bien serrée.		**LUNDI** 20.30 LE CIEL PEUT ATTENDRE Film de et avec Warren Beatty. ET Julie Christie. Alors !	Sous toutes réserves : 20. PROFIL SIX portrait de pop-stars. 21. CONCERT ROCK 22. SIX TONIC
« Les trois mousquetaires ». suite. Même motif. même punition.	**LUNDI** « Les cinq dernières minutes ». Cabrol après Maigret, lundi après dimanche, et toujours réchauffé... Allons ! Un peu d'indulgences... 22.25 LES CLINS D'ŒIL DE L'ESPRIT SAINT	20.5 LE GUÊPIER piquant film de Pigaut. Avec Claude Brasseur et Marthe Keller. fine mouche.	20.30 LA DRÔLESSE Sans doute le meilleur film de Jacques Doillon. et Dieu sait pourtant qu'il se lançait dans une périlleuse entreprise !	**MARDI** 20.30 LES GUERRIERS DE LA NUIT Film de Walter Hill. Amérique et péril jeune.	Si ça se trouve... 20. SIX BEST Le magazine des « meilleurs » 21. CONCERT ROCK 22. SIX TONIC
20.30 EMMENEZ-MOI AU RITZ Téléfilm avec Maurice Ronet. dialogues de Frédéric Dard. 22.5 DE LA SAINTETÉ Première de quatre « épîtres perplexes » de J.-M. Berzosa	**MARDI** 20.35 LA FLAMBEUSE film d'une fascination nommée Léa Massari. Pour un « Dossier de l'écran » sur la passion du jeu.	C'est Souchon qui présente « La dernière séance ». 20.45 LE VOLEUR DU ROI chatoyant mais c'est tout. 23. ATTAQUE grand film de guerre et d'Aldrich.	20.35 LA VENGEANCE DU SERPENT A PLUMES Le public avait boudé le couple Gérard-Oury-Coluche. Peut-être injustement. Vous l'achevez ou vous le réhabilitez ?		*Télérama* de la semaine du 31/3 au 5/4 1986

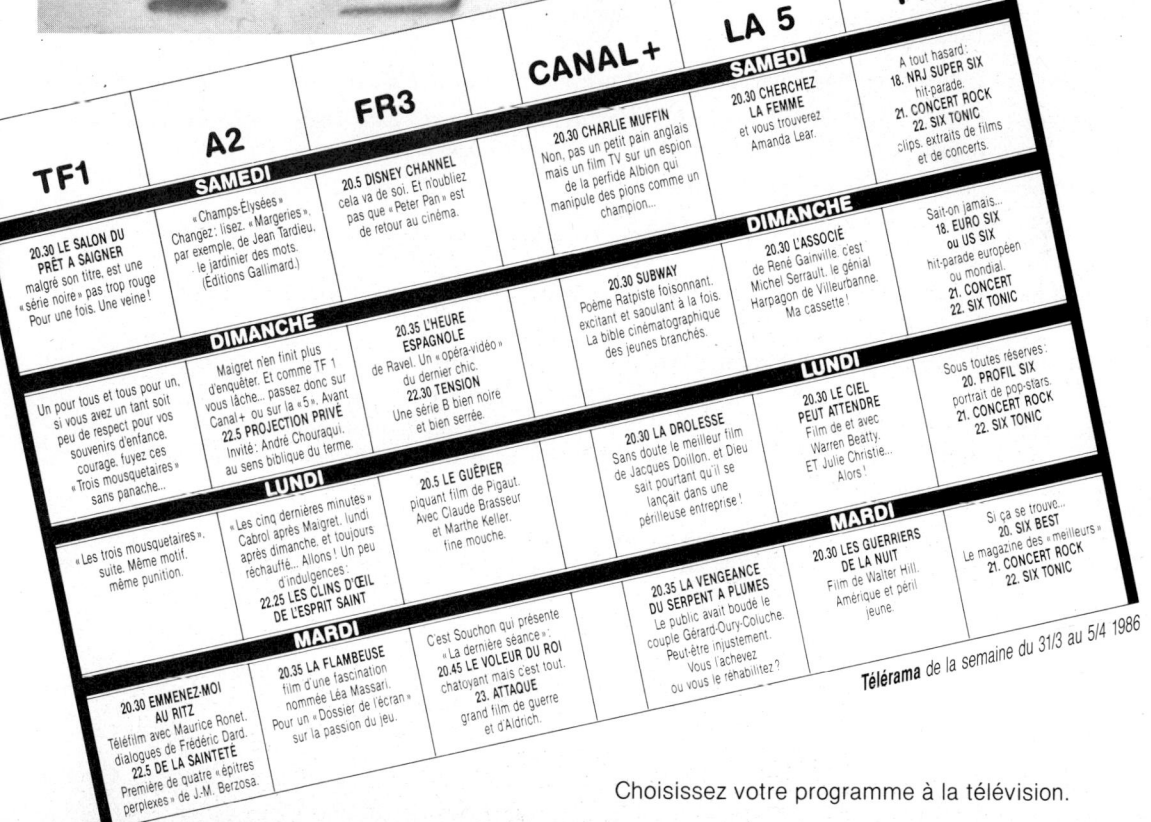

Choisissez votre programme à la télévision.

UNITÉ 9

Vous avez aimé le film ?

Hélène and her friends come out of the cinema. They state their points of view about the film and then decide to go and dine in a fashionable restaurant specialising in Italian cuisine. [They will use the verbs "aimer" and "plaire" in the past tense. Whereas "aimer" is conjugated in all cases, "plaire" is used only in the 3rd person. In the past tense you would say : "le film m'a plu" and to ask questions "ça vous a plu ?" or "ça t'a plu ?"]

Hélène :	*(to Philippe)* Vous avez aimé le film ?	Did you like the film ?
Philippe :	C'était pas mal. Il y avait des gags assez drôles.	It wasn't bad. There were some quite funny gags.
Jeanne :	*(to Hélène)* Et toi, ça t'a plu ?	And did you like it, Hélène ?
Hélène :	Oui, je me suis bien amusée. C'était très drôle.	Yes, I enjoyed it. It was very funny.
Jeanne :	*(to Günter)* Et vous, comment l'avez-vous trouvé ?	And what did you think of it, Günter ?
Günter :	Je n'ai pas tout compris, mais j'ai trouvé cela amusant.	I didn't understand everything but I found it amusing.
Jeanne :	Moi aussi. C'était mieux que je ne pensais. Alors qu'est-ce qu'on fait maintenant ? Moi, j'ai faim.	So did I. It was better than I expected. So, what do we do now ? Personally I'm hungry.
François :	On va dîner ?	Shall we go and eat ?
Hélène :	Vous connaissez quelque chose de bien et de pas cher dans ce quartier ?	Do you know anywhere good and cheap in this area ?
François :	Il y a un restaurant chinois qui n'est pas mal.	There's a Chinese restaurant which isn't bad.
Jeanne :	Chinois, je n'ai pas envie de cuisine chinoise ce soir.	I don't really feel like Chinese food this evening.
Hélène :	Moi non plus.	Me neither.
Philippe :	Je connais un restaurant sympa pas loin d'ici ?	I know a nice, friendly place not far from here.
Hélène :	C'est quel genre de restaurant ?	What kind of restaurant ?

Philippe :	Vous voulez dire quelle cuisine ?	*You mean what kind of cuisine ?*
Hélène :	Oui, et quelle atmosphère ? Il y a de l'ambiance ?	*Yes, and what sort of atmosphere. Does it have atmosphere ?*
Philippe :	C'est de la cuisine italienne ou plutôt franco-italienne, ça s'appelle « Le Bistro romain ».	*It's Italian cuisine or rather Franco-Italian. It's called the "Bistro romain".*
Günter :	Combien coûte un repas dans ce genre de restaurant ? Ça doit être cher ?	*How much does a meal cost in that kind of restaurant ? It must be expensive ?*
Philippe :	Combien ça coûte ? Oh, on peut dîner pour 80 francs environ. Pour Paris, ce n'est pas trop cher.	*How much ? Oh, you can eat there for around 80 francs. That's not expensive for Paris.*
Günter :	En Belgique, ça coûte moins cher.	*Belgium's cheaper.*
Philippe :	Oh, je ne suis pas d'accord avec vous. Je suis allé en Belgique la semaine dernière et j'ai trouvé que c'était aussi cher qu'en France.	*Oh, I don't agree with you. I was in Belgium last week and I found it as expensive as France.*
Hélène :	Oh pas tout à fait quand même !	*Not quite, all the same.*
Philippe :	C'est presque aussi cher.	*It's very nearly as dear.*
Hélène :	Ça dépend des endroits. On peut dîner pour 50 F dans une auberge en province.	*That depends on where you go. You can eat for 50 F in a country inn.*
Jeanne :	Écoutez, moi je trouve que ce n'est pas le moment de discuter de cela. J'ai faim et j'ai froid.	*Listen, this really is not the moment to be discussing this. I'm hungry and cold.*
François :	Oh tu exagères ! Il ne fait pas froid, il fait frais. Comme souvent à Paris au mois de mai.	*Oh, you exaggerate. It's not cold, it's fresh. As it often is in Paris during May.*
Hélène :	On peut y aller à pied, à ce restaurant ?	*Is this restaurant within walking distance ?*
Philippe :	Oui, ce n'est pas loin, c'est à deux ou trois cents mètres.	*Yes, it's not far. It's two or three hundred metres from here.*
François :	Allons-y.	*Come on, let's go.*

AVEZ-VOUS COMPRIS ?

Hélène asks Philippe if he liked the film	Vous avez aimé le film ?
Jeanne asks Hélène the same thing	Ça t'a plu ?
You can say also	Tu as aimé ?

plu *comes from the verb* plaire
In the present : ça vous plaît ?
and the reply is : ça me plaît
or : ça ne me plaît pas

Jeanne asks Günter the same question	Comment l'avez-vous trouvé ?
Philippe has quite enjoyed the film because there were some fairly funny gags	C'était pas mal, il y avait des gags assez drôles.
Hélène really liked it	Je me suis bien amusée.

The verb s'amuser *is reflexive and is conjugated with* être *in the past.*

Did Günter like the film ?	Il n'a pas tout compris, mais il a trouvé cela amusant.
And what about Jeanne ?	Elle l'a trouvé mieux qu'elle ne pensait.

mieux *is the comparative of* bien
moins bien *is the negative comparative.*

You can say	Je l'ai trouvé moins bien que son dernier film.
Jeanne doesn't feel like discussing the film. She wants to go and eat because she is hungry ..	Qu'est-ce qu'on fait maintenant ? Moi j'ai faim.
Hélène doesn't want to spend a lot. She asks if there is somewhere good and inexpensive in the area	Vous connaissez quelque chose de bien et de pas cher dans ce quartier ?

François suggests a Chinese restaurant but Jeanne doesn't feel like Chinese cooking this evening	Oh, moi je n'ai pas envie de cuisine chinoise ce soir.
Philippe proposes a pleasant restaurant, not very far away from where they are	Moi je connais un restaurant sympa pas loin d'ici.
Hélène wants to know what kind of restaurant it is	C'est quel genre de restaurant ?
Philippe asks if she means what kind of cuisine	Vous voulez dire c'est quelle cuisine ?
She means also the kind of atmosphere or "ambiance"	C'est quelle atmosphère ? Il y a de l'ambiance ?
Günter would like to know how much a meal in this kind of restaurant will cost	Combien coûte un repas dans ce genre de restaurant ?
You can also say	Ça coûte combien un repas ?
or	C'est combien un repas ?
Philippe says that one can eat for around 80 F. He thinks that isn't expensive for Paris	On peut dîner pour 80 F environ. Pour Paris, ce n'est pas trop cher.
Günter claims that Belgium is cheaper	En Belgique, ça coûte moins cher.
Philippe doesn't agree with him. He has been in Belgium the previous week and found it as dear as France	Je ne suis pas d'accord avec vous. Je suis allé en Belgique la semaine dernière et j'ai trouvé que c'était aussi cher qu'en France.

Hélène thinks that, nevertheless, it is not quite as expensive	Oh, pas tout à fait quand même !
You can say	Ce n'est pas tout à fait aussi cher.
or	C'est un peu moins cher.
Philippe, who likes to be right, says that it is almost as expensive	C'est presque aussi cher.
According to Hélène, that depends on the place. In an inn it would cost about 50 F	Ça dépend des endroits. On peut dîner pour cinquante francs dans une auberge.

Jeanne has had enough. She feels that this is not the right moment to be discussing this. She is hungry and cold......................... Moi je trouve que ce n'est pas le moment de discuter de cela. J'ai faim et j'ai froid.

Her husband thinks she is exaggerating. It's not cold, but fresh as if often is in Paris in May . Oh, tu exagères, il ne fait pas froid, mais frais, comme souvent à Paris au mois de mai.

Hélène wants to know if they can get to the restaurant on foot.......................... On peut y aller à pied, à ce restaurant ?

Philippe replies that is isn't far, some two or three hundred metres away .... Oui ce n'est pas loin, c'est à deux ou trois cents mètres.

Listen once more.
And now listen to the dialogue.

POUVEZ-VOUS LE DIRE EN FRANÇAIS ?

L'expression des goûts Expressing likes and dislikes

You ask someone if he / she liked your country .... Vous avez aimé la Belgique ?
ou
Ça vous a plu le Canada ?

If he / she enjoyed a party (an evening out) . Comment avez-vous trouvé la soirée ?
ou
C'était bien la soirée (ou la fête) ?
ou
Vous avez passé une bonne soirée ?

You wish to give a positive response........ C'était très bien.
ou
J'ai beaucoup aimé.
ou
J'ai trouvé ça très bien.

You want to reply in the negative .... C'était très mauvais.
ou
Je n'ai pas du tout aimé.
ou
Ça ne m'a pas plu.

You have quite liked something............ C'était pas mal (assez bien).
ou
J'ai trouvé ça pas mal.

L'appréciation d'un objet (genre, qualité, prix) *Expressing appreciation for an object (type - quality - price)*

You ask someone about a particular kind of film C'est quel genre de film ?

You are looking for a cheap and pleasant restaurant . . . . Vous connaissez un restaurant sympa à Paris et pas trop cher ?

You want to know the price of a ticket, a drink, a meal . . . . Ça coûte combien un billet, une boisson, un repas ?

You decide that it is too expensive . . . . C'est trop cher.
ou
Je trouve ça trop cher.

You ask if there is something cheaper, nicer, funnier . . . . Vous ne connaissez pas quelque chose de moins cher, de plus sympa, de plus drôle ?
ou
Vous ne connaissez pas un endroit plus sympa ?
ou
J'aimerais aller voir un film plus drôle (amusant).

L'appréciation d'une distance *Understanding distance*

You want to know the distance between where you are and where you want to get to . . . . . . C'est loin d'ici ?
ou
Ce n'est pas loin d'ici ?
ou
C'est près d'ici ?
ou encore
On peut y aller à pied ?

You give an approximate distance . . . . C'est à un kilomètre environ (à peu près).
ou
Non, ce n'est pas loin, c'est à quelques kilomètres (à deux ou trois cents mètres).

La comparaison des prix *Comparing prices*

You wish to compare the cost of living in France and in your own country :

Your own country is cheaper . . . . La vie est moins chère en Belgique qu'en France.

Your country is more expensive . . . . La vie est plus chère en Suisse qu'en France.

Your country is as expensive . . . . La vie est aussi chère en Italie qu'en France.
ou
C'est la même chose.

It all depends on the place .... Ça dépend des endroits. À Bruxelles c'est aussi cher, en province c'est moins cher.

L'accord et le désaccord *Agreeing and disagreeing*

You are in agreement with somebody .... Je suis d'accord avec vous / avec toi.
You disagree .... Je ne suis pas d'accord avec vous / avec toi.

L'expression d'un désir, d'une envie, d'une sensation *Expressing a desire, a wish, an impression*

You are hungry. You want to go and eat. You would say to an acquaintance .... J'ai faim. J'aimerais (ou je voudrais) aller dîner.
to someone you know well .... J'ai faim. On va dîner.
You do not feel like going out this evening .. Je n'ai pas envie de sortir ce soir.
You want to return home. You are cold. What would you say to someone you do not know very well ? .... J'aimerais rentrer, j'ai froid.
You are thirsty. You would like a glass of water, a beer. You ask
somebody whom you do not know very well J'ai soif. Est-ce que je pourrais avoir un verre d'eau, une bière ?
a friend .... J'ai soif. Je voudrais un verre d'eau, une bière.
You are hot. You want to open the window .. J'ai chaud, on peut ouvrir la fenêtre ?

POUVEZ-VOUS RÉPONDRE AUX QUESTIONS ?

Comment avez-vous trouvé le dernier film que vous avez vu ?
Je l'ai trouvé
... extraordinaire.
... merveilleux.
... bien, très bien.
... assez bien.
... pas mal.
... mauvais, très mauvais.

Qui était le réalisateur ? Hitchcock, Fellini, Carlos Saura, Bunuel.

Et les acteurs ? Clint Eastwood, Marlon Brando, Mastroiani, Simone Signoret.

Quel genre de films aimez-vous ? Les films d'aventures, les films d'humour, les films de science-fiction, les drames, les comédies.

Connaissez-vous le réalisateur du film franco-anglais « Providence » ?
C'est Alain Resnais.
ou
Je ne sais pas qui c'est.

Avez-vous vu ce film ?	Oui, je l'ai vu. ou Non, je ne l'ai pas vu.
Si vous l'avez vu, l'avez-vous aimé ?	Je l'ai beaucoup aimé. ou Je ne l'ai pas beaucoup aimé. ou Je l'ai trouvé très dur / très beau.
Connaissez-vous d'autres films d'Alain Resnais ?	Hiroshima mon amour, L'année dernière à Marienbad, Mon oncle d'Amérique.
Est-ce que vous préférez voir les films étrangers en version originale avec sous-titres ou en version doublée	Je ne supporte pas les films doublés ou Je préfère les films doublés parce que c'est fatigant de lire les sous-titres.
Pouvez-vous citer deux ou trois films de votre cinéma national, ou du cinéma international que vous avez beaucoup aimé. Donnez le nom du réalisateur, des acteurs et dites quel genre de film c'est.	Par exemple : Ivan le Terrible, d'Eisenstein, c'est un drame historique. Je ne connais pas le nom des acteurs. ou encore La Grande Illusion de Jean Renoir avec Eric von Stroheim et Jean Gabin. C'est aussi un drame historique et psychologique.

Comparez deux films que vous avez vus. Par exemple : Apocalypse Now et The Deer Hunter (Voyage au bout de l'enfer). Lequel est le plus beau, le meilleur, le plus spectaculaire ?

Comparez deux acteurs ou deux actrices. Par exemple : Jane Fonda et Meryl Streep. Dustin Hoffman et Jack Nicholson.

Comparez deux chanteurs ou chanteuses de variétés ou d'opéra.
Par exemple : Jacques Brel et Yves Montand. La Callas et Teresa Berganza.

Dites lequel ou laquelle est le plus beau ou la plus belle. Lequel ou laquelle joue le mieux, chante le mieux, a la plus belle voix.

PRATIQUE DE LA LANGUE
COMBINAISONS GRAMMATICALES

L'appréciation au passé (avec l'imparfait) *Talking about something you liked in the past (using the imperfect)*

c'était	bien, très bien, très très bien (bon)
	assez bien, pas mal
	pas très bien (bon)
	mauvais, très mauvais, très très mauvais

through comparisons (positive and negative)

c'était	mieux	que je ne pensais
	moins bien, moins amusant	
	beaucoup moins drôle	

other comparatives

c'était	un peu trop long
	beaucoup trop long

c'était	aussi bien que	l'autre film
	aussi drôle que	

c'était	presque aussi bien que	l'autre film
ce n'était	pas aussi bien que	

L'appréciation d'un objet au passé (avec le passé composé) *Expressing appreciation in the past (using the perfect tense)*

J'ai	bien	aimé le film
	assez	
	beaucoup	

ça t'	a plu ?
ça vous	a plu ?

Je n'ai	pas beaucoup	aimé le film
	pas du tout	"

ça	m'	a beaucoup plu
ça	ne m'	a pas beaucoup plu

Playing "she - loves - me, she - loves - me - not"

Je vous aime, un peu, beaucoup, passionnément, à la folie, pas du tout.

Poser des questions *Asking questions*

vous connaissez	quelque chose	de bien ?
vous cherchez		de mieux ?
		de pas cher ?

vous voulez voir quelque chose d'intéressant ?
de bien ?
de beau ?

vous voulez boire quelque chose de sucré ?
de doux ?
d'alcoolisé ?

quel genre de film cherchez-vous ?
d'hôtel aimez-vous ?   quel genre de film voulez-vous voir ?
de restaurant aimez-vous ?

quel type d'homme aimez-vous ?
de femme cherchez-vous ?

Autres possibilités *Other combinations*

ce n'est pas le moment de discuter
je n'ai pas envie de
je n'ai le temps de

j'ai froid - moi aussi
je n'ai pas faim - moi non plus
j'ai chaud - moi aussi
je n'ai pas soif - moi non plus

Verbs conjugated with "être"
Look out for verbs in the perfect tense with the auxiliary "être"

Je me suis amusé(e)   infinitive s'amuser
Je suis allé en Grèce   "   aller

Reflexive verbs (s'amuser, s'ennuyer, se tromper) are always conjugated with the auxiliary être *in the past. The past participle agrees with the subject of the verb.*

Je me suis amusé(e)
Tu t'es amusé(e)
Il / on s'est amusé   *In questions :*
Nous nous sommes amusés(es)   Est-ce que vous vous êtes bien amusés ?
Vous vous êtes amusés(es)
Ils / elles se sont amusés(es)

*Most verbs expressing movement are also conjugated with the auxiliary "*être*" in the past, and the past participle agrees with the subject of the verb.*

Je suis allé(e)   *Some verbs which are conjugated with the verb* être *:*
Tu es allé(e)   *infinitive*   *past participle*
Il / elle est allé(e)
Nous sommes allés(es)   venir   venu
Vous êtes allés(es)   partir   parti
Ils / elles sont allés(ées) rentrer   rentré
                         sortir   sorti
                         monter   monté
                         descendre   descendu
                         arriver   arrivé

Learn how to make a simple narrative in the past tense.

Qu'est-ce que vous avez fait hier soir ?

EXERCICES

1 Translate

1 - It was much better than I thought.
2 - Restaurants are more expensive here than in Belgium.
3 - It's almost as expensive as in America.
4 - Did you like the play ?
5 - It was much too long. I did not like it at all.
6 - I had a very good time. I liked it very much.
7 - What do you want to drink ? Something cold or hot ?
8 - What sort of beer do you like ?
9 - I don't feel like staying at the hotel. Neither do I.
10 - I am very hungry. Let's go.

Corrigé

1 - C'était beaucoup mieux que je ne pensais. 2 - Les restaurants sont plus chers ici qu'en Belgique. 3 - C'est presque aussi cher qu'en Amérique. 4 - Vous avez aimé la pièce ? 5 - C'était beaucoup trop long. Je ne l'ai pas du tout aimée. 6 - Je me suis bien amusé(e). Je l'ai beaucoup aimée ou ça m'a beaucoup plu. 7 - Qu'est-ce que vous voulez boire ? Quelque chose de froid ou de chaud ? 8 - Quelle sorte de bière aimez-vous ? 9 - Je n'ai pas envie de rester à l'hôtel. Moi non plus. 10 - J'ai très faim. Allons-y.

2 Using the following phrases describing actions (with the verb in the infinitive) make up a narrative in the first person (je).

Corrigé

Hier soir, je suis sortie avec des amis. Nous sommes allés au cinéma. Nous avons vu... C'était un film assez drôle. Après le film nous sommes allés dîner dans un restaurant des Champs-Élysées.

3 Using the following phrases describing actions (with the verb in the infinitive) make up a narrative in the first person (je).

Hier soir, (avoir) rendez-vous avec des amis, mais, (se tromper) d'heure et, (manquer) mon rendez-vous. Alors, (aller se promener) sur les Champs-Élysées. Ensuite, (aller voir) un film, mais, (ne pas aimer) le film, et (sortir) avant la fin. (avoir) faim. Alors, (aller dîner) dans un restaurant à la mode. (s'amuser) à regarder les gens. Mais, (payer) 150 F pour un repas. (trouver) ça très cher. (sortir) très tard du restaurant et (rentrer) par le dernier métro. (arriver) à la maison à 1 heure du matin.

Corrigé

Hier soir, j'avais rendez-vous avec des amis, mais je me suis trompé(e) d'heure et j'ai manqué mon rendez-vous. Alors je suis allé(e) me promener sur les Champs-Élysées. Ensuite, je suis allé(e) voir un film, mais je n'ai pas aimé le film et je suis sorti(e) avant la fin. J'avais faim alors je suis allé(e) dîner dans un restaurant à la mode. Je me suis amusé(e) à regarder les gens. Mais j'ai payé 150 Francs pour un repas. J'ai trouvé ça très cher. Je suis sorti(e) très tard du restaurant et je suis rentré(e) par le dernier métro. Je suis arrivé(e) à la maison à une heure du matin.

[4] *Ask the appropriate questions :*

1 - ....
Oui, je me suis bien amusé.

2 - ....
Non, je ne l'ai pas beaucoup aimé.

3 - ....
Non, je n'ai pas tout compris.

4 - ....
Je l'ai trouvé intéressant.

5 - ....
Je ne connais rien de pas cher et de sympathique.

6 - ....
C'est de la cuisine française.

7 - ....
On peut dîner pour 50 Francs par personne.

8 - ....
La vie est moins chère qu'en France chez nous.

9 - ....
Je n'ai pas envie de cuisine française.

10 - ....
Non, je n'ai pas envie de me promener, j'ai froid.

11 - ....
Je ne suis pas d'accord pour mettre 200 Francs dans un repas.

12 - ....
Je me suis ennuyé.

Réponses possibles :

1 - **Vous vous êtes bien amusé ?** Vous avez passé une bonne soirée ? 2 - Vous avez aimé le film ? Le film vous a plu ? 3 - Vous avez bien compris le film ? 4 - Comment avez-vous trouvé le film ? 5 - Vous connaissez quelque chose de pas cher et de sympathique ? 6 - C'est quel genre de cuisine ? 7 - Combien coûte un repas dans ce restaurant ? 8 - Chez vous, la vie est aussi chère qu'en France ? 9 - Je connais un restaurant français qui n'est pas trop cher. On peut aller dîner dans un restaurant français. 10 - Vous voulez vous promener un peu ? On se promène un peu avant d'aller dîner ? 11 - Je connais quelque chose de très bien mais de très cher : 200 Francs. 12 - Qu'est-ce que vous avez fait hier soir ? Comment avez-vous trouvé le film ?

« Tu n'as rien vu à Hiroshima ! »

Photo du film « Hiroshima mon amour », d'Alain Resnais.

Alain RESNAIS, né en 1922 à Vannes en Bretagne, est un des plus grands réalisateurs français. Il est l'auteur de « Hiroshima, mon amour » (scénario de Marguerite Duras), « L'année dernière à Marienbad » (scénario d'Alain Robbe-Grillet), « La guerre est finie » (scénario de Jorge Semprun), « Providence » (scénario de David Mercer).
Resnais, comme Stanley Kubrick, expérimente dans chacun de ses films une nouvelle forme et fait appel à de grands écrivains pour écrire les scénarios.
L'obsession du temps et de la mémoire traverse tous ses films.

YVES GASSER, KLAUS HELLWIG, YVES PEYROT présentent
DIRK BOGARDE • ELLEN BURSTYN
JOHN GIELGUD • DAVID WARNER • ELAINE STRITCH

PROVIDENCE

Réalisation de
ALAIN RESNAIS

Ecrit par DAVID MERCER
Musique de MIKLOS ROZSA • Editions GEORGES BACRI - PEMA MUSIC
Images RICARDO ARONOVICH • Décors JACQUES SAULNIER • Producteur Exécutif PHILIPPE DUSSART
Une co-production Action Films · Société Française de Production · FR3 Paris · Citel Films Genève · Distribution G.E.F. · C.C.F.C. Paris

Photo du film « Les dieux sont tombés sur la tête » de Jamie Uys (Bostwana).

« Cette bouteille de Coca-Cola est tombée du ciel ! »

LA FIGURE DANS L'ŒUVRE DE
FERNAND LÉGER · GALERIE CARRÉ

AIR ORIENT

EUROPE - ORIENT
EXTRÊME-ORIENT
Service Hebdomadaire

Qu'est-ce que ces affiches évoquent pour vous ?

Quel type de dessins préférez-vous ?

MAGAZINE MAGAZINE MAGAZINE MAGAZINE MAGAZINE MAGAZINE

UNITÉ 10

Dîner aux Champs-Élysées

In the restaurant, the head waiter greets Hélène and her friends.

Maître d'hôtel :	Bonsoir Mesdames, bonsoir Messieurs. C'est pour combien de personnes ?	*Good evening, ladies and gentlemen. How many are you ?*
François :	Nous sommes cinq.	*There are five of us.*
Maître d'hôtel :	J'ai une table pour cinq ici. Ça vous convient ?	*I have a table for five here. Will this be alright ?*
François :	Très bien, merci.	*That's fine, thank you.*
Philippe :	Ah non ! Il faut un homme entre vous deux. Hélène, venez ici, à côté de moi. Asseyez-vous là.	*No, no ! We must have a man between you two. Hélène, you come and sit here, next to me.*
François :	Günter, vous changez de place avec moi. Mettez-vous ici, à côté de Jeanne.	*Günter, you change places with me. Sit here, next to Jeanne.*
Hélène :	C'est bien ici ! On a l'impression d'être à Rome.	*It's nice here ! You'd think you were in Rome.*
Jeanne :	Tu trouves ? Il manque les Italiens. Ce n'est pas la même atmosphère.	*Do you think so ? There are no Italians. It's not the same atmosphere.*
Hélène :	C'est vrai. Il y a plus d'ambiance à Rome.	*That's true. There's more atmosphere in Rome.*
François :	Je ne sais pas pourquoi toutes les femmes aiment l'Italie.	*I don't know why all women love Italy.*
Jeanne :	Devine.	*Guess.*

François :	C'est à cause des Italiens, c'est ça ?	Because of the Italian men, is that it ?
Philippe :	Qu'est-ce qu'ils ont de plus que nous les Italiens ?	What do they have that we don't ?
François :	Ils savent parler aux femmes. C'est bien connu.	They know how to speak to women. It's a well-known fact.
Philippe :	Ça va maintenant ? On peut commander ?	Alright ? Are we ready to order ?
	They read the menu.	
Philippe :	*(to Hélène)* Qu'est-ce que vous prenez, Hélène ?	What will you have, Hélène ?
Hélène :	Je ne sais pas encore. J'ai envie de poisson.	I don't know. I'd quite like some fish.
Philippe :	Il y a de la sole, du turbot, de la daurade.	Well, there's sole, turbot or gilt-head.
Hélène :	Il n'y a pas de rougets ?	Is there no mullet ?
Philippe :	On n'est pas en Grèce ici. C'est rare les rougets, vous savez.	We're not in Greece, you know. Mullet is rare.
Günter :	Qu'est-ce que c'est un pot-au-feu ?	What's a 'pot-au-feu' ?
Jeanne :	C'est du bœuf bouilli avec des légumes.	It's braised beef with vegetables.
Günter :	Et un gigot d'agneau ?	And what about 'gigot d'agneau' ?
Jeanne :	Ah c'est très bon. C'est de la viande d'agneau rôtie et servie avec des haricots.	Oh, that's very good. It's roast lamb served with haricot beans.
Philippe :	*(to Hélène)* Vous le voulez comment votre poisson, Hélène ? Frit, grillé, au four ?	How would you like your fish cooked, Hélène ? Fried, grilled or oven-baked ?
Hélène :	Je préfère grillé.	I'd prefer it grilled.
	The waiter comes to take their order.	

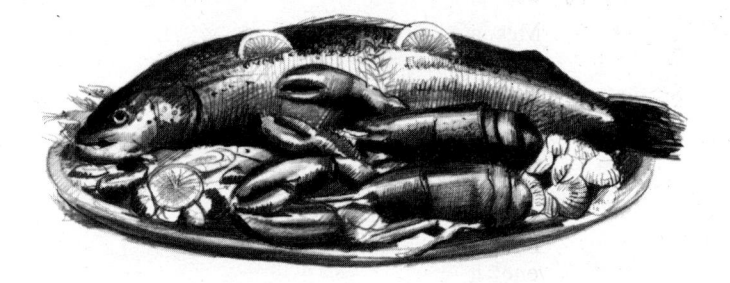

Garçon :	Messieurs-dames. Vous avez choisi ?	Have you decided, ladies and gentlemen ?
Hélène :	Qu'est-ce que vous avez comme poisson grillé ? Vous n'avez pas de rougets ?	What sort of grilled fish do you have ? Do you have any mullet ?
Garçon :	Non, pas de rougets. Nous avons de la daurade.	No, there is no mullet. We've got some gilt-head.
Hélène :	Alors, une daurade grillée pour moi.	Then I'll have grilled gilt-head..
Jeanne :	Et pour moi, une côte d'agneau.	And I'll have a lamb chop.
Garçon :	Et pour vous ?	And for you ?
Voix :	Un steak-frites, un rôti de bœuf, une brochette.	One steak and chips. One roast beef. A kebab.

Garçon :	Vous le voulez comment le steak : saignant, à point, bien cuit ?	*How would you like the steak : rare, medium or well-done ?*
Günter :	A point.	*Medium.*
Garçon :	Vous ne prenez pas d'entrée ?	*Would you like any starters ?*
François :	Pas d'entrées, non. Le plat directement.	*Any starters ? No. Just the main course.*
Garçon :	Et comme boisson ? Que désirez-vous ?	*And what would you like to drink ?*
François :	Qu'est-ce qu'on prend ? Du vin rouge ? Du blanc ?	*What shall we have ? Red or white wine ?*
Philippe :	Avec le poisson, il faut du blanc. Une demi-bouteille de blanc pour Madame.	*You must have white with fish. Half a bottle of white wine for the lady.*
François :	Et pour nous, une bouteille de rouge. La Réserve du Patron.	*And we'll have a bottle of red - the house wine.*

AVEZ-VOUS COMPRIS ?

C'EST POUR COMBIEN DE PERSONNES ?

CINQ !

The head waiter greets Hélène and her friends, and shows them to a table for five. He asks them if that suits them	J'ai une table pour cinq ici. Ça vous convient ?
Philippe aks Hélène to come and sit next to him	Hélène, venez ici à côté de moi, asseyez-vous là.
His reason is that there should be a man between two women	Il faut un homme entre vous deux.
François asks Günter to change places with him and to sit next to Jeanne	Günter. Vous changez de place avec moi. Mettez-vous ici à côté de Jeanne.
Hélène likes the place. She feels as if she is in Rome	C'est bien ici. On a l'impression d'être à Rome.
Jeanne remarks that there are no Italians ...	Tu trouves ? Il manque les Italiens.
Hélène agrees. There is more atmosphere in Rome	C'est vrai. Il y a plus d'ambiance à Rome.

You want to know if it is red or white wine that is served with the set menu	Qu'est-ce qu'il y a comme vin avec le menu, du blanc ou du rouge ?
You ask a friend what he is going to have to drink	Qu'est-ce que tu prends comme boisson ?
What do you say to find out what a dish is ?	Qu'est-ce que c'est un... carré d'agneau ?
There is a knife missing. You point this out to the waiter, and ask him to bring one	Il manque un couteau. Vous pouvez apporter un couteau, s'il vous plaît ?
Do you know the names of the following fish : mullet, sole, gilt-head, turbot ?	Le rouget, la sole, la daurade, le turbot.
And the different kinds of meat : beef, veal, lamb, chicken, mutton ?	Le bœuf, le veau, l'agneau, le poulet, le mouton.
And the different ways of cooking meat or fish : grilling, frying, roasting, baking, boiling ?...	grillé, frit, rôti, au four, bouilli.
And finally, the different ways of serving meat : underdone, rare, medium, well-cooked ?	bleu, saignant, à point, bien cuit.

POUVEZ-VOUS RÉPONDRE AUX QUESTIONS ?

Aimez-vous la bonne cuisine ?	J'aime bien... J'adore...
Aimez-vous faire la cuisine ?	J'aime beaucoup... Je n'aime pas beaucoup Je n'aime pas du tout...
Quelle cuisine préférez-vous ? la cuisine chinoise, française, américaine, italienne ?	Je préfère...
Qu'est-ce que vous prenez au petit déjeuner, du thé ou du café ?	Je prends du thé. Je prends du café.
Qu'est-ce que vous buvez au déjeuner et au dîner : du vin, de l'eau, de la bière ?	Je bois de l'eau. Je bois du vin. Je bois de la bière.

Aimez-vous le vin ?	J'adore le vin. J'aime bien le vin. Je n'aime pas le vin.
Quel est votre dessert préféré ?	Les glaces, les pâtisseries, la mousse au chocolat, le soufflé au Grand Marnier.
Quelle sorte de restaurant préférez-vous : un restaurant avec de la bonne cuisine ? ou un restaurant avec de l'atmosphère ?	Pour moi, c'est l'ambiance qui compte le plus. ou Si c'est possible, j'aime bien avoir les deux.
Préférez-vous inviter vos amis à dîner à la maison ou au restaurant ?	Je préfère les inviter à la maison. C'est plus sympathique.

PRATIQUE DE LA LANGUE

COMBINAISONS GRAMMATICALES

Qu'est-ce que c'est	un gigot ? un confit de canard ? une terrine de lapin ?

Qu'est-ce que vous avez qu'il y a que tu prends que vous prenez que tu veux ? que vous voulez ? qu'on boit ? qu'on prend ?	comme vin ? dessert ? viande ? entrée ?

J'ai	du vin rouge
Il y a	de la tarte aux pommes
Nous avons	de la glace au chocolat
Je prendrai	de l'eau d'Évian
Je voudrais	des côtes d'agneau
	des pommes

J'ai envie	de poisson
	de glace
	d'alcool
	de prendre une glace
	de prendre de la glace
	de prendre un poisson
	de prendre du poisson
	de prendre des escargots

Je n'ai pas	de vin
Il n'y a pas	d'eau
Je ne veux pas	d'escargots
Je ne prends pas	d'huîtres
Je n'ai pas envie	de dessert
Tu ne veux pas	.... ?
Tu ne prends pas	.... ?
Vous ne voulez pas	.... ?
Vous ne prenez pas	.... ?

POINTS DE GRAMMAIRE

Pay attention to the following rules :

To speak generally about an object, you say :
J'aime **le** poisson.
Je n'aime pas **la** viande.
Je préfère **les** légumes.
Use the articles : **le, la** *or* **les.**

Les partitifs

But to ask for a certain quantity of an object, you say :
Je vais prendre **du** poisson.
Je vais prendre **de la** viande.
Je voudrais **des** tomates.

or :

Je fais **du** tennis, **de la** bicyclette, **des** mathématiques.
Use the articles **du, de la, des.**

In the negative form, use **pas de** *or* **pas d'** *(if the next word begins with a vowel or a silent h)*
Je ne veux **pas de** poisson.
Je ne veux **pas de** viande.
Je ne veux **pas de** légumes.
Je ne bois **pas d'**eau.
Je ne veux **pas d'** huile avec ma salade.
Vous n'avez **pas de** chance, le dernier train est parti.

L'impératif

Venez ici, à côté de moi !

Venez *is the imperative form of the verb* venir
Mettez-vous *is the imperative form of the verb* se mettre
Asseyez-vous *is the imperative form of the verb* s'asseoir

Learn the imperative form of these common verbs:

	vous	**tu**	
venir	venez	viens	
sortir	sortez	sors	
partir	partez	pars	
écouter	écoutez	écoute	écoutez-moi
regarder	regardez	regarde	regardez-moi
prendre	prenez	prends	
changer	changez	change	changez de place avec moi
attendre	attendez	attends	attendez-moi

In the negative:

ne partez pas   ne prenez pas trop de vin
ne pars pas   ne prends pas de poisson

Learn the imperative form of some reflexive verbs:

s'asseoir	asseyez-vous	assieds-toi	*A reflexive object*
se mettre	mettez-vous	mets-toi	*pronoun is*
se dépêcher	dépêchez-vous	dépêche-toi	*always used.*

In the negative:

ne vous asseyez pas là   ne vous mettez pas là
ne t'assieds pas là   ne te mets pas là

EXERCICES

1 · Pick out the sentences in the dialogue which contain the articles **du, de la, des,** and put them in the negative ; do the reverse for those sentences already in the negative.

Corrigé

Phrases du texte

Il y a de la sole, du turbot, de la daurade.

Il n'y a pas de rougets ?
Ce n'est pas du bœuf bouilli.
C'est de la viande de mouton.
Vous n'avez pas de rougets ?
Non, pas de rouget.
Nous avons de la daurade.
On prend du vin rouge ?
Avec le poisson, il faut du blanc.

Ce sont des légumes ?
C'est de la viande de bœuf ?

Cover up the answers

Phrases transformées

Il n'y a pas de sole, pas de turbot, pas de daurade.

Il y a des rougets ?
C'est du* bœuf bouilli.
Ce n'est pas de la viande de mouton.
Vous avez des rougets ?
Oui, il y a des rougets.
Nous n'avons pas de daurade.
Non, pas de vin rouge.
Avec le poisson, il ne faut pas prendre de vin rouge.

Non, ce ne sont pas des légumes.
Non ce n'est pas de la viande de bœuf, c'est de la viande de mouton.

* the articles du, de la, des, *always* follow 'c'est' when defining an object.

2 Put the verbs in brackets into the appropriate form :

1 - Il y a encore de la place (se mettre là) entre nous deux.
2 - (Ne pas partir), j'ai quelque chose à te dire.
3 - (Attendre), je voudrais vous parler.
4 - Si tu veux être à l'heure (se dépêcher).
5 - Si vous avez froid (ne pas se mettre) près de la porte.
6 - Si tu es fatigué (s'asseoir).
7 - (Ne pas prendre) de poisson, il n'est pas frais.
8 - (Ne pas sortir) sans manteau, il fait froid.
9 - (Ne pas s'asseoir) ici, c'est sale.
10 - (Ne pas venir) avant 9 heures, je ne serai pas rentré.

Corrigé

1 - Mettez-vous là ou Mets-toi là. 2 - Ne pars pas. 3 - Attendez ou Attendez-moi. 4 - Dépêche-toi. 5 Ne vous mettez pas là. 6 - Assieds-toi. 7 - Ne prenez pas ou Ne prends pas. 8 - Ne sortez pas. 9 - Ne vous asseyez pas ou Ne t'assieds pas. 10 - Ne venez pas.

Yves Montant, dans le film de Claude Sautet « Garçon ! ».

Menu classique d'un bar-brasserie fréquenté surtout à midi par les employés du quartier.

Nos entrées froides

Salade des Îlet Martinique
Salade avocat crabe
Salade de porc
Salade de poisson

Nos entrées chaudes

Crevettes sautées à l'ail
Queues de gambas grillées
Accras, beignets de morue
Crabe farcie
Boudin Créole
Casselette Caraïbe
Cristophénie au gratin
Gratin St. Jacques

Les Viandes

Ragoût de cochon
Cochon haricot
Colomlo de cochon
Daube de veau à la Martiniquaise
Colombo de veau
Colombo d'agneau

pour commencer

Punch créole .... Punch daiquiri
Punch coco .... Punch planteur

Spécialités Maison

Travers de porc maison
Cuisses de poulet au citron
Travers de porc aux choux (2 personnes)
Épaule d'agneau de lait (2 personnes)
Magret de canard macéré au rhum
Raisins des Iles garnis (2 personnes)

Langouste et Gambas (2 personnes)
Marmitte des Caraïbes (2 personnes)
Escalope de poisson (2 personnes)
Poisson aux choux (2 personnes)
Fricassée de langoustes à l'Antillaise
Fricassée de Gambas
Fricassée de crabes
Thon à l'Antillaise
Daube de Thon
Court-bouillon de morue à l'Antillaise

Service 15 % non compris

Les Desserts

Mangue fraîche selon saison
Tarte Martiniquaise au caramel
Tarte Marquise au chocolat
Flan au coco garni
Farine de maïs à l'Antillaise

Nos dix Sorbets des Îles

Citron vert
Coco
Banane
Mangue
Papaye
Avocat
Kiwi
Litchi
Ananas
Passion

Café
Digestifs
Champagne

Menu d'un restaurant antillais. Les plats typiques sont les accras et le boudin créole.

Restaurant LA MARLOTTE

Lentilles à l'échalote	25.00
Saucisson du Rouergue	21.00
Terrine de Lapin	28.00
Gâteau de Lotte	28.00
Foie gras de Canard	68.00
Œufs aux Champignons	26.00
Bar au Basilic	72.00
Canard au vin Rouge	59.00
Carré d'Agneau Rôti (pour 2)	140.00
Boudin noir aux pommes	45.00
Volaille fricassée au Thym	62.00
Pot au feu de la maison	62.00
Crottin de Chavignol	23.00
Tarte aux pommes, chaude	26.00
Œufs à la neige	26.00
Mousse au chocolat noir	35.00
Crème renversée au caramel	26.00
Gâteau aux poires à la crème	28.00

Vins

Saint Nicolas de Bourgueil 1983
Cahors 1982
Château Gazin (Pomerol) 1982
Château La Fleur (H! Médoc) 1980

Menu typique d'un bon restaurant parisien, fréquenté surtout par des cadres.

UNITÉ 11

Elle oublie toujours quelque chose

Later, at the restaurant. Günter's steak is undercooked. So François calls the waiter to ask him to cook the steak again.

François :	Monsieur, s'il vous plaît ?	Waiter !
Garçon :	Oui.	Yes, sir.
François :	Cette viande n'est pas assez cuite. Vous pouvez la faire cuire un peu plus s'il vous plaît ?	This meat isn't properly cooked. Can you cook it some more, please.
Garçon :	Entendu.	Certainly.

The waiter brings the meat back a few minutes later. Günter asks for some mustard and Hélène for some olive oil. He goes to fetch the mustard at once but doesn't have any olive oil. Listen carefully to what he says.

Garçon :	Voilà Monsieur. Ça va ? C'est assez cuit ?	There you are, sir. Is that all right ? Is this cooked enough ?
Günter :	Oui, c'est parfait. Vous avez de la moutarde ?	Yes, that's fine. Do you have any mustard ?
Garçon :	J'vous l'apporte tout de suite.	I'll bring you some straight away.
Hélène :	J'voudrais aussi de l'huile d'olive.	I'd like some olive oil too, please.
Garçon :	Je suis désolé. J'n'en ai pas.	I'm sorry. I don't have any.

Philippe now offers Hélène and François some more wine but he forgets Jeanne.

Philippe :	*(to Hélène)* Encore un peu de vin, Hélène ?	A little more wine, Hélène ?

Hélène :	Non merci, ça suffit.	No thanks. That's fine as it is.
Philippe :	(to François) Et vous, François, j'vous sers un peu de vin ?	What about you, François ? Can I give you a little more ?
François :	Oui s'il vous plaît... merci.	Yes, please... Thank you.
Jeanne :	Vous m'en donnez un peu s'il vous plaît ?	Can I have some, please ?
Philippe :	Oh pardon. Excusez-moi.	Oh, I beg your pardon ! I do apologise.

At the end of the meal, the waiter returns and asks if they would like coffee. Nobody wants any so François asks for the bill.

Garçon :	Vous prendrez des cafés ?	Would you like coffee ?
François :	Café ?	Coffee ?
Voix :	Non merci... non pas de café le soir.	No, thank you... not at night.
François :	(to the waiter) L' addition, s'il vous plaît.	The bill, please.

Some time later, François is checking the bill.

François :	Ça c'est les brochettes, le steak, le vin rouge et ça qu'est-ce que c'est ? trente-huit francs ? Je vais demander au garçon... s'il vous plaît, vous pourriez m'expliquer ? trente-huit francs, ça correspond à quoi ?	That's the brochettes, the steak, the red wine, and... what's that for ? Thirty-eight francs ? I'll ask the waiter. Excuse me... could you explain to me... what exactly is that thirty-eights francs for ?
Garçon :	Attendez un peu... c'est le vin blanc, une bouteille de Mâcon blanc.	Just a moment... It's for the white wine, a bottle of Mâcon blanc.
François :	Mais, nous n'avons pas pris une bouteille, nous avons pris une demi-bouteille.	But we didn't have a whole bottle, we had a half.
Garçon :	Excusez-moi. Oui, c'est vingt-deux francs au lieu de trente-huit. Ça vous fait quatre cent vingt-cinq francs au lieu de quatre cent quarante et un.	I'm sorry. Yes... that's twenty-two francs instead of thirty-eight. That makes 425 francs instead of 441.
François :	On peut payer par chèque ?	Can we pay by cheque ?
Garçon :	Naturellement.	Of course.
François :	Je fais un chèque et on partage ensuite.	I'll write the cheque and we can divide it up later.
Günter :	Combien est-ce que je dois ?	How much do I owe you ?
Philippe :	Ça fait combien par personne ?	How much does it come to per person ?
François :	Ça fait quatre vingt cinq francs. Vous me devez quatre vingt cinq francs chacun.	It comes to eighty-five francs. You each owe me eighty-five francs.

Hélène looks in her bag.

Hélène :	Oh mon Dieu ! J'ai oublié mon portefeuille.	Oh, good lord ! I've forgotten my purse.
Philippe :	Vous oubliez toujours quelque chose ! Vous devez être amoureuse.	You are always forgetting something. You must be in love.
Günter :	Comment dites-vous en français quand quelqu'un rêve ?	How do you say it in French when someone is dreaming ?
Jeanne :	Elle est dans la lune.	She's "dans la lune".
Günter :	Dans la lune de miel ?	"Dans la lune de miel" ?
Jeanne :	Ça c'est autre chose. C'est juste après le mariage.	That's something else. That's what comes right after a wedding.

Hélène :	Honey moon en anglais. Qui est-ce qui peut me prêter de l'argent ?	Honeymoon in English. Can anybody lend me some money ?
Jeanne :	Laisse tomber. On t'invite.	Forget it. Be our guest.
Hélène :	Je suis confuse, vraiment. Merci.	I am really sorry. Thanks.
François :	Quand nous irons en Amérique, c'est vous qui nous inviterez.	When we come to America, you can invite us.

AVEZ-VOUS COMPRIS ?

François asks for the meat to be cooked again. What does he say ? .... Cette viande n'est pas assez cuite. Vous pourriez la faire recuire, s'il vous plaît ?

Günter asks for the mustard. The waiter goes to get it straight away .... J'vous l'apporte tout de suite.

Hélène asks for some olive oil .... J'voudrais aussi d'l'huile d'olive.

There isn't any. What does the waiter say ? .. Je suis désolé, j'n'en ai pas.

Next, Philippe offers Hélène some wine ..... Encore un peu de vin Hélène ?

He offers some to François .... Et vous, François, j'vous sers un peu de vin ?

He has forgotten to offer Jeanne any. What does she say ? .... Vous m'en donnez un peu s'il vous plaît ?

Jeanne could also say .... Vous m'avez oubliée. J'voudrais bien un peu de vin.

What does Philippe say by the way of apology ? Oh pardon ! Excusez-moi.

When he comes to check the bill, François cannot understand what the sum of 38 F is for. What does he say to the waiter ? .... S'il vous plaît. Vous pourriez m'expliquer : trente-huit francs, ça correspond à quoi ?

It is the price of one bottle of Mâcon blanc. He queries the figure saying that they had a half bottle, not a whole one .... Mais nous n'avons pas pris une bouteille. Nous avons pris une demi-bouteille.

The waiter corrects the bill. The correct amount is 425 F instead of 441 F. Can you say that in French ?	Ça fait quatre cent vingt-cinq francs au lieu de quatre cent quarante et un francs.
François asks if he can pay by cheque	On peut payer par chèque ?
François will write out the cheque and they will divide it up afterwards	Je vais faire un chèque et on partagera ensuite.
Günter and Philippe ask how much they owe : Günter says	Combien est-ce que j'vous dois ?
Philippe says	Ça fait combien par personne ?
How much does it come to per person ?	Ça fait quatre vingt-cinq francs.
Hélène has forgotten her purse. Philippe says that she is always forgetting something. She must be in love	Vous oubliez toujours quelque chose. Vous devez être amoureuse.
Günter asks what is the French for someone who is dreaming	Comment dit-on en français quand quelqu'un... rêve ?
What is the expression in French ?	Qu'il est dans la lune.
Günter confuses this with honeymoon. What is the French word for honeymoon ? ..	Lune de miel.
Hélène asks who can lend her some money ..	Qui est-ce qui peut me prêter de l'argent ?
Jeanne tells her not to worry. She and her husband will invite her as their guest	Laisse tomber. On t'invite.
Helen is apologetic. What does she say ?	Je suis confuse vraiment.
François says that when they go to America, she can invite them	Quand nous irons en Amérique, c'est vous qui nous inviterez.

Listen once again.

And now listen to the dialogue.

POUVEZ-VOUS LE DIRE EN FRANÇAIS ?

You are in a hotel. You are about to leave. You ask for the bill	Vous pouvez me préparer la note s'il vous plaît ?
And if there are two of you	Vous pouvez nous préparer la note s'il vous plaît ?
You would like someone to call a taxi for you	Vous pouvez m'appeler un taxi, s'il vous plaît ?
You are in a restaurant. You are in a hurry. You want the bill to be brought quickly	Vous pourriez m'apporter l'addition tout de suite, s'il vous plaît ? Je suis pressé.

And if you want the menu and there are two of you.................................	Vous pourriez nous apporter la carte tout de suite s'il vous plaît, nous sommes pressés.
You wish to make a telephone call. You don't have any 1 F coins. You ask for change for 10 F	Vous pourriez me faire la monnaie de 10 F en pièces de 1 F, s'il vous plaît ?
At the hotel reception, you ask someone to call Air France for you	Vous pouvez m'appeler la compagnie Air France, s'il vous plaît ?
In a tobacconist's, you ask for three stamps. (Use the verb donner *and the pronoun* en. *Do not use the word stamp)*........................	Vous m'en donnez trois s'il vous plaît.

And now, can you say the following sentences in French :

I am waiting for the bill. I have asked for it twice	J'attends l'addition. Je vous l'ai demandé deux fois.
Can you bring it to me straightaway, please ?	Vous pouvez me l'apporter tout de suite s'il vous plaît ?
Would you like a little more wine ?.........	Vous voulez encore un peu de vin ?
No, thanks. I don't want any more	Non merci. Je n'en veux plus.
Could you bring us a few more vegetables, please ?	Vous nous apporterez encore un peu de légumes, s'il vous plaît ?
I'm sorry, I haven't any left................	Je suis désolé, je n'en ai plus.
Can you fetch some champagne ?	Vous pouvez faire monter du champagne ?
There isn't any more champagne, but I have some sparkling wine. Would you like a bottle ?	Il n'y en a plus, mais j'ai du mousseux. Vous en voulez une bouteille ?
Yes, bring us one	Oui, vous nous en apportez une.

POUVEZ-VOUS RÉPONDRE AUX QUESTIONS ?

You should study the grammar section before answering the questions.

Prêtez-vous quelquefois votre voiture à des amis ?	Je la prête souvent. Je la prête quelquefois. Je ne la prête jamais.
Invitez-vous souvent vos amis ?	Je les invite toujours à la maison. Je ne les invite jamais au restaurant. Je les invite parfois à la maison et parfois au restaurant.
Préférez-vous faire faire la cuisine ou la faire vous-même ?	Je la fais toujours moi-même. Je la fais toujours faire par ma femme. Je la fais toujours faire par mon mari.

Quand des hommes sortent avec des amies femmes, est-ce qu'on partage ou est-ce que c'est l'homme qui paye ? Quelle est la coutume chez vous ?

C'est toujours l'homme qui paie.
Ça dépend, quelquefois.
C'est l'homme, en général. Quelquefois, on partage.

Quel est votre style de vie ? Vous sortez souvent, de temps en temps, jamais ?

Je sors tous les soirs.
Je sors de temps en temps.
Je ne sors pas souvent.
Je ne sors jamais, ou très peu.

Quelle sera votre prochaine sortie ? Où irez-vous ?

J'irai au restaurant.
J'irai chez des amis.
J'irai dans une boîte.

PRATIQUE DE LA LANGUE

Vous pouvez la faire cuire s'il vous plaît ?

The verb **faire** *followed by another verb is used when the action is performed by someone other than the subject of the verb* faire.

Exemples : Je voudrais faire construire une maison.
           Il faut faire faire le plan par un architecte.
           Je vais faire corriger ma prononciation par un ami français.

COMBINAISONS GRAMMATICALES

vous pouvez vous pourriez	faire	cuire cette viande laver cette chemise nettoyer ce pantalon monter les bagages réserver une place

With a pronoun as object

vous pouvez	la la les la	faire cuire faire laver faire monter faire réserver

With two pronouns as objects

vous pourriez	me la me la nous les me la	faire cuire faire laver faire monter faire réserver

vous pouvez vous voulez bien	me l' nous la me l' nous la	apporter donner expliquer montrer

Other combinations:

Je	vous l'	apporte (l'addition, le menu, la carte)
	vous la	prépare (la note)
	vous les	monte (les bagages)
	vous la	fais laver (la chemise)
	vous la	fais réserver (la place)
	te la	donne (ma photo)
	te la	prête (ma voiture)

Je vais	vous l'	expliquer (la situation, le problème)
	te la	rendre (ta photo, ta voiture)
	te le	rendre (ton argent)
	te l'	apporter (ton livre)
	te la	porter (ta valise)

Exprimer la fréquence *Expressing how often something happens:*

Je sors	tous les soirs
	souvent
	beaucoup
	quelquefois
	parfois
	de temps en temps
	rarement

Je vais	au cinéma
	au théâtre
	à l'opéra
	voir des matchs de football

Je ne sors	jamais
	pas souvent
	pas beaucoup
	pas du tout

| Je ne suis | jamais | allé(e) voir un match de rugby |
| | pas souvent | |

| Je n'irai | jamais voir un match de boxe |

The pronoun en

Notice how the pronoun en *is used.*

Il y a de la sole?	Oui il **y en** a
du saumon?	non il **n'y en** a **pas** (plus)
Vous avez des chambres?	Oui j'**en** ai encore (quelques-unes)
	Non, je **n'en** ai **pas**
Vous prenez du sucre?	Oui, j'**en** prends (un morceau)
	Non, je **n'en** prends **pas**
Vous voulez de la glace?	Oui, j'**en** veux bien un peu
	Non, je **n'en** veux **pas**
Vous en voulez encore?	Non, je **n'en** veux **plus**
Vous n'en voulez plus?	Non, merci
	Si, j'**en** veux bien un peu

Encore *is used in positive statements*
Ne... plus *is used in negative statements*
Si *is the (positive) reply to a negative question.*

EXERCICES

1 Translate :

1 - Can you have my watch repaired, please ?
2 - Can you have this dress cleaned ?
3 - I will give it to you to-morrow.
4 - Can you return it (the car) to me to-night ?
5 - How many lumps of sugar do you take in your coffee ?
6 - I only take four.
7 - Wouldn't you like more wine ?
8 - Yes, I'll have a little more, please.
9 - Don't you have any change ?
10 - No, I don't have any.
11 - I don't go out very often.
12 - I have never been to a boxing match.

Corrigé

1 - Vous pouvez faire réparer ma montre s'il vous plaît ? 2 - Vous pouvez faire nettoyer cette robe ? 3 - Je vous la donne (donnerai) demain. 4 - Vous pouvez me la rendre ce soir ? 5 - Vous prenez combien de sucres dans votre café ? 6 - Je n'en prends que quatre. 7 - Vous ne voulez plus de vin ? 8 Si, j'en veux bien (j'en prendrai) encore un peu, s'il vous plaît. 9 - Vous n'avez pas de monnaie ? 10 - Non, je n'en ai pas. 11 - Je ne sors pas très souvent. 12 - Je ne suis jamais allé(e) voir un match de boxe.

2 Do you understand ?

You will hear sentences with the pronouns **le - la - les - en** which refer back to objects that are not actually identified. By paying close attention to the sense of the verb, you can actually guess what the object is. Try to find the missing object before listening to the answer.

Vous pouvez me l'envoyer par la poste ?	un paquet une lettre
Vous pouvez m'l'appeler au téléphone ?	une personne une compagnie
Vous pouvez m'en réserver une ?	une chambre une table
Vous pouvez m'les réparer pour demain ?	des lunettes des chaussures
J'vous la prépare tout de suite	la note
Vous m'la réparez pour demain	la montre la voiture
Vous pouvez m'en faire une	une photocopie
Vous pouvez m'en donner un	un reçu un timbre

J'vous l'ai préparée	la note
	l'addition
J'les emporte chez moi	les dossiers
	les documents
J'vous l'apporte demain	un papier
	un livre
	une photo
J'vous la rendrai ce soir	une voiture
Vous pouvez m'la prêter	une voiture
	une machine à calculer
Vous pouvez m'le prêter	un stylo
	un livre
Combien en voulez-vous ?	des croissants
	des places de théâtre
	des glaçons (ice-cubes)
	de l'essence
	du sucre
Vous n'en avez plus ?	des places
	du vin
	de la bière
J'vous en mets combien ?	de l'essence
	des bouteilles de vin
Vous m'en donnez douze	des bouteilles
	des œufs
	des cartes postales
	des enveloppes
Vous m'en mettez 100 francs	du super (de l'essence)
Vous m'en donnez un paquet	de cigarettes
	de bonbons
Vous pouvez m'le porter à la maison	un paquet
	un colis
	un document

[3] *Change the following sentences : replace the noun object with the pronoun* **en**.

1 - Je vous sers un peu de vin ?
2 - Je te donne un peu de légumes ?
3 - Vous me donnez un peu d'eau ?
4 - Vous nous apportez une autre bouteille.
5 - Vous nous apportez deux verres.
6 - Vous me donnez un kilo de cerises.
7 - Vous me mettez cinquante francs de super.

Corrigé

1 - Je vous en sers un peu ? 2 - Je t'en donne un peu ? 3 - Vous m'en donnez un peu ? 4 - Vous nous en apportez une autre. 5 - Vous nous en apportez deux. 6 - Vous m'en donnez un kilo. 7 - Vous m'en mettez cinquante francs.

4 *Reply to the following questions, making use of the appropriate pronouns.*

1 - Tu veux encore un peu de bière ?
- Non, ...
2 - Vous n'avez plus de tomates ?
- Si, ...
- Non, ...
3 - Il vous reste encore une table ?
- Oui ....
- Non ....
4 - Vous prenez du lait avec votre thé ?
- Oui ....
5 - Vous nous faites monter les petits déjeuners, s'il vous plaît ?
- Oui ....
6 - Vous pourriez me faire nettoyer cette robe ?
- Oui ....
7 - Tu peux me rendre mon livre demain ?
- Non ....

Corrigé

1 - Non, je n'en veux plus, merci. 2 - Si j'en ai encore (non je n'en ai plus). 3 - Oui il m'en reste encore une (non il ne m'en reste plus). 4 - Non merci, je n'en prends pas. 5 - Oui je vous les fais monter tout de suite. 6 - Oui je vous la fais nettoyer. 7 - Non je ne peux pas te le rendre, je ne l'ai pas terminé.

---

5 *And now, find the question that preceded the following answers :*

1 - ....
- Oui, je vous la donne tout de suite.
2 - ....
- Non, je ne peux pas vous le prêter. Il n'y a plus d'encre.
3 - ....
- Non, ça m'ennuie. Je ne prête jamais ma voiture, même à un ami.
4 - ....
- Je ne peux pas faire faire de photocopies, la machine est en panne.
5 - ....
- Je ne peux pas t'emmener au restaurant. Je n'ai plus d'argent. Je suis fauché*.
6 - ....
- Je ne peux pas vous faire conduire à l'aéroport. Le chauffeur est malade.
7 - ....
- Je ne donne jamais ma photo.

* *I am broke*

Corrigé

1 - Vous me donnez la note s'il vous plaît ? ou Vous me la donnez ? 2 - Vous pouvez me prêter votre stylo ? ou Vous pouvez me le prêter ? 3 - Vous pourriez me prêter votre voiture ? ou Vous pourriez me la prêter pour ce soir ? 4 - Vous pourriez me faire faire une photocopie ? 5 - Tu pourrais m'emmener au restaurant ? 6 - Vous pourriez me faire conduire à l'aéroport ? 7 - Tu peux me donner ta photo ? ou Tu peux me la donner ?

Le marché
de Port au Prince,
à Haïti.

Le marché
de la rue de Buci
à Paris.

Un marchand
de poissons
sur le Vieux Port,
à Marseille.

MAGAZINE   MAGAZINE   MAGAZINE   MAGAZINE   MAGAZINE   MAGAZIN

DÉGUSTEZ...

des chocolats

du vin

C'est bon l'équilibre

et maintenant, ÉLIMINEZ.

evian
L'équilibre minéral.

UNITÉ 12

Les plus belles femmes du monde

On leaving the restaurant Philippe doesn't feel like going home. He suggests to everybody that they end their evening in a night-club, the Crazy-Horse. Hélène would rather go to a "café-théâtre".

Listen carefully. The dialogue concerns "boîtes" (night-club), "femmes-nues" (naked women). It is also a matter of "se lever tôt" (getting up early) and "se coucher tard" (going to bed late).

The verbs "se lever" and "se coucher" are used in the infinitive here and in the present tense: "on se lève tôt" and also in the future tense: "on se couchera plus tôt". Try to work out who has to get up early the next morning, who is going home to bed and who is going to the Crazy Horse.

Philippe :	Vous n'avez pas envie d'aller dans une boîte ?	*Don't you feel like going to a night club ?*
Jeanne :	À l'heure qu'il est ! Non, il est trop tard.	*At this hour ! No, it's too late.*
François :	Demain on se lève tôt.	*We have to get up early tomorrow.*
Philippe :	Moi aussi, je me lève tôt demain. Mais ça ne fait rien. On se couchera plus tôt demain soir.	*Me too. But so what ? You can just go to bed earlier tomorrow night.*
	(to Hélène and Günter) Et vous, ça vous ferait plaisir ?	*And what about you ? Would you like to go ?*

Günter :	Oh oui. Vous venez Hélène ?	Yes. Are you coming, Hélène ?
Hélène :	J'aimerais bien, mais j'ai l'intention d'aller à Versailles demain et je voudrais me lever tôt.	I'd really like to but I'm planning on going to Versailles tomorrow and I would like to get up early.
Philippe :	Vous irez un autre jour.	You can go another day.
Hélène :	Bon... d'accord. Mais on ne restera pas longtemps, où est-ce que vous voulez aller ?	Well... all right. But we won't stay long. Where do you want to go ?
Philippe :	On pourrait aller au Crazy-Horse.	We could go to the Crazy Horse.
Hélène :	Vous croyez que c'est intéressant pour moi de voir des femmes nues ?	Do you really think it will be very interesting for me to see naked women ?
Philippe :	Alors, où voulez-vous aller ?	OK, then... Where do you want to go ?
Hélène :	J'aimerai mieux aller dans un café-théâtre.	I'd rather go to a café-théâtre.
Philippe :	Mais c'est trop tard maintenant. Les derniers spectacles sont à 11 heures et il est déjà minuit et demi.	But it's too late now. The last performances are at 11 pm and it's already half-past midnight.

Jeanne :	Oh mon Dieu ! On va rater le dernier métro. Allez, au revoir !	Good gracious ! We'll miss the last metro. Bye, then.
Philippe :	Mais, pourquoi est-ce que vous ne venez pas avec nous ?	But why don't you come with us ?
Jeanne :	Non, non. On a sommeil, on va se coucher.	No, no. We're sleepy, we're off to bed.
Philippe :	Alors dépêchez-vous ! Il est presque une heure moins le quart.	Well then, get a move on. It's almost a quarter to one.
François :	On prendra un taxi, si on rate le métro. Allez, au revoir, bonne soirée.	We'll take a taxi if we miss the metro. Be seeing you. Have a good evening.
Jeanne :	*(to Hélène)* Je t'appelle demain matin.	I'll call you tomorrow morning.
Hélène :	OK, mais pas trop tôt.	OK, but not too early.
Philippe :	*(to Günter)* Allez je vous emmène. On boira du champagne. Vous verrez les plus belles femmes de Paris.	Right, I'll take you. We'll drink champagne. You'll see the most beautiful women in Paris.
Hélène :	Vous voulez dire d'Allemagne, de Scandinavie, d'Amérique !	What you mean is the most beautiful women from Germany, from Scandinavia, and from America !
Philippe :	C'est ça, les plus belles femmes du monde en tout cas !	That's right. The most beautiful women in the world at any rate !
Voix :	Oh il fait jour ! Comme c'est beau Paris au lever du soleil. C'est magnifique. Paris est à nous !	Oh, it's getting light. Ah, how beautiful Paris in at sunrise. Paris is magnificent. Paris belongs to us !

AVEZ-VOUS COMPRIS ?

Philippe suggests going to a night-club. What does he say ? ....

Vous n'avez pas envie d'aller dans une boîte ?

Jeanne feels that it is too late ....

À l'heure qu'il est ! Il est trop tard !

François says that they are getting up early the next morning ....

Demain on se lève tôt.

Philippe also has to get up early, but he says that doesn't matter, that he can go to bed that much earlier tomorrow night ....

Moi aussi je me lève tôt demain. Mais ça ne fait rien. On se couchera plus tôt demain soir.

He asks Günter and Hélène if they would be happy to go ....

Et vous ça vous ferait plaisir ?

Hélène hesistates. She is planning on going to Versailles the next day and she wants to get up early................................

J'aimerais bien mais j'ai l'intention d'aller à Versailles demain, et je voudrais me lever tôt.

Philippe insists. He tells her that she can go to Versailles another day ....

Vous irez un autre jour.

She finally accepts Philippe's invitation, but she doesn't want to stay long. She asks where he wants to go........................

Bon... d'accord. Mais on ne restera pas longtemps. Où est-ce que vous voulez aller ?

He suggests the Crazy Horse ....

On pourrait aller au Crazy Horse.

She doesn't think it will be very interesting for her to look at naked women ....

Vous croyez que c'est intéressant pour moi de voir des femmes nues ?

She would rather to go to a café-théâtre ....

J'aimerais mieux aller dans un café-théâtre.

But it is too late. The last performances begin at 11 pm and it is already half-past midnight.

Mais c'est trop tard, maintenant. Les derniers spectacles sont à onze heures et il est déjà minuit et demi.

Jeanne is in a flap. She is worried that they will miss the last metro (which leaves at around 12.45 a.m.)	Oh mon dieu ! On va rater le dernier métro.
Philippe tries hard to persuade them to come along with them	Mais pourquoi est-ce que vous ne venez pas avec nous ?
Jeanne says that they are sleepy and that they are going to go to bed	On a sommeil, on va se coucher.
Philippe tells them to hurry up. It is nearly a quarter to one	Alors, dépêchez-vous ! Il est presque une heure moins le quart.
François says they will take a taxi if they miss the metro.	On prendra un taxi si on rate le métro.
Jeanne says she will telephone Hélène the following morning	Je t'appelle demain matin.
Not too early	Oui, mais pas trop tôt.
Around 11 am	Non, vers onze heures.
Philippe goes off with Hélène and Günter, promising that they will drink champagne and see the most beautiful women in Paris.	Je vous emmène. On boira du champagne. Vous verrez les plus belles femmes de Paris !
Hélène thinks that it's more a case of the most beautiful women from Germany, Scandinavia and America	Vous voulez dire les plus belles femmes d'Allemagne, de Scandinavie et d'Amérique !
At any rate, the most beautiful women in the world, says Philippe	Les plus belles femmes du monde en tout cas !
When they come out of the club, it is getting light. It is 5 am. They celebrate the beauty of Paris at sunrise. Paris belongs to them	Il fait jour ! Comme c'est beau Paris au lever du soleil ! C'est magnifique ! Paris est à nous !

Jacques Dutronc is the writer of a very well-known song: "Il est cinq heures, Paris s'éveille" in which he describes the to-ings and fro-ings of the workers getting up and going to the factory or office, and of the night owls going home to bed.

And now, listen to the dialogue.

POUVEZ-VOUS LE DIRE EN FRANÇAIS ?

You suggest going away with someone for a week-end at the sea......................

Vous n'avez pas envie d'aller passer le week-end à la mer avec moi ?
ou
Tu n'as pas envie d'aller passer le week-end à la mer avec moi ?

You accept the invitation. You think it would be very pleasant to go to the sea-side ....

Oui, avec plaisir. Ce sera magnifique d'aller à la mer.

You hesitate. You would rather go to the country. You don't particularly like the sea.........

J'aimerais mieux aller à la campagne. Je n'aime pas beaucoup la mer.

You get bored at the sea-side ....

Je m'ennuie au bord de la mer.

You refuse. You don't want to go. You find travelling long distances by car tiring ....

Je n'ai pas envie. C'est fatigant pour moi de faire des kilomètres en voiture.

The person insists, saying that you will find it restful at the sea-side.....................

Pourquoi est-ce que vous ne venez pas ? Vous vous reposerez à la mer.
ou
Pourquoi est-ce que tu ne viens pas ? Tu te reposeras à la mer.

You suggest going away just for a day and going closer to home ....

On pourrait partir seulement pour un jour et aller moins loin.

The other person does not think it is much fun to stay near a large town.................

Vous croyez que c'est drôle de rester près d'une grande ville ?

You end up accepting, but you add that you don't want to return home late on the Sunday evening

Bon, d'accord. Mais on ne rentrera pas tard dimanche soir.

You have to get up early Monday morning.. Lundi matin, je me lève tôt.

The person promises that you will be able to settle early Sunday evening ....   Entendu. Vous vous coucherez tôt dimanche soir.

POUVEZ-VOUS RÉPONDRE AUX QUESTIONS ?

Qu'est-ce que vous ferez pendant vos prochaines vacances ?

J'irai à la mer, à la montagne, dans ma famille, à l'étranger, au Canada, en France.

Si on vous offre un voyage, où irez-vous ?

J'irai à Tahiti, à Hong-Kong, aux îles Fidji.
Je ferai le tour du monde.

Qu'est-ce que vous avez l'intention de faire le week-end prochain ?

J'ai l'intention de rester à la maison, de partir me reposer à la campagne, à la mer, à la montagne.

Qu'est-ce que vous offrirez à la personne que vous aimez pour son anniversaire ?

Je lui offrirai des fleurs, un bijou, un vêtement, un livre, un tableau.

Avez-vous envie de changer de vie, de changer de profession ?

Oui, j'ai envie de changer de vie.
Non, je n'ai pas envie de changer de vie, je me trouve bien.

Qu'est-ce qui est le plus difficile pour vous quand vous apprenez une langue étrangère ?

Le plus difficile, c'est d'apprendre la grammaire.

Et qu'est-ce qui est le plus agréable ?

Le plus agréable, c'est de lire
c'est de comprendre et de parler,
c'est d'apprendre la civilisation, les coutumes.

Qu'est-ce qui est le plus extraordinaire dans la vie moderne et le monde des années quatre-vingt ?

C'est de pouvoir prendre l'avion pour aller au bout du monde.
C'est de pouvoir téléphoner à ses amis dans le monde entier.
C'est le progrès de la médecine et de la science.
C'est le développement de l'informatique.

...LE PLUS EXTRAORDINAIRE À NOTRE ÉPOQUE...

...C'EST QU'ON NE SAIT PAS SOIGNER UN CHAGRIN D'AMOUR ! ...PAS ENCORE !

PRATIQUE DE LA LANGUE

COMBINAISONS GRAMMATICALES

Vous n'avez pas envie d'aller dans une boîte ?

Je n'ai pas envie de	rentrer tout de suite
	m'enfermer dans une boîte
	me coucher tard
	me fatiguer
	m'ennuyer
	rater de le dernier métro

| Vous avez envie de | vous amuser ? |
| d' | aller vous coucher ? |

J'ai envie de	m'amuser
de	voir une pièce de théâtre
d'	aller danser
de	me reposer

J'ai l'intention de	me lever tôt demain matin
d'	aller à la Foire de Francfort
de	faire des achats
d'	écrire des lettres
de	travailler

Vous croyez que c'est intéressant pour moi de voir des femmes nues ?

The following sentences are set out at random. Working from the list below, make up as many combinations as you can. First, classify the adjectives : put a + in front of the adjectives with a positive sense and a - in front of the adjectives with a negative sense.

c'est intéressant de	ne pas travailler
c'est impossible de	travailler le dimanche
c'est amusant / drôle de	se reposer
c'est agréable de	payer avec une carte de crédit
c'est désagréable de	comprendre le français à la radio
c'est terrible de	sortir tous les soirs
c'est facile d'	apprendre le français
c'est difficile de	se lever tôt
c'est ennuyeux de	se coucher tard
c'est fatigant de	voyager seul(e)
c'est idiot de	faire du sport
c'est pénible / gênant d'	écouter de la musique
c'est extraordinaire de	donner un rendez-vous à l'hôtel
c'est magnifique de	se faire inviter
c'est sensationnel de	refuser une invitation

N.B. : Terrible *can have 2 meanings in French : positive and negative.*

Pourquoi est-ce que vous ne venez pas avec nous ?

Notice how you construct questions

où	est-ce que	vous voulez aller ?
quand		vous revenez ?
pourquoi		vous ne voulez pas venir ?
pourquoi		vous ne pouvez pas le faire ?
à quelle heure		vous rentrez ?
combien		je vous dois ?
comment		je vais rentrer ?
comment	qu'	on peut faire ?

You can also say

où	voulez-vous aller ?	je vous vois	à quelle heure ?
avec qui	voulez-vous danser ?	vous rentrez	quand ?
quand	rentrez-vous ?	vous dînez	avec qui ?
à quelle heure	partez-vous ?	vous dînez	chez qui ?
		je vous dois	combien ?
		on se voit	où et quand ?
		on rentre	comment ?

EXERCICES

[1] *Translate*

1 - Do you want to go to bed early ?
2 - I need to get up early tomorrow morning.
3 - It's annoying not being able to understand French well.
4 - Why don't you go to Spain for your holiday ?
5 - How can we manage to get there on time ?
6 - Where do we meet and at what time ?
7 - How do you return home, by bus or by taxi ?
8 - It's not easy learning a language alone.
9 - At what time will you be back ?
10 - How much do we owe you ?

Corrigé

1 - Vous voulez vous coucher tôt ? 2 - Je dois me lever tôt demain matin. 3 - C'est ennuyeux (désagréable) de ne pas bien comprendre le français. 4 - Pourquoi est-ce que vous n'allez pas en Espagne pour les vacances ? 5 - Comment est-ce qu'on peut faire pour arriver à l'heure ? 6 - Où est-ce qu'on se rencontre et à quelle heure ? 7 - Comment est-ce que vous rentrez, par l'autobus ou en taxi ? 8 - Ce n'est pas facile d'apprendre une langue seul(e). 9 - À quelle heure rentrez-vous ? 10 - Combien est-ce qu'on doit ? / On vous doit combien ?

2 Write a dialogue based on the following models

Modèle 1

Two friends have gone out together. They have finished eating.

- A demande à B où il veut finir la soirée.
- B dit qu'il aimerait rentrer à la maison pour écouter de la musique.
- A n'a pas envie de s'enfermer à la maison. Il ne trouve pas drôle de rentrer tôt. Il préfère aller dans une boîte.
- B lui répond qu'il n'a pas l'intention d'aller s'enfermer dans une boîte et qu'il trouve idiot de se coucher tard.

Réponse possible

- Qu'est-ce qu'on fait maintenant ? Où est-ce que tu veux finir la soirée ?
- J'aimerais rentrer à la maison pour écouter de la musique.
- Moi, je n'ai pas envie de m'enfermer à la maison. Tu crois que c'est drôle de rentrer si tôt ? J'aimerais mieux aller dans une boîte.
- Et moi, je n'ai pas l'intention d'aller m'enfermer dans une boîte. Et je trouve que c'est idiot de se coucher tard.

Modèle 2

Two people have just finished a work session :

- A demande à B où il a l'intention de déjeuner.
- B dit qu'il ne sait pas, mais qu'il aimerait déjeuner rapidement parce qu'il a un rendez-vous à quatorze heures.
- A propose à B de venir déjeuner avec lui au restaurant de l'entreprise. On y mange bien.
- B pense qu'il est difficile de discuter tranquillement dans un restaurant d'entreprise.
- A dit qu'il a raison, qu'il sera plus agréable d'aller déjeuner dans un restaurant calme.
- A téléphone à sa secrétaire pour qu'elle lui réserve une table pour deux personnes au "Petit Paradis".

Réponse possible

- Où est-ce que vous avez l'intention de déjeuner ?
- Je ne sais pas. Mais j'aimerais déjeuner rapidement parce que j'ai un rendez-vous à quatorze heures.
- Pourquoi est-ce que vous ne venez pas déjeuner avec moi au restaurant de l'entreprise ? On y mange bien.
- Il est difficile de discuter (bavarder) tranquillement dans un restaurant d'entreprise.
- Vous avez raison, ce sera plus agréable de déjeuner dans un restaurant calme.
- Annie, est-ce que vous pouvez téléphoner pour réserver une table pour deux personnes au "Petit Paradis" ? Merci.

POINTS DE GRAMMAIRE

Verbes pronominaux *Reflexive verbs*

Notice how these verbs are conjugated

présent	impératif *(positive)*	impératif *(negative)*
Je m'amuse	amuse-toi bien	ne te fatigue pas trop
tu t'amuses	amusez-vous bien	ne vous fatiguez pas trop
il / elle s'amuse		
nous nous amusons		
vous vous amusez		
ils / elles s'amusent		

in the infinitive, after an auxiliary verb

je veux m'amuser
tu veux t'amuser
il / elle veut s'amuser
nous voulons nous amuser
vous voulez vous amuser
ils / elles veulent s'amuser

perfect tense

je me suis bien amusé(e)
tu t'es bien amusé(e)
il s'est bien amusé
elle s'est bien amusée
nous nous sommes bien amusé(e)s
vous vous êtes bien amusé(e)s
ils se sont bien amusés
elles se sont bien amusées

EXERCICES

Use each of the following reflexive verbs to make two sentences as in the example given

a sentence with an imperative amusez-vous bien
a sentence with an infinitive j'ai envie de m'amuser
verbs : se lever - se coucher - se reposer - se tromper

Corrigé

Se lever - Lève-toi. C'est l'heure de partir.
- Je n'aime pas me lever tôt.

Se coucher - Couchez-vous tôt, sinon vous serez fatigué demain.
- Je ne veux pas me coucher tard, je suis fatigué.

Se reposer - Reposez-vous bien pendant les vacances.
- Je vais pouvoir enfin me reposer, je pars en vacances.

Se tromper - Ne vous trompez pas d'adresse, c'est au numéro 18.
- J'ai eu peur de me tromper, j'ai pris un taxi.

Le futur *The future tense*

Notice how the future tense is set out. These sentences are taken from unit 11.

On partagera ensuite   du verbe **partager**
Vous paierez une autre fois   du verbe **payer**
Quand nous irons en Amérique du verbe **aller**
Vous nous inviterez   du verbe **inviter**

Regular verbs like **partager** *and* **inviter** *form their future in the following way:*

* *For the verb* payer, *you change the "y" to "ie"*

> je partager **ai**
> tu partager **as**
> il / elle partager **a**
> nous partager **ons**
> vous partager **ez**
> ils / elles partager **ont**

je paierai* - tu paieras - il / elle paiera - nous paierons - vous paierez - ils / elles paieront

The verb **aller** *is irregular and in the future it becomes:*

présent	futur
je vais	j'irai
tu vas	tu iras
il / elle va	il / elle ira
nous allons	nous irons
vous allez	vous irez
ils / elles vont	ils / elles iront

Learn the future tenses of the verbs **être** *and* **avoir**, **voir** *and* **faire**

être	avoir	voir	faire
je serai	j'aurai	je verrai	je ferai
tu seras	tu auras	tu verras	tu feras
il sera	il aura	il verra	il fera
nous serons	nous aurons	nous verrons	nous ferons
vous serez	vous aurez	vous verrez	vous ferez
ils seront	ils auront	ils verront	ils feront

Learn also the future tense of the verb **venir** :

> je viendrai
> tu viendras
> il viendra
> nous viendrons
> vous viendrez
> ils viendront

Note the future of some other verbs

The verbs **rentrer, rester, inviter, partir** *are conjugated in the future like the verb* **partager**. *Reflexive verbs in "er" follow the same pattern.*

Attention : **s'ennuyer** *in the future* : je m'ennuierai

As regards the verbs **boire** *and* **prendre** *in the future, you must drop the final "e"*

je boirai   je prendrai
tu boiras   tu prendras
etc.   etc.

A reflexive verb in the future tense :

se coucher (tôt / tard)

je me coucherai tôt ce soir
tu te coucheras tôt demain soir ?
il se couchera tard ce soir
nous nous coucherons tôt pendant les vacances
vous vous coucherez tard la semaine prochaine
ils se coucheront tôt dimanche soir

EXERCICES

What will happen if... ?

Answer the following questions using the verbs in brackets in the future tense :

1 - Qu'est-ce qui se passera si vous vous couchez tard ce soir ? .... (se lever)
2 -   "   "   "   si vous rentrez tard ce soir ? .... (ne pas voir) Dallas
3 -   "   "   "   si elle boit trop de vin ?(être malade et avoir mal à la tête)
4 -   "   "   "   si on rate le dernier bus ? .... (prendre un taxi)
5 -   "   "   "   si on ne trouve pas de taxi ? ..... (aller dormir à l'hôtel)
6 -   "   "   "   si on n'a pas assez d'argent pour payer ? (faire un chèque)

Corrigé

1 - Je me lèverai tard demain matin. 2 - Je ne verrai pas Dallas à la télévision. 3 - Elle sera malade et elle aura mal à la tête demain. 4 - On prendra un taxi. 5 - On ira dormir à l'hôtel. 6 - On fera un chèque.

124

La place de la Concorde, à Paris.

La boite de nuit : Les Bains Douches.

NUITS BLANCHES, PETITS MATINS.

Comment passer une soirée sans dépenser beaucoup d'argent.

MAGAZINE   MAGAZINE   MAGAZINE   MAGAZINE   MAGAZINE   MAGAZIN

« Les branchés »* des Bains Douches.
Ils vont se coucher quand les autres se lèvent.

* se dit des gens
qui suivent la dernière mode.

125

« Le Bal » d'Ettore Scola.

Le charme « retro »
des bals du samedi soir
en province.

Revue du Casino de Paris. Le final avec Line Renaud.

MAGAZINE   MAGAZINE   MAGAZINE   MAGAZINE   MAGAZINE   MAGAZINE

UNITÉ 13

Ça vous ferait plaisir de partir avec moi ?

The next morning Jeanne calls Hélène at the hotel as arranged :

Hélène :	Allô !	Hello !
Jeanne :	Allô Hélène ? Je te réveille ?	Hello, Hélène. Did I wake you ?
Hélène :	Oui, je dormais. Quelle heure est-il ?	Yes, I was sleeping. What time is it ?
Jeanne :	Il est onze heures. Tu as passé une bonne soirée ?	It's 11 o'clock. Did you have a good evening ?
Hélène :	Oui, oui. Mais on est rentrés à cinq heures !	Yes... but we got back at 5 am.
Jeanne :	À cinq heures ! Excuse-moi de t'avoir réveillée.	At 5 am ! Oh ! I am sorry for having woken you.
Hélène :	Ça ne fait rien. Comme ça j'aurai le temps d'aller à Versailles.	It doesn't matter. Now I'll have the time to go to Versailles.
Jeanne :	On se voit demain ? Si tu veux, on peut aller faire un tour dans les Grands Magasins. Il y a des soldes en ce moment.	Shall I see you tomorrow ? If you like, we can go on a little shopping expedition to the department stores. The sales are on at present.
Hélène :	Ah c'est bien. J'ai besoin d'une robe et d'une paire de chaussures.	That's great. I need a dress and a pair of shoes.
Jeanne :	Tu es libre à quelle heure ?	What time are you free ?

Hélène :	À partir de trois heures. Je déjeune avec un ami. Je pense qu'on aura terminé vers trois heures.	*From 3 o'clock onwards. I'm having lunch with a friend. I should think we'll have finished by 3.*
Jeanne :	Où est-ce qu'on se retrouve ?	*Where shall we meet ?*
Hélène :	Au métro Opéra, si tu veux.	*At metro station Opéra, if you like.*
Jeanne :	Entendu, à trois heures, au métro Opéra.	*Right you are. At 3 o'clock, at metro Opéra.*
Hélène :	À demain.	*See you tomorrow.*
Jeanne :	À demain et bonne journée.	*Until then, and have a good day.*

Hélène calls reception to ask for her breakfast.

Hélène :	Je voudrais avoir un petit déjeuner s'il vous plaît. Un thé complet. Oui, pour une personne.	*I'd like breakfast in my room, please. Tea and croissant, please. Yes, for one person.*

She turns on the radio and we hear some commercials, one for a camel-hair coat and the other for Club Méditerranée in Morocco.

Publicité 1

H : Déshabillez-moi... — *Take off my coat...*

F : Où vas-tu sous ce manteau ? Un mot... c'est un manteau Brill. — *What can you have on under a coat like this ? In one word it's a Brill coat.*

H : Déshabillez-moi... — *Take off my coat...*

F : Ample, long, souple, on doit y être bien au chaud. Serait-il en poil de chameau ? Bel atout de charme. Et sa couleur te va si bien. — *Generously cut, long, soft, it must be really warm and snug. Is it camel hair ? It so alluring and the colour suits you so well.*

H : Rhabillez-moi... en Brill. — *Dress me once again... in Brill.*
Brill, chez George V, Centres commerciaux Parly II et Vélizy II. — *Brill. At Georges V, and Parly II and Vélizy II shopping centers.*

Publicité 2

H : Ah ! le Maroc ! — *Ah ! Morocco !*

F : C'est le soleil, la lumière du désert, les hommes bleus de l'Atlas, la fraîcheur d'une palmeraie. — *The sun, the desert light, the blue men of the Atlas mountains, the freshness of a palm grove.*

H : Et le club Méditerranée au Maroc ? — *And the Club Méditerranée in Morocco ?*

F : C'est le Maroc avec une piscine chaude, une djellaba blanche, une bonne partie de tennis et, sur un bateau, un grand éclat de rire. — *That's Morocco with a warm swimming pool, a white djellaba, a good game of tennis, and, on a boat, happy sounds of laughter.*

Téléphonez au Club Méditerranée, 42.96.10.00 ou à l'Agence Havas de votre ville. — *Call Club Médierannée, on 42.96.10.00 or you nearest Havas travel agency.*

Hélène :	Allô. Oui.	*Hello. Yes.*
Günter :	Allô ! Hélène ? C'est Günter. Vous avez bien dormi ?	*Hello, Hélène ? It's Günter. Did you sleep well ?*
Hélène :	Oui, mais pas assez. Jeanne m'a téléphoné à onze heures, je dormais encore. Et vous, ça va ?	*Yes, but not enough. Jeanne rang me at 11. I was still asleep. And how about you ?*

Günter :	Oui, ça va. Je n'ai pas besoin de beaucoup de sommeil. Je vous appelle parce que j'ai un service à vous demander.	Yes, fine. I don't need a lot of sleep. I'm calling because I have a favour to ask you.
Hélène :	De quoi s'agit-il ?	What does it involve ?
Günter :	Je dois aller à Cannes pour affaires, au Festival. Je dois prendre des contacts. Mais j'ai besoin d'un interprète, parce que je ne parle pas assez bien le français pour me débrouiller seul.	I have to go to Cannes on business to the Festival. I have to get in touch with some people. But I need an interpreter because I don't speak French well enough to get by on my own.
Hélène :	Oui, et alors ? Qu'est-ce que je peux faire pour vous ?	So, what can I do for you ?
Günter :	Eh bien, si vous acceptiez de me servir d'interprète, ça me rendrait service.	Well, if you would come as my interpreter, you'd be doing me a real favour.
Hélène :	Mais... il faudrait que j'aille à Cannes avec vous ?	But... I'd have to go to Cannes with you ?
Günter :	Oui, si ça ne vous ennuie pas.	Yes, if that didn't put you out.
Hélène :	Mais... je n'avais pas prévu de faire un voyage !	But... I hadn't planned on making a trip.
Günter :	Vous savez, ça vaut la peine de voir le Festival. Je louerai une voiture. On ira se promener.	The Festival's worth seeing, you now. I'll hire a car. We'll be able to do some touring.
Hélène :	Quand partez-vous ?	When are you going ?
Günter :	Après-demain.	The day after tomorrow.
Hélène :	Écoutez, je ne sais pas. Je vais réfléchir. Je vous laisserai un mot à la réception ce soir, pour confirmer.	Well, I really don't know. I'll think about it, and leave you a note at reception this evening.
Günter :	Je serai très content si vous acceptiez et ça me rendrait service.	I'd be really pleased if you were to come and it'd be a great help.
Hélène :	Je ne promets rien.	I don't promise anything.

Hélène replaces the receiver. She speaks to herself.

Hélène :	Qu'est-ce qu'il veut au fond ? Pourquoi pas après tout ? Ce serait pas mal d'aller faire un tour à Cannes... Maintenant il faut que je me dépêche si je veux aller à Versailles aujourd'hui.	What does he really want ? But why not after all ? A trip to Cannes... not a bad idea at all. Now I really must hurry up if I want to get to Versailles today.

AVEZ-VOUS COMPRIS ?

In this section, you will hear some comprehension questions in French. Some refer to what happens in the dialogue ; others do not. You should therefore answer each question "yes" or "no" according to what you have understood of the situation.

Questions de compréhension

Cover up the answers:

Quand Jeanne a téléphoné, Hélène dormait ?	oui
" " " Hélène était-elle éveillée ?	non
Jeanne a réveillé Hélène ?	oui
Jeanne demande à Hélène si elle a passé une bonne soirée	oui
Jeanne s'excuse d'avoir réveillé Hélène	oui
Hélène est ennuyée parce que Jeanne l'a réveillée	non
Hélène veut aller à Versailles	oui
Hélène veut continuer à dormir	non
Jeanne propose de voir Hélène l'après-midi	non
" " " le lendemain après-midi	oui
Jeanne propose à Hélène d'aller déjeuner	non
Jeanne propose à Hélène d'aller faire des courses	oui
Hélène accepte la proposition de Jeanne	oui
Hélène n'accepte pas parce qu'elle n'est pas libre	non
Hélène déjeune le lendemain avec un ami	oui
Hélène et Jeanne se donnent rendez-vous à l'Opéra	oui
" " vont se rappeler pour prendre rendez-vous	non
Hélène va annuler son déjeuner avec son ami	non
Quand Günter a téléphoné, Hélène prenait son petit déjeuner	non
" " " Hélène écoutait la radio	oui
Günter a téléphoné à Hélène pour l'inviter à passer le week-end en Suisse	non
Günter a téléphoné à Hélène pour lui demander un service	oui
Il lui a téléphoné pour l'inviter à faire un voyage avec lui	oui et non
Günter va à Cannes pour faire du tourisme	non, en principe
Il va à Cannes pour affaires	oui
Il a besoin d'une secrétaire	non
Il a besoin d'une interprète	oui

Hélène est d'accord pour partir à Cannes avec Günter .... non
Elle dit qu'elle va donner sa réponse le soir .... oui
Elle n'est pas d'accord pour partir à Cannes avec lui .... non
Hélène a envie d'accepter la proposition de Günter .... oui
Elle a envie de refuser .... non

POUVEZ-VOUS LE DIRE EN FRANÇAIS

You call someone who answers in a voice that seems to you half-asleep. What do you say?	Allô ! Je vous réveille ?
You apologise for having woken him/her ...	Excusez-moi de vous avoir réveillé.
You call someone whom you spent the previous evening with	Vous avez passé une bonne soirée ? ou Vous avez bien dormi ?
You have been woken up. You say it does not matter	Ça ne fait rien. ou Ce n'est pas grave. ou encore Ça n'a pas d'importance.
You suggest having lunch with someone if he/she is free	Si vous êtes libre, on peut déjeuner ensemble.

You propose meeting someone that evening.	On se voit ce soir ?
You suggest you call someone the following day	On se rappelle demain.
You telephone someone to ask a favour.....	Je vous appelle pour vous demander un service. ou J'ai un service à vous demander.
You call to make a proposal...............	Je vous appelle pour vous faire une proposition. ou J'ai une proposition à vous faire.
You ask what it involves.................	De quoi s'agit-il ?
You ask someone a favour : to drive you to the airport................................	Si vous pouviez me conduire à l'aéroport, ça me rendrait service.
You ask him/her if that will put him/her out	Ça ne vous ennuie pas de me conduire à l'aéroport ?
What do you say to fix the time and place of a meeting ?..............................	Où est-ce qu'on se retrouve et à quelle heure ? ou On se retrouve où et à quelle heure ?

PRATIQUE DE LA LANGUE

COMBINAISONS GRAMMATICALES

S'excuser (à propos d'actions présentes ou futures) *Apologizing in connection with present or future actions*

you use the present infinitive

Je m'excuse Excusez-moi	d'être en retard de ne pas vous accompagner de vous déranger de vous demander un service

S'excuser (à propos d'actions passées) *Apologizing for actions in the past*

you use the past infinitive

Excusez-moi	d'être venu sans prévenir de ne pas avoir téléphoné de ne pas vous avoir prévenu(e) de vous avoir dérangé(e) de vous avoir réveillé(e) de vous avoir fait perdre votre temps

Remercier *Saying "thank you"*

Je vous remercie	d'être venu(e) d'avoir accepté de m'avoir aidé à faire ce travail

Avoir le temps de *(in the past and future)* and **avoir besoin de**

Je n'ai pas le temps de	vous	prévenir
	t'	écrire
	te le	dire
	vous l'	expliquer

Je n'aurai pas le temps de	vous	conduire à la gare
	l'	accompagner
	la	revoir
	t'	appeler

| Je n'ai pas besoin de | beaucoup de | temps |
| | beaucoup d' | argent |

| Je n'ai besoin de | rien |
| | personne |

pluperfect

Je n'avais pas prévu	de	faire ce travail
Je n'avais pas pensé	à	le prévenir
J' avais oublié	de	passer à la banque

Faire une proposition. Demander un service *Making a proposal or asking a favour. Note carefully the constructions :*

present	*present (or future)*
si tu veux	on va faire un tour
si tu es d'accord	on peut aller faire un tour
si vous êtes d'accord	on part en week-end
	on déjeune ensemble
	on pourra (de **pouvoir**) se voir demain

imperfect	*conditional (would)*
si tu voulais	on pourrait déjeuner ensemble
si tu étais d'accord	on irait passer le week-end à Amsterdam
si vous vouliez	on partirait pour la Martinique
si vous étiez d'accord	
si vous acceptiez	

si vous pouviez	me servir de guide	ça me rendrait service
	traducteur	
	chauffeur	
	d' interprète	
	m'accompagner à l'aéroport	
	me conduire à la gare	
	m'aider à traduire cette lettre	

| ça ne vous ennuie pas de | me prêter cent francs ? |
| ennuierait pas de | " votre voiture ? |

Le passé composé et l'imparfait *The perfect and imperfect tenses*

Note the tenses used when speaking of the past

Il m'a téléphoné   je dormais
Elle s'est excusée   parce qu'elle était en retard
Il m'a invité(e)   mais je n'étais pas libre
Il m'a appelé(e)   mais j'étais parti(e)

Le conditionnel *The conditionel*

To conjugate a verb in the conditional, you use the imperfect endings with the stem of the verb in the future, as in the following examples :

imperfect	*future*	*conditional*
vouloir	**pouvoir**	**pouvoir**
je voul**ais**	je pourr**ai**	je pourr**ais**
tu voul**ais**	tu pourr**as**	tu pourr**ais**
il voul**ait**	il pourr**a**	il pourr**ait**
nous voul**ions**	nous pourr**ons**	nous pourr**ions**
vous voul**iez**	vous pourr**ez**	vous pourr**iez**
ils voul**aient**	ils pourr**ont**	ils pourr**aient**

Le subjonctif *The subjunctive*

Learn the endings of the subjunctive.

present indicative   *present subjunctive*

je rentre   il faut que je rentre
tu rentres   tu rentres
il rentre   qu'   il rentre
nous rentrons   nous rentr**i**ons
vous rentrez   vous rentr**i**ez
ils rentrent   qu'   ils rentrent

For verbs whose infinitives end in "-er", the only difference is in the "we" and "you" used in the plural. Here you add an "i"

il faut que   nous retourn**i**ons à l'hôtel
              vous arriv**i**ez à l'heure
              vous vous couch**i**ez tôt
              nous apport**i**ons nos valises à la réception

But for some common verbs, the subjunctive "root" can be different from the indicative

infinitive	*present indicative*		*present subjunctive*
faire	je fais	il faut que	je fasse
savoir	je sais		je sache
pouvoir	je peux		je puisse
prendre	je prends		je prenne
aller	je vais		j'aille
venir	je viens		je vienne
partir	je pars		je parte

avoir il faut que	j'aie	être il faut que	je sois
	tu aies		tu sois
	il ait		il soit
	nous ayons		nous soyons
	vous ayez		vous soyez
	ils aient		ils soient

You use the subjunctive after the impersonal verb "il faut" or "il faudrait que" and after verbs that express a feeling, a desire, a doubt or a sense of finality.

J'ai peur que   vous **soyez** fâché(e)
Je suis heureuse qu'elle **soit** ici
J'ai envie qu'il   **vienne**
Je voudrais que   nous **partirons** maintenant
J'insiste pour que   vous le **fassiez** vous-même
Je ne suis pas sûr qu'il le **sache**
Je doute qu'il   **ait** compris

Les verbes pronominaux *Reciprocal verbs*

On se voit demain

The pronoun "se" in this sentence looks back to two people (we will see each other). This is a reciprocal use of a reflexive verb.

on se rencontre
on se plaît
on se comprend
on s'aime
on s'embrasse
on ne se quitte plus

EXERCICES

1 Translate

1 - I'm sorry I'm late.

2 - I missed my train. I shall arrive at 10.30.

3 - I am afraid I can't accept your offer.

4 - I did not have time to answer your letter.

5 - I am calling to apologize for not having attended the meeting.

6 - We won't need much time to do that.

7 - Thank you for accepting my invitation.

8 - If you agreed, we might see each other before the meeting.

9 - It wouldn't put you out to reserve two seats.

10 - I don't think we have time to finish that work.

Corrigé

1 - Je suis désolé d'être en retard / Excusez-moi d'être en retard. 2 - J'ai manqué mon train, j'arriverai à dix heures trente. 3 - Je suis désolé de ne pas pouvoir accepter votre proposition. 4 - Je n'ai pas eu le temps de répondre à votre lettre. 5 - Je vous appelle pour m'excuser de ne pas avoir assisté à la réunion. 6 - Nous n'aurons pas besoin de beaucoup de temps pour faire cela. 7 - Je vous remercie d'avoir accepté mon invitation. 8 - Si vous étiez d'accord, nous pourrions nous voir avant la réunion / On pourrait se voir avant la réunion. 9 - Ça ne vous ennuierait pas de faire réserver deux places. 10 - Je ne pense pas que nous ayons le temps de finir ce travail.

2. Match up the following elements :

1 - Je ne voulais pas accepter
2 - Je ne voulais pas y aller
3 - Je me suis excusé
4 - Je lui ai téléphoné
5 - Il m'a dit qu'il faudrait
6 - Il m'a demandé
7 - Je ne voulais pas faire ce travail

a - j'étais en retard
b - j'ai refusé son invitation
c - alors il a insisté
d - mais il n'était pas chez lui
e - parce que je n'avais pas le temps
f - que j'aille au Canada
g - si j'étais d'accord pour le faire

Corrigé 1-c, 2-b, 3-a, 4-d, 5-f, 6-g, 7-e

3. Put the verb in brackets in the correct form

1 - Elle m'a demandé si je (accepter).
2 - Il m'a dit qu'il (oublier) de la prévenir.
3 - Il a insisté pour que je (aller) avec lui.
4 - Je me suis excusée de (arriver) en retard.
5 - Il m'a téléphoné pour me remercier de (venir).
6 - J'ai insisté pour qu'il le (faire) lui-même.
7 - Je l'ai remercié de me (accompagner).
8 - Il m'a remercié de lui (rendre service).
9 - C'est possible, mais il faut que vous (prendre l'avion) à Roissy.
10 - Je ne crois pas qu'elle (comprendre).

Corrigé
1 - j'acceptais. 2 - il avait oublié. 3 - j'aille. 4 - d'être arrivée. 5 - d'être venu(e). 6 - fasse. 7 - m'avoir accompagné(e). 8 - avoir rendu service. 9 - preniez l'avion. 10 - comprenne.

4. Complete these sentences

1 - Si vous pouviez m'accompagner   (être heureux)
2 - Si j'avais le temps   (aller avec vous)
3 - Si vous voulez   (pouvoir se voir)
4 - Si tu pouvais me prêter 500 francs   (rendre service)
5 - Il faut que tu   (être à l'heure)
6 - Je suis heureuse que   (pouvoir venir)
7 - J'ai annulé mon rendez-vous pour que (pouvoir passer la soirée ensemble)
8 - Nous aimerions que vous   (assister à la réunion)
9 - Je ne suis pas certain qu'ils   (accepter nos conditions)

Corrigé
1 - Je serais heureux. 2 - J'irais avec vous. 3 - On peut se voir demain. 4 - Ça me rendrait service. 5 - Tu sois à l'heure. 6 - Vous ayez pu venir (tu aies pu venir). 7 - Nous puissions passer la soirée ensemble. 8 - Vous assistiez à la réunion. 9 - Qu'ils acceptent nos conditions.

136

FLY THE HEART-TO-HEART LINE.

DIREKTFLUG VON HERZ ZU HERZ.
EIN ANRUF... UND HERZEN FLIEGEN SICH ZU.

« Oh, que cette robe est jolie !
Bien sûr, elle est de *Yves Saint Laurent* »

Défilé chez Dior.

MAGAZINE MAGAZINE MAGAZINE MAGAZINE

Avec le club Méditerranée,
vous pouvez aussi aller sous les tropiques.

137

Rire.

Chanter.

Aimer.

Méditerranée.
96.10.00.

Club Méditerranée.
42.96.10.00

LE TELEPHONE,
C'EST L'AVION DU CŒUR.

PRENEZ LE TELEPHONE

MAGAZINE   MAGAZINE   MAGAZINE   MAGAZINE   MAGAZINE

UNITÉ 14

Dépêchez-vous ! Le train part dans cinq minutes

At « Gare Saint-Lazare », Hélène is looking for the Versailles train. She first asks a passer-by.

Hélène : Pardon, Monsieur, à quelle heure y a-t-il un train pour Versailles, s'il vous plaît ?

Excuse-me, sir, at what time is there a train for Versailles, please ?

Monsieur : Je ne sais pas. Vous consultez le tableau. Il y en a un toutes les vingt minutes environ, ou tous les quarts d'heure.

I don't know. Have a look at the indicator board. There's one about every quarter of an hour or every twenty minutes.

Hélène : Et où peut-on acheter un billet ?

And where does one buy a ticket ?

Monsieur : Là-bas, vous avez les distributeurs automatiques.

Over there, there are some automatic ticket machines.

A lady warns Hélène that one of the machines is out of order and that another is not giving change.

La dame : Celui-ci est en panne, et celui-là ne rend pas la monnaie.

This machine is out of order and that one isn't giving change.

Hélène : Ah bon. Merci.

Oh, really. Thank you.

In the Departure Hall, by the train indicator board, Hélène cannot find her train and asks a ticket-inspector.

Hélène : Pardon, Monsieur, pour Versailles, c'est quel quai ?

Excuse-me. Which platform for Versailles ?

Contrôleur :	C'est là-bas, quai numéro 10, dépêchez-vous, le train va partir.	Over there, platform no 10. Hurry up. The train's about to leave.
Hélène :	Ah zut !	Oh blow...

A few moments later, she sees the ticket inspector again.

Contrôleur :	Vous avez manqué votre train !	So you missed your train !
Hélène :	Oui, il est parti juste comme j'arrivais.	Yes, it left just as I arrived.
Contrôleur :	Ce n'est pas grave. Il y en a un autre dans 20 minutes.	Don't worry. There's another in 20 minutes.
Annonce haut-parleur :	En raison d'un accident matériel, nous informons nos voyageurs que le trafic est momentanément interrompu sur la ligne Saint-Lazare-Versailles.	Owing to an accident, we wish to inform passengers that the Saint-Lazare-Versailles service is temporarily interrupted.
Hélène :	Je n'ai pas compris. Qu'est-ce qui se passe ?	I didn't understand. What has happened ?
Contrôleur :	Il y a eu un accident sur la ligne et il n'y a pas de train en ce moment pour Versailles.	There has been an accident on the line and there are no trains at present for Versailles.
Hélène :	Et il n'y a pas d'autres moyens pour aller à Versailles ? On ne peut pas prendre le R.E.R. ?	And is there no other way of getting to Versailles ? Can't I take the R.E.R. ?
Contrôleur :	Non, il ne va pas à Versailles, mais vous avez des autobus. Demandez au bureau des renseignements.	No, it doesn't go to Versailles, but you can catch a bus. Ask at the information desk.

At the information desk, she sees a long queue and asks a railway official.

Hélène :	Il y a combien d'attente ?	How long will I have to wait ?
Employée :	Une demi-heure environ. Il y a beaucoup de monde, c'est à cause du week-end de la Pentecôte.	About half an hour. There are a lot of people because it is the Whitsuntide week-end.
Hélène :	Ah bon, merci.	I see. Thanks.

AVEZ-VOUS COMPRIS ?

Hélène veut savoir à quelle heure il y a un train pour Versailles..................	À quelle heure y a-t-il un train pour Versailles s'il vous plaît ?
Le monsieur ne sait pas, il lui dit de consulter le tableau.......................	Je ne sais pas. Vous consultez le tableau.
Il pense qu'il y en a un toutes les vingt minutes ou tous les quarts d'heure	Il y en a un toutes les vingt minutes environ ou tous les quarts d'heure.
Elle ne sait pas où on peut acheter les billets	Et où peut-on acheter un billet ? ou Où est-ce qu'on peut acheter un billet ?
Dans les distributeurs automatiques, le monsieur le lui dit	Là-bas, vous avez les distributeurs automatiques.

> CE DISTRIBUTEUR EST EN PANNE... L'AUTRE NE REND PAS LA MONNAIE...
>
> ...ET IL N'Y A PERSONNE DANS LA GARE !

FRAPAR.

Une dame la prévient qu'un distributeur est en panne et que l'autre ne rend pas la monnaie.
Celui-ci : *this one*
Celui-là : *that one* . . . . Celui-ci est en panne et celui-là ne rend pas la monnaie.

Ensuite, Hélène demande où se trouve le quai pour Versailles . . . . Pour Versailles, c'est quel quai ?

C'est le quai n° 10. Le contrôleur lui dit de se dépêcher parce que le train va partir . C'est là-bas, quai n° 10. Dépêchez-vous, le train va partir.

Elle se dépêche, mais elle manque son train, le contrôleur la revoit, il s'étonne *(he is surprised)* . . . . Vous avez manqué votre train ?

Le train est parti juste comme elle arrivait sur le quai . . . . Il est parti juste comme j'arrivais.

Le contrôleur lui dit que ce n'est pas grave. Il y en a un autre dans vingt minutes . . . Ce n'est pas grave. Vous en avez un autre dans vingt minutes.

Quelques instants après un haut-parleur annonce qu'en raison d'un accident matériel le trafic est momentanément interrompu sur la ligne Paris-Versailles . . . . . . En raison d'un accident matériel, le trafic est momentanément interrompu sur la ligne Paris-Versailles.

Hélène n'a pas bien compris. Elle demande ce qui se passe . . . . Je n'ai pas bien compris, qu'est-ce qui se passe ?

Le contrôleur lui explique . . . . Il y a eu un accident et il n'y a pas de train en ce moment pour Versailles.

Elle demande s'il y a un autre moyen pour aller à Versailles, le R.E.R. ? Le Réseau Express Régional est un métro rapide qui relie les villes de banlieue Est-Ouest et Nord-Sud en traversant Paris . . . . Il n'y a pas d'autre moyen pour aller à Versailles ? On ne peut pas prendre le R.E.R. ?

Le R.E.R. ne va pas à Versailles. Le contrôleur lui dit qu'il y a des autobus, elle peut demander au bureau des renseignements

Vous avez des autobus. Demandez au bureau des renseignements.

Hélène demande combien d'attente il y a Une demi-heure. C'est à cause du week-end de la Pentecôte ....

Il y a combien d'attente ?

Une demi-heure, c'est à cause de la Pentecôte.

POUVEZ-VOUS LE DIRE EN FRANÇAIS ?

You ask what time there is a train for Geneva — À quelle heure y a-t-il un train pour Genève ?

a bus for Versailles — À quelle heure y a-t-il un autobus pour Versailles ?

You ask how often the trains run ....
Il passe tous les combien ?
ou
Il passe souvent ?

Somebody has asked you how frequently the bus leaves. You reply ....
Il passe toutes les cinq minutes.
ou
Il y en a toutes les cinq minutes.

You ask where you can buy a ticket .... Où peut-on acheter un billet ?

reserve a seat .... Où peut-on réserver une place ?

You have missed your train. You want to know how long it is before the next train .... J'ai manqué mon train. Il y en a un autre dans combien de temps ?

You hear an announcement but don't understand it. You ask what has happened .... Je n'ai pas compris. Qu'est-ce qui se passe ?

Towards the end of the afternoon, Hélène returns to the hotel. She writes a note to Günter informing him of her decision. She leaves the message at the reception and as she is going out she bumps into Günter coming in.

Günter:	Bonsoir !	*Hello !*
Hélène:	Ah bonsoir ! Ça va ? Vous avez passé une bonne journée ?	*Ah, hello. How are you things ? Have you had a good day ?*
Günter:	Oui et vous ? Vous deviez aller à Versailles, je crois ?	*Yes and no ? You were supposed to be going to Versailles, I think.*
Hélène:	Oui, et bien je n'y suis pas allée.	*Yes and, well, I didn't make it.*
Günter:	Ah bon ? Qu'est-ce qui s'est passé ?	*Oh really ? What happened ?*

Hélène is going to give Günter an account of her day. Listen several times to this account which is on the long side and which is intended to help you understand the spoken language at a slightly faster speed. Hélène first explains to Günter how to get a ticket. On several occasions she uses the words "pour" (in order to) and "il faut" (we must, you have to) followed by the infinitive. If you remember what has actually happened at « Gare Saint-Lazare », you will be able to follow her account.

Hélène: Voilà ce qui s'est passé. Cet après-midi, j'arrive à la gare Saint-Lazare. Tout est automatisé maintenant. Pour savoir l'heure du train, il faut consulter un tableau, pour avoir un billet il faut utiliser un distributeur automatique et il faut faire attention, parce qu'il en a qui sont en panne, et d'autres qui ne rendent pas la monnaie. Pour trouver le quai ce n'est pas facile, il faut vraiment bien connaître. Je demande à un contrôleur, il m'indique le quai. Je cours pour attraper le train, mais il part juste au moment où j'arrive. Je rencontre le contrôleur par hasard, il me dit qu'il y a un train dans 20 minutes. Et juste à ce moment-là, on entend une annonce par haut-parleur. Je ne comprends rien. Le contrôleur m'explique qu'il y a eu un accident et que le trafic est interrompu sur la ligne de Versailles.

This is what happened. This afternoon I went to Gare Saint-Lazare. Everything is automated now. You have to consult an indicator board to find out the train times, and you buy your ticket from an automatic ticket machine and you have to be careful because some are out of the order and others don't give change. And you really have to know the place to find the right platform. I asked an inspector and he showed me, where to go. I ran to catch the train, but it left just as arrived. I met the ticket inspector once again just by chance, and he told me there was another train in 20 minutes. And just at that moment there was a loudspeaker announcement. I didn't understand a thing. The inspector explained to me that there had been an accident and that the Versailles service was interrupted.

Günter :	Interrompu ?	*Interrupted ?*
Hélène :	Oui, ça veut dire "arrêté". Les trains ne marchent plus. Bon alors, je vais au bureau des renseignements pour savoir s'il y a un autre moyen pour aller à Versailles, mais il y avait une queue terrible, alors j'en ai eu marre. C'était trop compliqué. Je suis allée voir l'exposition Manet.	*Yes, that to say it was "stopped". The trains weren't running any more. So, I went to the information desk to ask if there was another means of getting to Versailles, but there was a terrible queue. Well, I was completely fed up. It was too complicated. So I went to see the Manet exhibition.*
Günter :	Vous avez eu raison, non ? C'est plus intéressant que Versailles.	*You were right, no ? It's more interesting than Versailles.*
Hélène :	Je suis d'accord avec vous. Je ne regrette pas.	*I agree with you. I don't regret it at all.*
Günter :	Bon... alors... vous avez pris une décision pour...	*Fine... well then, have you decided about...*
Hélène :	Ah ! c'est la surprise. Je vous ai laissé un mot à la réception. Je me sauve, je suis en retard. À bientôt !	*Ah ! That's the surprise. I've left you a note at reception. I must be off, I'm late. Be seeing you !*

AVEZ-VOUS COMPRIS LE RÉCIT ?

Exercice de compréhension orale

To do this exercise, you must not read the text of Hélène's narrative. You should try to listen very carefully to understand those sentences in which certain syllables are not pronounced and where certain words are run together with "liaisons". You should listen to the account several times before answering the questions.

Try to write the sentences you hear and also to reply to the questions

Phrase 1 —
How many words are there in this sentence : 4, 5 or 6 ?
Write the main verb
—

Phrase 2 —
How many words are there in this sentence : 2, 3 or 4 ?
Write out the infinitive of the verb
—

Phrase 3 —
Can you identify the verbs ?
—

Phrase 4 —
Are there 6 or 8 words in this sentence ?
—

Phrase 5 —
What word do you recall ?
Write the infinitive of the verb
—

Phrase 6 —
Write the infinitive of the two verbs
—

Phrase 7 —
*How many words are there?
Is the sentence in the present
or the past tense?*
—

Phrase 8 —
*How many sentences are there?
And how many words
in each sentence?
Write the infinitive of the verbs*
—

Corrigé

Phrase 1 — Voilà ce qui s'est passé
6 mots - s'est passé

Phrase 2 — Tout est automatisé
3 mots - automatiser

Phrase 3 — Il faut faire attention
faut - faire

Phrase 4 — Il y en a qui sont en panne
8 mots

Phrase 5 — Il m'indique le quai
quai - indiquer

Phrase 6 — Je cours pour attraper le train
courir - attraper

Phrase 7 — J'en ai eu marre
5 mots
The sentence is in the past. In the present you would say : j'en ai marre

Phrase 8 — Je me sauve. Je suis en retard
2 phrases - 3 mots et 4 mots
se sauver - être

PRATIQUE DE LA LANGUE

COMBINAISONS GRAMMATICALES

Situer une action par rapport au moment présent *Making connections between an action/activity and the present moment*

	AVANT			APRES	
Le train est parti		une minute	Le train va partir		cinq minutes
Ils se sont mariés	il y a	dix ans	Ils vont se marier	dans	un mois
J'ai appris le français		longtemps	Je vais partir		quinze jours

Comment faire pour... ? *How to... ?*

comment faire pour	avoir un renseignement ?
qu'est-ce qu'il faut faire pour	réserver une place ?
	se faire rembourser un billet ?
	obtenir un rendez-vous ?
	téléphoner à l'étranger ?
	passer une soirée agréable ?

Pour avoir un billet	il faut	utiliser une machine
		s'adresser au guichet
Pour savoir l'heure du train		consulter un tableau, un horaire
		téléphoner aux renseignements
Pour se débrouiller seul dans un pays		il vaut mieux bien connaître la langue

Si on veut se débrouiller seul	il faut / on doit	parler
Si vous voulez vous débrouiller seul	vous devez	couramment
Si tu veux te débrouiller seul	tu dois	la langue

*Very common, everyday expression, in an impersonal form:
il n'y a qu'à

Si vous voulez Si tu veux	parler couramment le français	vous n'avez qu'à tu n'as qu'à	aller	en France en Belgique, en Suisse ou au Canada
		il est indispensable il est nécessaire	d'aller	
		il faut il est nécessaire	que vous alliez que tu ailles	

EXERCICES

1 *Traduisez*

1 - *At what time is there a train to Brussels?*
2 - *How can I get there on time?*
3 - *Which station should I go to for the train to Marseille?*
4 - *How often is there a flight to London?*
5 - *Which number should I call to make a reservation?*
6 - *Isn't there another means of going from Paris to London?*
7 - *I can't wait. I have a train in half an hour.*
8 - *The plane left München an hour ago. It will be here in about ten minutes.*

Corrigé

1 - À quelle heure y a-t-il un train pour Bruxelles ? 2 - Comment faire pour arriver à l'heure ? 3 - Pour prendre le train de Marseille, il faut aller à quelle gare ? ou À quelle gare faut-il aller ? 4 - Il y a un vol pour Londres tous les combien ? 5 - Pour faire une réservation, il faut appeler quel numéro ? 6 - Il n'y a pas d'autre moyen pour aller de Paris à Londres ? 7 - Je ne peux pas attendre, j'ai un train (à prendre) dans une demi-heure. 8 - L'avion a quitté Münich il y a une heure, il sera ici dans dix minutes environ.

2 *Find the synonym:*

1 - Je me sauve
2 - J'en ai assez
3 - Ça ne fait rien
4 - Qu'est-ce qu'il y a ?
5 - Il y avait la queue
6 - Il faut attendre longtemps ?
7 - Il ne marche pas
8 - Il faut rentrer à pied

a - Il y a combien d'attente ?
b - Il y avait beaucoup de monde
c - J'en ai marre
d - Il faut que je parte
e - Il n'y a qu'à rentrer à pied
f - Il est en panne
g - Ce n'est pas grave
h - Qu'est-ce qui se passe ?

Corrigé   1-d ; 2-c ; 3-g ; 4-h ; 5-b ; 6-a ; 7-f ; 8-e

POINTS DE GRAMMAIRE

Learn the following demonstrative adjectives (ce, cette, cet, ces) *and pronouns* (celui-ci/celui-là, celle-ci/celle-là, ceux-ci/ceux-là, celles-ci/celles-là)

adjectifs	pronoms
ce livre (masculin)	**celui-ci/celui-là** (masculin)
cet homme ⎱ (masculin s'emploie devant **cet** ami ⎰ un h muet ou une voyelle)	
cette femme ⎱ (féminin) **cette** amie ⎰	**celle-ci/celle-là** (féminin)
ces gens (masculin et féminin pluriel)	**ceux-ci/ceux-là** (masculin pluriel) **celles-ci/celles-là** (féminin pluriel)

Learn the pronoun which replaces place-names : y

Je vais à Versailles. J'**y** vais.
On peut aller à pied à l'Opéra ? On peut **y** aller à pied ?
Je ne suis jamais allé en Angleterre. Je n'**y** suis jamais allé.

Learn the two aspects of the verb :

Il **est parti...** *(completed action)*... comme j'**arrivais** *(action still in progress)*
Ils regardaient Dallas à la télévision. Ils n'ont pas entendu les voleurs.
Le conférencier parlait, parlait... Elle s'est endormie.

The imperfect also express states of mind in the past :
Où **étiez**-vous quand vous avez entendu les coups de feu ?
Elle ne **comprenait** pas.
Je ne **savais** pas qu'il fallait composter.

EXERCICES

1 *Put Hélène's account into the past*

Here is an extract from the account that Hélène gave to Günter in the present. Change the account into the past, paying particular attention to the two different aspects of the past.

Cet après-midi, j'arrive à la gare Saint-Lazare, ... je demande à un contrôleur où se trouve le quai pour Versailles. Il m'indique le quai. Je cours pour attraper le train, mais il part juste au moment où j'arrive. Je rencontre le contrôleur par hasard, il me dit qu'il y a un train dans vingt minutes. Et juste à ce moment-là, on entend une annonce par haut-parleur. Je ne comprends rien. Le contrôleur m'explique qu'il y a eu un accident et que le trafic est interrompu sur la ligne de Versailles. Il me dit qu'on peut y aller par l'autobus, mais qu'il faut demander les horaires au bureau des renseignements.

Corrigé

Je suis arrivée / j'ai demandé / Il m'a indiqué / J'ai couru / il est parti / j'arrivais / J'ai rencontré / il m'a dit / il y avait / on a entendu / Je n'ai rien compris / m'a expliqué / il y avait eu / était interrompu / Il m'a dit / on pouvait / il fallait.

L'imparfait

In order to do this exercise, you need to know the imperfect tense of certain verbs :

être	avoir	pouvoir	vouloir	savoir	falloir
j'étais	j'avais	je pouvais	je voulais	je savais	
tu étais	tu avais	tu pouvais	tu voulais	tu savais	
il était	il avait	il pouvait	il voulait	il savait	il fallait
nous étions	nous avions	nous pouvions	nous voulions	nous savions	
vous étiez	vous aviez	vous pouviez	vous vouliez	vous saviez	
ils étaient	ils avaient	ils pouvaient	ils voulaient	ils savaient	

2 Reporting a conversation

Celui qui écoute aux portes *(The eaves dropper)*

You overhear this conversation on the other side of a door. Reply to a friend who is hard of hearing and who therefore asks you certain questions :

Voici le dialogue :

A - Il y a combien d'argent dans le coffre ?

B - Je ne sais pas. Je suis en train de compter.

A - Ça fait combien ?

B - Pas beaucoup. Il n'y a que trois mille francs.

A - Où ont-ils mis l'argenterie ?

B - Attends. Je vais chercher.

A - Elle n'est pas dans le tiroir ?

B - Non. Il n'y a que des couverts en inox.

A - Et les bijoux ? Tu ne trouves pas les bijoux ?

B - Attends. Je vais aller voir dans la salle de bains.

A - Dans la salle de bains ! Tu es fou !

B - Pourquoi ? Ils les ont peut-être cachés dans l'armoire à pharmacie.

A - On peut prendre ce tableau.

B - Non. Il est trop lourd et puis il ne vaut rien.

A - Si on ne se dépêche pas, on va se faire prendre.

B - Où est mon imperméable ? Je ne sais pas où je l'ai mis.

A - Mais comment tu as eu l'idée de venir dans cet appartement, il n'y a rien d'intéressant ?

B - Écoute, c'est un immeuble de bon standing. J'ai cru que les propriétaires avaient de l'argent.

A - Oui, eh bien tu t'es trompé.

B - Écoute. On dirait qu'il y a quelqu'un. J'entends du bruit.

Et maintenant répondez aux questions :

You begin your sentence with the verb that was used in the original.
Example :

Question : Il y a combien d'argent dans le coffre ?

Réponse : Il lui a répondu qu'il ne savait pas.

Questions

1 - B a compté l'argent, qu'est-ce qu'il a dit à A ?
2 - À propos de l'argenterie, qu'est-ce que A a demandé à B ?
3 - Ils ont parlé de bijoux, qu'est-ce que A a demandé à B ?
4 - Pourquoi est-ce que B a voulu aller dans la salle de bains ?
5 - Il a parlé d'un tableau, qu'est-ce qu'il a dit ?
6 - Et qu'est-ce qu'il a dit de l'imperméable ?
7 - Il a parlé de quelque chose d'intéressant. Qu'est-ce qu'il a dit ?

Corrigés

1 - Il a dit qu'il n'y avait que trois mille francs.
2 - Il lui a demandé où ils avaient mis l'argenterie, et si elle n'était pas dans le tiroir.
3 - Il lui a demandé s'il ne trouvait pas les bijoux et l'autre a répondu qu'il allait voir dans la salle de bains.
4 - Il a cru que les propriétaires les avaient cachés dans l'armoire à pharmacie.
5 - Il a dit qu'il ne pouvait pas prendre le tableau parce qu'il était trop lourd.
6 - Il a dit qu'il cherchait son imperméable, il ne savait pas où il l'avait mis.
7 - Il a dit qu'il n'y avait rien d'intéressant.

3 Write a note

Imagine Hélène's reply.

Hélène could have either accepted or refused Günter's suggestion. Imagine her reply and write what she might have said making use of those phrases that you find below.

To help you begin... some polite, formal expressions :

Je vous remercie de votre proposition. Réflexion faite...
Je suis désolée / je regrette de ne pouvoir accepter...
J'aurais aimé vous rendre ce service / vous accompagner, malheureusement...
J'ai réfléchi à votre proposition et... / mais malheureusement...
Après avoir réfléchi...
C'est avec plaisir que...

Reasons for refusing the invitation	*Reasons for accepting the invitation*
• Je ne peux pas m'absenter de Paris en ce moment.	• Je suis ravie à l'idée de quitter Paris.
• J'ai beaucoup de choses à faire à Paris en ce moment.	• J'ai très envie d'aller faire un tour sur la Côte d'Azur.
• J'ai promis à Jeanne de l'aider à faire une enquête.	• Un séjour sur la Côte d'Azur me fera du bien.
• J'attends une amie qui doit venir à Paris à la fin de la semaine.	• Je suis fatiguée de la vie parisienne.
• Je crois que mon départ serait mal interprété par les Lapeyre.	• J'adore l'ambiance des festivals et j'aime beaucoup le cinéma.
• Je ne peux pas me libérer pour l'instant, j'ai d'autres engagements.	• J'apprécie beaucoup votre compagnie.
	• J'aime tout ce qui est imprévu.

Le mot d'Hélène à Günter

Cher Günter,

Après vous avoir attendu plus d'une heure, j'ai décidé de rentrer à Paris. Je me suis dit que si vous aviez eu un accident, vous m'auriez prévenue. Je n'ai pas voulu envisager un accident grave, c'est peu probable. J'ai pensé que vous aviez peut-être changé d'avis. Si je me suis trompée, j'en suis désolée.

Veuillez m'excuser au cas où vous auriez vraiment eu un empêchement grave.

Cordialement,

Hélène

---

4 Write a note apologising for not being able accept an invitation

Corrigé

Chers amis,

Je suis désolée de ne pouvoir accepter votre invitation à dîner pour demain soir. J'ai malheureusement un autre engagement et je ne peux pas me libérer.

Je vous remercie bien vivement d'avoir pensé à moi et je vous prie d'accepter mes plus cordiales salutations.

Pierre

150

Deux affiches
de la campagne publicitaire
de la RATP
(Réseau Autonome
de Transports Parisiens),
dans le métro,
ou sur les autobus.

Cette affiche incite les Parisiens
à abandonner leur voiture
pour circuler en métro ou en bus.
Le slogan est un jeu de mot
tiré de la phrase
« J'ai le ticket chic, j'ai le ticket choc ».
On a fabriqué un verbe
avec le mot « ticket ».

La gare du Nord.

MAGAZINE   MAGAZINE   MAGAZINE   MAGAZINE   MAGAZINE   MAGAZINE

151

Voyez Paris avec 1 seul ticket.

Paris Sésame, c'est une carte pour voyager dans le bus et en 1ʳᵉ classe dans le métro et le RER autant de fois que vous le voulez pendant 2, 4 ou 7 jours. La carte Paris Sésame est en vente dans le métro. Paris Sésame, Paris est à vous.

Paris Sesame, with this card you travel on the bus and go 1st class on the metro and RER as often as you wish for 2, 4 or 7 days. The Paris Sesame card is on sale in the metro. With Paris Sesame you have Paris in the palm of your hand.

RATP

Une offre intéressante pour les touristes !

La gare de Lyon à une « heure de pointe » (de grande circulation). Elle dessert la Bourgogne, les Alpes et le Midi de la France.

Distributeur automatique de billets à la gare Saint-Lazare, à Paris. Il rend la monnaie.

MAGAZINE   MAGAZINE   MAGAZINE   MAGAZINE   MAGAZINE   MAGAZINE

UNITÉ 15

Tu trouves que cette robe me va bien ?

Jeanne :	Le rayon des robes, c'est à quel étage, s'il vous plaît ?	*Which floor is the dress department on, please ?*
Vendeuse :	Au second étage.	*Second floor*
Jeanne :	Et les chaussures ?	*And the shoe department ?*
Vendeuse :	Au rez-de-chaussée, au fond du magasin.	*On the ground floor, at the rear of the store.*
Jeanne :	Qu'est-ce que tu cherches comme robe ? Une robe habillée ? Une robe du soir ? Une robe fantaisie ?	*What kind of dress are you looking for ? Something dressy ? Something formal for evening-wear ? Something fancy ?*
Hélène :	Plutôt habillée et classique. Je n'aime que le classique.	*On the dressy and classical side. I only like a classic line.*
Jeanne :	En tout ? En art ? En littérature ?	*Does that go for everything ? Art ? Literature ?*
Hélène :	Oui, je n'aime pas l'art moderne, ni la littérature moderne.	*Yes, I don't like either modern art or modern literature.*
Jeanne :	Ni les "hommes modernes"	*Or modern men ?*
Hélène :	Pourquoi tu dis ça ?	*Why do you say that ?*
Jeanne :	Je ne sais pas... Ta robe, c'est pour sortir ?	*I don't know... This dress of yours, is it for going out ?*
Hélène :	Oui... tu sais, je pars à Cannes après-demain.	*Yes... you know I'm going to Cannes the day after tomorrow.*
Jeanne :	À Cannes, mais pour quoi faire ?	*Cannes ? But to do what ?*
Hélène :	Je vais servir d'interprète à Günter.	*I'm going to act as Günter's interpreter.*
Jeanne :	Ah c'est pas vrai ! Et c'est pour ça que tu veux t'acheter une robe ?	*I don't believe it. And is that why you want to buy a dress ?*

Hélène :	Et pourquoi pas ?	*And why not ?*
	Jeanne notices a dress.	
Jeanne :	Celle-là, elle est pas mal, elle te plaît ?	*That one there isn't bad. Do you like it ?*
Hélène :	Le modèle me plaît, mais je n'aime pas la couleur. Le vert ne me va pas.	*I like the cut but not the colour. Green doesn't suit me.*
Jeanne :	Oui, évidemment. Pour une brune aux yeux bleus, il vaut mieux du bleu ou du noir.	*Yes, of course. For someone with brown hair and blue eyes, something in blue or black goes much better.*
Hélène :	*(to the sales assistant)* Madame, s'il vous plaît, vous avez ce modèle dans une autre couleur ?	*Excuse me, do you have this design in another colour ?*
Vendeuse :	Je l'ai en beige et en marron.	*I have it in beige and brown.*
Jeanne :	Qu'est-ce que tu préfères ? Le beige, ou le marron ?	*Which do you prefer ? Beige or brown ?*
Hélène :	Ni l'un ni l'autre... Vous ne l'avez pas en noir ?	*Neither... You don't have it in black ?*
Vendeuse :	Quelle taille faites-vous ?	*What size are you ?*
Hélène :	Quarante ou quarante-deux, ça dépend des marques.	*Forty or forty-two. It depends on the make.*
Vendeuse :	Voilà. J'ai ce modèle en 42. Vous avez les cabines d'essayage là-bas à gauche.	*Here we are. I have this style in a forty-two. The fitting-rooms are over there, on the left.*
	A few moments later, Hélène returns.	
Hélène :	Ça va, j'la prends.	*That's fine. I'll take it.*
Vendeuse :	Voici votre ticket. Vous allez régler à la caisse.	*Here's your ticket. You pay at the check-out desk.*

A little later, Hélène and Jeanne are in the shoe department.

Hélène : (to the sales assistant) Celles-ci me vont bien, mais je les trouve un peu chères.

Those suit me but I do feel they're rather expensive.

Vendeuse : Vous savez, elles sont très élégantes. C'est un modèle de chez Jourdan.

They are very smart you know. They are made by Jourdan.

Hélène : Oui, mais je voudrais quelque chose de moins cher.

Yes, but I would like something a little cheaper.

Vendeuse : Quel prix voulez-vous mettre ?

What price do you want to pay ?

Hélène : Pas plus de quatre cents francs.

Not more than 400 francs.

Vendeuse : J'ai un modèle plus classique qui fait trois cent quatre-vingt-dix francs.

I have a pair of classically-styled shoes at 390 francs.

Hélène : J'vais les essayer... Elles sont trop petites. Vous n'avez pas la pointure au-dessus ?

I'll try them on... They're too small. You don't have one size down ?

Vendeuse : Trente-neuf ? Il ne m'en reste plus. Vous ne voyez rien d'autre qui vous convient ?

Thirty-nine ? I don't have any left. You don't see anything else you fancy ?

Hélène : Non... Je vous remercie.

No... Thank you.

Vendeuse : Je vous en prie. À votre service.

You're welcome.

Jeanne : Eh bien tu n'auras pas de chaussures pour séduire Günter, mais tu auras une belle robe.

Oh well, even if you won't have any shoes to seduce Günter with, you will have a pretty dress.

Hélène : Qu'est-ce que tu veux dire ?

What do you mean ?

Jeanne : Mais rien. Allez, amuse-toi bien et envoie-nous une carte postale.

Oh, nothing. Go on, have a good time and send us a post-card.

Hélène : OK. À bientôt.

OK. See you soon.

Jeanne : Au revoir...

Bye.

AVEZ-VOUS COMPRIS ?

Listen to the following statements. In each group of three, only one statement is true. If you are not quite sure of the answer, listen once again to the dialogue.

Série 1 : À quel étage est le rayon des robes ?
1 au rez-de-chaussée ?
2 au premier étage ?
3 au deuxième étage ?

Série 2 : Quelle sorte de robe cherche Hélène ?
1 une robe habillée ?
2 une robe du soir ?
3 une robe fantaisie ?

Série 3 : Qu'est-ce qui plaît à Hélène ?
1 le moderne ?
2 le classique ?
3 la dernière mode ?

Série 4 : Pourquoi Hélène veut-elle acheter une robe ?
1 pour sortir le soir ?
2 pour plaire à Günter ?
3 on ne sait pas

Série 5 : Quelle couleur aime-t-elle ?   1 le vert ?
2 le noir ?
3 le rouge ?

Série 6 : De quelle couleur sont ses yeux ?   1 noirs ?
2 verts ?
3 bleus ?

Série 7 : Quelle est la couleur qui lui va ?   1 le gris ?
2 le bleu ?
3 le rose ?

Série 8 : Qu'est-ce qu'elle achète ?   1 une robe beige ?
2 une robe noire ?
3 des chaussures à 400 F ?

Série 9 : Quelle taille fait Hélène ?   1 38 ?
2 42 ?
3 44 ?

Série 10 : Quand Jeanne apprend qu'Hélène part avec Günter, est-ce qu'elle est
1 amusée ?
2 choquée ?
3 indifférente ?

Corrigé

Série 1 : 3 - Série 2 : 1 - Série 3 : 2 - Série 4 : 3 - Série 5 : 2 - Série 6 : 3 - Série 7 : 2 - Série 8 : 2 - Série 9 : 2 - Série 10 : 1.

POUVEZ-VOUS LE DIRE EN FRANÇAIS ?

You are looking for the "Do-it-yourself" counter in a large store .... Le rayon du bricolage, c'est à quel étage, s'il vous plaît ?

You ask a friend what size he/she is .... Quelle taille faites-vous ?
ou
Quelle taille fais-tu ?

He/she is 36, 38, 40, 42, 44 .... Je fais du 36, du 38, du 40, du 42, du 44.

You suggest to someone who takes size 46 that perhaps he/she should go on a diet	Si vous faites du 46, il faut suivre un régime *(go on a diet)*
You ask if they have the size below........	Vous n'avez pas la taille en-dessous ?
You ask if they have the size above........	Vous n'avez pas la taille au-dessus ?
attention : en-dessous, en-dessus	
You ask if they have a style in another colour	Vous avez ce modèle dans une autre couleur ?
In red, for example	Vous l'avez en rouge ?
You ask what else they have (size, style, price)	Vous n'avez rien d'autre ?
	ou
	Vous n'avez pas quelque chose de plus habillé / de moins cher ?
	ou
	C'est tout ce que vous avez dans ce prix ? / dans ce style ?
You thank the assistant.................	Je vous remercie Madame / Monsieur

POUVEZ-VOUS RÉPONDRE AUX QUESTIONS ?

Quelle est la couleur de vos cheveux ?	Selon les cas, vous dites : J'ai les cheveux blonds /châtains / noirs / roux / gris / blancs
Vous pouvez dire aussi, si vous êtes blond	Je suis blond / Je suis blonde
Si vous avez les cheveux noirs	Je suis brun. / Je suis brune.
Si vous avez les cheveux roux	Je suis roux. / Je suis rousse.
Si vous dites : je suis noir, je suis un noir, cela signifie que vous avez la peau noire.	
Quelle est la couleur de vos yeux ?	J'ai les yeux bleus / noirs / verts / marrons / gris-bleus / bleu clair / bleu foncé.
Vous pouvez dire aussi	Je suis une brune aux yeux bleus. Je suis une rousse aux yeux verts.
Aimez-vous être bronzé(e) ?	Non. Je n'aime pas le soleil. Oui. Ça me va très bien d'être bronzé(e).
Quelle couleur vous va le mieux ?	C'est le bleu qui me va le mieux.
Quelle couleur portez-vous le plus souvent ?	Ça dépend : l'hiver je porte des couleurs sombres, et l'été des couleurs claires.
Comment vous habillez-vous	
• Pour aller travailler (si vous êtes un homme ?)	Je porte un costume et une cravate. Un pantalon et un blouson.
(si vous êtes une femme ?)	Je porte un tailleur et un chemisier habillé. Un pantalon, un pull et un blouson. Tantôt l'un, tantôt l'autre.
• Pour aller à l'Opéra vous mettez une tenue de soirée ?	Je mets une robe habillée. J'y vais en jean.

• Pour faire du sport, vous vous habillez comment, en survêtement ?

vous mettez un short et un T-shirt ?

Ça dépend des sports. Je mets un survêtement si je fais du jogging.
Ça dépend aussi du temps.

PRATIQUE DE LA LANGUE

COMBINAISONS GRAMMATICALES

Le rayon des robes c'est	à quel étage ?
Le bricolage	à quel étage ?
Ton train	à quelle heure ?
Ta robe	pour sortir le soir ?
La cravate	pour offrir ?
Cet appareil	pour quoi faire ?
L'Hôtel de la Poste	quel numéro ?
Ton anniversaire	à quelle date ?

Je n'aime	ni le beige	ni le marron
Je ne porte	pantalon	blouson
	cravate	costume
Je n'ai	le temps	l'argent pour aller faire les magasins

Vous n'avez pas	ce modèle	en bleu ?
		dans une autre couleur ?
	la taille	en-dessus ?
	la pointure	en-dessous ?
	la même	en 42 ?
	ma taille	en blanc ?
	quelque chose	de plus classique ?
		de moins cher ?

Vous n'avez rien	en noir ?
	de plus pratique ?
Il n'y a rien d'autre	en 42 ?
	dans ma taille ?
	qui me plaît.
	qui me convient.

EXERCICES

1 Traduisez

1 - *What is this button for ?*
2 - *Which floor is the Men's Department ?*
3 - *Don't you have anything else in my size ?*
4 - *I am looking for something more comfortable.*
5 - *I don't see anything I like.*
6 - *They are alright. I'll take them.*
7 - *I am sorry. I don't like either grey or black.*
8 - *That suit does not become me.*

Corrigé

1 - Ce bouton c'est pour quoi faire ? (A quoi sert ce bouton ?) 2 - Le rayon des hommes c'est à quel étage ? 3 - Vous n'avez rien d'autre dans ma taille ? 4 - Je cherche quelque chose de plus confortable. 5 - Je ne vois rien qui me plaît. 6 - Ça va. Je les prends. 7 - Je regrette, je n'aime ni le gris ni le noir. 8 - Ce costume ne me va pas.

2 *Tick the following statements which most closely apply to you :*

Ce qui est le plus important pour moi dans la façon de m'habiller, c'est :

☐ Les accessoires : le sac, les chaussures, la ceinture, le foulard.
☐ Le fait d'être à la mode.
☐ Le fait de porter un vêtement qui met en valeur mon corps, ma ligne.
☐ (pour les femmes) le fait de porter un vêtement féminin : chemisier de soie, dentelle, etc.
☐ (pour les hommes) le fait de porter un vêtement masculin : blouson de cuir, veste à carrure large.
☐ Avoir seulement quelques vêtements d'excellente qualité.
☐ Avoir beaucoup de vêtements "fantaisie" que je porte seulement quelque temps.
☐ Porter des vêtements qui expriment ma personnalité.

3 *Imagine how each sentence might finish...*

1 - Ces chaussures sont trop grandes...
2 - Cette couleur est trop triste...
3 - Le rouge ne me va pas...
4 - C'est un peu cher...
5 - Il faut être très jeune pour porter ce modèle...

Phrases possibles :

(texte à l'envers) 1 - Vous n'avez pas la pointure en dessous ? 2 - Vous n'avez rien de plus gai ? 3 - Vous n'avez pas ce modèle en jaune ? 4 - Vous n'avez rien de moins cher ? 5 - Vous n'avez pas quelque chose de plus classique ?

4 Imagine the reply to the following statements :

1 - J'ai votre taille seulement en beige.
2 - Cette robe est très élégante, elle fait 3 000 F.
3 - Je l'ai en rouge et en violet.
4 - Ce blouson ne vous plaît pas ? Il vous va très bien.
5 - Je suis désolé. C'est tout ce que j'ai.

Phrases possibles

(texte à l'envers) 1 - Vous n'avez pas d'autre modèle dans ma taille ? 2 - Vous n'avez rien de meilleur marché / de moins cher ? 3 - Je n'aime ni le rouge ni le violet. 4 - Si, il me plaît, mais je le trouve un peu cher. Non, il ne me plaît pas beaucoup. Vous n'avez rien d'autre dans ma taille ? 5 - Je vous remercie.

5 Qu'en pensez-vous ?

"The way you dress reveals your position on the social scale". What do you think ?

Make up your own ideas for each person in the following list ;
(using the appropriate vocabulary from this unit)

Qui est : Le PDG[1] (chef d'entreprise)
La bourgeoise bcbg[2]
Le prolétaire
Le paysan
L'intellectuel de gauche
L'instituteur
Le snob

1. PDG : Président Directeur Général, *managing director.*

2. bcbg : bon chic, bon genre. *Individual who dresses fashionably in a high-bourgeois style.*

160

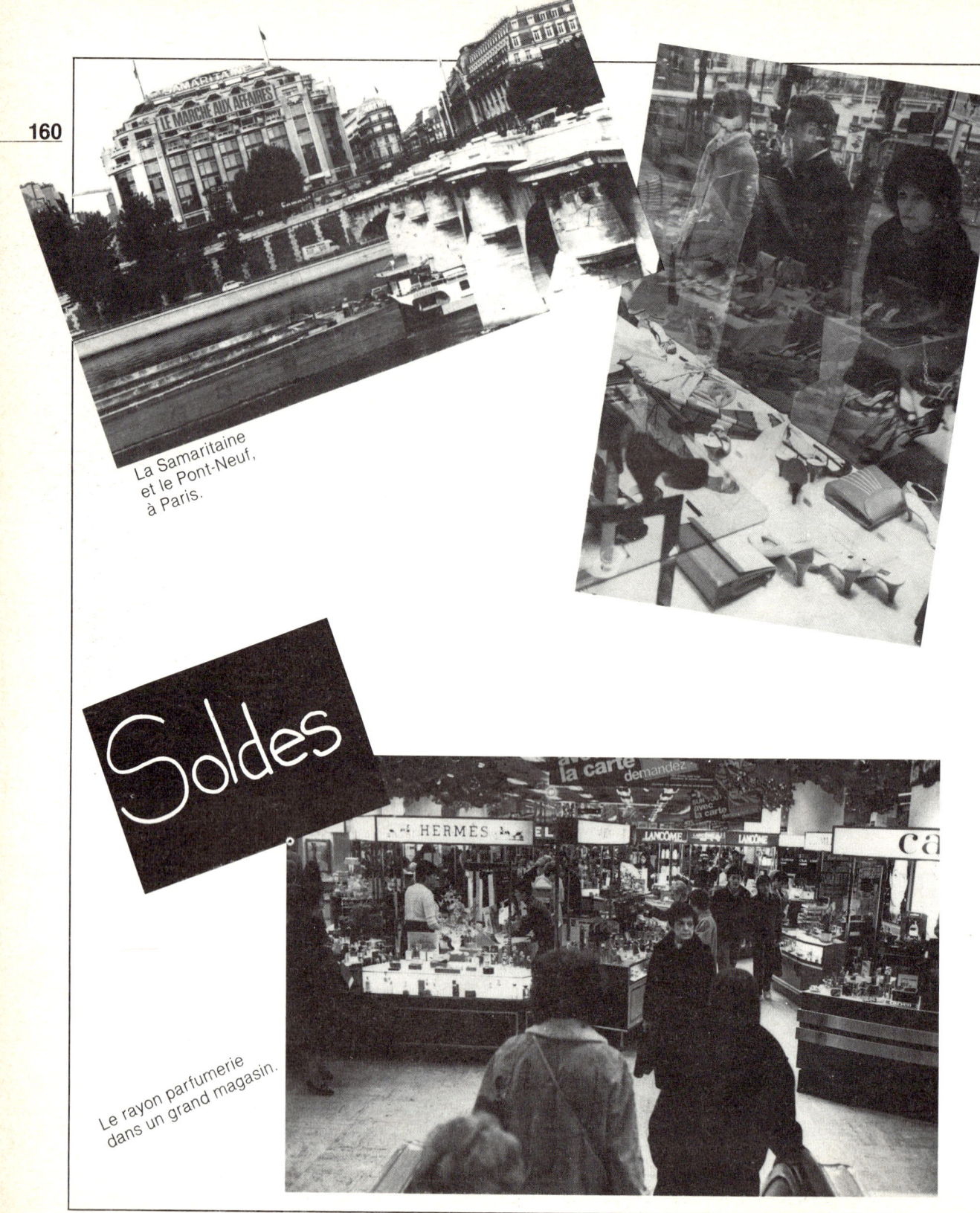

La Samaritaine et le Pont-Neuf, à Paris.

Soldes

Le rayon parfumerie dans un grand magasin.

MAGAZINE   MAGAZINE   MAGAZINE   MAGAZINE   MAGAZINE   MAGAZIN

Une boutique
du forum des Halles.

UNITÉ 16

Il a de la chance d'habiter la Côte d'Azur

Günter has found his seat in the TGV. He is sitting next to a middle-aged lady. After a little while they start chatting.

Günter : Le train met combien de temps pour aller à Marseille ?
How long does the train take to reach Marseilles ?

Dame : Cinq heures. Et deux heures seulement pour aller à Lyon. Vous vous rendez compte !
Five hours. And only two to get to Lyon, you realise !

Günter : Et il y a combien de kilomètres de Paris à Lyon ?
And how far is it from Paris to Lyon ?

Dame : Cinq cents.
Five hundred kilometres.

Günter : Ça fait 250 à l'heure de moyenne. C'est plus intéressant que l'avion.
That's an average speed of 250 km per hour. That's quicker than by plane.

Dame : Oui, c'est mieux de prendre le train. On n'a pas à se déplacer jusqu'à l'aéroport et c'est beaucoup moins cher.
Yes, it's better to take the train. You don't have to go all the way out to the airport and it's much cheaper.

Günter : C'est certain. Pour les distances moyennes, le train est le moyen de transport le plus confortable et le plus économique.
That's for sure. For the average journey, the train is the most comfortable and economical means of transport.

Dame : Vous parlez comme la SNCF[1].
You sound like the SNCF.

Günter : Si j'ai bien compris, on peut déjeuner à sa place, mais en première classe seulement.
If I've understood correctly you can eat at your seat, but in first class only.

(1) SNCF : Société Nationale des Chemins de Fer Français.

Dame :	Oui, c'est ça. On vous apporte un plateau comme dans les avions. Mais il faut réserver.	Yes, that's right. They bring you a tray as in an aircraft. But you must reserve.
Günter :	Je vais réserver une place pour déjeuner. Je n'ai pas eu le temps de prendre un petit déjeuner avant de partir.	I'm going to make a reservation for lunch. I didn't have time to have breakfast before leaving.
	Günter returns to his seat.	
Dame :	Vous êtes en vacances ?	Are you on holiday ?
Günter :	Pas vraiment. Je voyage pour affaires. Et vous ?	Not really. I'm on a business trip. And you ?
Dame :	Moi je suis à la retraite et je profite de la Carte Vermeil pour aller voir mes enfants et mes petits-enfants.	I'm retired and I'm taking advantage of my Carte Vermeil (Senior Citizen's Railcard) to go to see my children and grand children.
Günter :	Où habitent-ils ?	Where do they live ?
Dame :	Dans le midi, près de Cannes. Mon gendre est gérant dans un hôtel.	In the Midi (in the south), near Cannes. My son-in-law is a hotel manager.
Günter :	Il a bien de la chance d'habiter la Côte d'Azur.	He is very lucky to live on the Côte d'Azur.
Dame :	Oui, surtout l'hiver, au printemps et en automne aussi c'est bien. Mais l'été ce n'est pas très agréable. Il y a trop de touristes.	Yes, especially during the winter. In spring and autumn it's nice too. But in the summer it's not too pleasant. There are too many tourists.
Günter :	Moi aussi justement je vais à Cannes.	I am going to Cannes too.
Dame :	Ah ! Vous y allez pour le festival peut-être ?	Oh, are you going for the Festival perhaps ?
Günter :	Oui, c'est ça.	Yes, that's right.
Dame :	Vous êtes dans le "show biz" comme on dit maintenant ?	Are you in "show-biz", as they say these days ?
Günter :	Non. Je suis distributeur de films.	No. I'm a film distributor.
Dame :	Et vous allez à Cannes pour sélectionner des films ?	And are you going to Cannes to select films ?
Günter :	Oui, c'est ça.	Yes, that's right.
Dame :	Ça marche les affaires ?	Is business good ?
Günter :	Oui, en ce moment ça va pas mal. On a eu un très gros succès avec "Le dernier métro" de Truffaut.	Yes, at the moment not at all bad. We've had a great success with Truffaut's "Le dernier métro".
Dame :	Figurez-vous que je ne l'ai même pas vu. Il faut dire que je ne vais pas souvent au cinéma. C'est plus facile de rester chez soi à regarder la télévision.	I see. I don't know it myself. I must say I don't go very often to the cinema. It's simpler to stay at home watching television.

A few hours later, the train arrives at Marseilles.

Dame : Vous prenez la correspondance de 14 heures trente pour Cannes ?

Are you taking the 2.30 pm connection for Cannes ?

Günter : Non, j'ai un client à voir à Marseille. Je vais louer une voiture, j'irai à Cannes par la route.

No, I've a customer to see in Marseilles. I'm going to hire a car and travel to Cannes by road.

Dame : Et bien au revoir Monsieur. Bon séjour. Je vous souhaite beaucoup de chance dans vos affaires.

Well, then, good-bye. Have a good stay. I wish you every success in your business.

Günter : Merci bien, Madame. Au revoir. Bonnes vacances.

Thank you very much. Good bye. Enjoy your holidays.

AVEZ-VOUS COMPRIS ?

TGV : Train à Grande Vitesse.

Le train met combien de temps pour aller à Marseille : 2 heures ? 4 heures ? ou 5 heures ?

Il met cinq heures.

Le TGV roule en moyenne entre Paris et Lyon à 300 à l'heure, 250 à l'heure ou 200 à l'heure ?

Il roule en moyenne à deux cent cinquante à l'heure.

On sert le déjeuner au bar, dans le wagon restaurant ou sur place ?

On sert le déjeuner sur place, comme dans les avions.

Günter va prendre un petit déjeuner, un déjeuner ou il ne va pas déjeuner ?

Il va prendre un déjeuner. Il n'a pas pris de petit déjeuner. Il n'a pas eu le temps.

La dame va travailler dans un hôtel ? Elle va voir ses enfants qui travaillent dans un hôtel ? ou elle va seule en vacances à l'hôtel sur la Côte d'Azur ?

Elle va voir ses enfants qui travaillent dans un hôtel.

La dame est en congé. Elle ne travaille pas ou elle ne travaille plus ?

Elle ne travaille plus, elle est à la retraite. Elle a travaillé quand elle était jeune.

Les affaires de Günter marchent bien, elles marchent pas mal ou elles ne marchent pas bien du tout ?

Elles marchent bien. Il a même eu un gros succès avec « Le dernier métro ».

POUVEZ-VOUS LE DIRE EN FRANÇAIS ?

You ask how long it takes to go by air from Quebec to Ottawa . . . .
L'avion met combien de temps pour aller de Québec à Ottawa ?
ou
Il y a combien d'heures de vol de Québec à Ottawa ?

You ask how long it takes by train from Quebec to Ottawa . . . .
On met combien de temps par le train de Québec à Ottawa ?
ou
Il faut combien de temps pour aller de Québec à Ottawa par le train ?

You ask if it's a direct train or whether it is necessary to change . . . .
Le train est direct ? ou bien est-ce qu'il y a un changement ? (Est-ce qu'il faut changer ?)

You ask what time the connection for Nice leaves . . . .
À quelle heure est la correspondance pour Nice ?

At a travel agent's you ask what is the quickest way of getting to Geneva . . . .
Quel est le moyen de transport le plus rapide pour aller à Genève ?
ou
Qu'est-ce qui est le plus rapide pour Genève : le train ou l'avion ?

You ask someone how their business is going
Comment vont les affaires ?
ou
Ça marche les affaires ?
ou
Les affaires vont bien ?

You ask someone what he/she does for a living — you can either ask directly . . . .
Qu'est-ce que vous faites dans la vie ?

— or in a rather more formal and discreet way

Excusez-moi, je suis peut-être indiscret, mais vous êtes... musicien, professeur, ingénieur.
ou
Sans indiscrétion, qu'est-ce que vous faites dans la vie ?

POUVEZ-VOUS RÉPONDRE AUX QUESTIONS ?

Pendant vos vacances ou vos loisirs, qu'est-ce que vous faites ? À chaque affirmation, vous répondez oui ou non.

Je prépare un examen . . . . .oui
. . . . .non
Je fais du bricolage
Je fais du tourisme
Je fais du sport
Je fais du jardinage
Je range mon appartement
Je vais dans les musées
Je me repose, je ne fais rien
J'apprends l'informatique
Je lis les livres que je n'ai pas eu le temps de lire
Je fais le travail que je n'ai pas eu le temps de faire

Qu'est-ce qui est le plus important pour vous dans la vie... ?

Réussir dans mon travail ou réussir dans ma vie sentimentale

Être en bonne santé ou être beau ou belle

Avoir de l'argent ou avoir du temps libre

Avoir beaucoup de relations ou avoir peu d'amis mais sûrs

Avoir une vie sociale active ou avoir une vie intellectuelle ou spirituelle active

Enfin, si vous en avez la possibilité, est-ce que vous préférez consacrer votre temps à

militer dans une organisation politique ou humanitaire
ou
vous occuper personnellement de cas sociaux

PRATIQUE DE LA LANGUE

COMBINAISONS GRAMMATICALES

Il faut combien de temps pour aller à Londres ?
On met combien d'heures pour faire le trajet ?
de jours pour faire ce voyage ?

Il y a combien d'heures d'avion de Paris à Lyon ?
de train de Genève à Francfort ?
de Lausanne à Milan ?

Il faut beaucoup d'argent pour vivre un mois à Paris ?
de temps pour faire ce travail ?

C'est mieux de prendre le train
de partir à 10 heures
de voyager de nuit/de jour

L'avion est le moyen de transport le plus rapide
Le train le plus cher
le plus sûr
le plus économique
le moins cher
le meilleur marché*

* bon marché : *cheap*

Quelle est la plus belle ville du monde ?
la plus jolie fille
la plus grande ville

Quelle est la ville la plus intéressante ?
le pays le plus démocratique ?
le travail le moins fatigant ?
la vie la moins dangereuse ?

Quel est pour vous le plus bel âge ?
le plus bel homme ?
la plus belle femme ?
le plus beau métier ?
le plus grand compliment ?
le meilleur moment de la vie ?
la meilleure saison de l'année ?

| Avec le train | on n'a pas à
il n'est pas nécessaire de
on n'a pas besoin de | se déplacer à l'aéroport
réserver à l'avance |

| Je profite de
d'
de | la Carte Vermeil
un tarif spécial
mes vacances
votre visite
mon temps libre | pour voyager moins cher

pour lire, pour bricoler
pour aller au spectacle
pour écouter de la musique
pour terminer mon travail
pour revoir mes dossiers |

| Avez-vous la chance | d'habiter

de connaître
d'avoir | un bel appartement ?
un endroit qui vous plaît ?
le grand amour ?
des amis fidèles ?
des loisirs (du temps libre) ?
un métier qui vous passionne ? |

Apprenez les jours, les mois et les saisons *Learn the days, months and seasons*

Les jours de la semaine

lundi
mardi
mercredi
jeudi
vendredi
samedi
dimanche

NB. le lundi, le mardi, etc.

Les mois de l'année

l'hiver	décembre janvier février	en hiver
le printemps	mars avril mai	au printemps
l'été	juin juillet août	en été
l'automne	septembre octobre novembre	en automne

For the date of the month, in French, you use the relevant number. The only exception is for the first day of the month when you write 1er and say le premier.

Exemples :

- Quel jour sommes-nous ?
  Aujourd'hui, nous sommes le samedi 7 avril 19...
  ou
- C'est quel jour aujourd'hui ?
  C'est samedi aujourd'hui.
- C'est quelle date ?
  C'est le 7 avril.

- Quand partez-vous ?
  Je pars le 22 mai.
- C'est quand ton anniversaire ?
  C'est le premier mai.

Apprenez les rangs (nombres ordinaux) *Learn the ordinal numbers*

- premier, première
- deuxième (masculin et féminin)
- troisième
- quatrième
- cinquième
- sixième
- septième
- huitième
- neuvième
- dixième
  ...

Croyez-vous à l'astrologie ? *Do you believe in astrology*

- Voici les signes du zodiaque.

Cancer, Lion, Taureau, Vierge, Capricorne, Verseau, Gémeaux, Sagittaire, Balance, Scorpion, Poissons, Bélier

FRAPAR

EXERCICES

1 Traduisez

1 - You need a lot of money to live in a big city.

2 - It's better to take the train. You don't have to go to the airport.

3 - How long does it take to fly from London to San Francisco ?

4 - Do I have to change planes ?

5 - How long do I have to wait to get a connecting flight ?

6 - They don't use (take advantage of) their free time. They don't have much money.

7 - Which is the more expensive : the plane in economy class or the train in first class ?

8 - It is cheaper to take a pullman with a second class ticket.

Corrigé

1 - Il faut beaucoup d'argent pour vivre dans une grande ville. **2** - C'est mieux de prendre le train. On n'a pas besoin d'aller à l'aéroport / on n'a pas à aller à l'aéroport. **3** - Il faut combien de temps (ou : combien d'heures de vol) pour aller de Londres à San Francisco. **4** - Il faut changer d'avion ? **5** - Il faut attendre combien de temps pour avoir une correspondance ? **6** - Ils ne profitent pas de leur temps libre. Ils n'ont pas beaucoup d'argent. **7** - Qu'est-ce qui est le plus cher : l'avion en classe économique ou le train en première classe ? **8** - C'est meilleur marché (c'est moins cher) de prendre un wagon-lit avec un billet de seconde classe.

169

2 Répondez aux questions

— Quel jour sommes-nous aujourd'hui ?
— Nous sommes en quelle saison ?
— Quelle est la date de votre anniversaire ?
— Il a lieu quel mois ?
— Vous êtes de quel signe ?
— La description du signe correspond-elle à votre caractère ?
— Qu'est-ce qui correspond ?
— Quelle est la date de votre fête nationale ?
— Quelle est la fête que vous préférez ?
— Quand préférez-vous prendre vos vacances ?
  En quelle saison ?
— Quelle saison détestez-vous le plus ?
— Pourquoi ?

3 Ecrivez 2 lettres différentes (à un collègue ou à un ami), pour annoncer votre arrivée à Bruxelles, demander de réserver une chambre à l'hôtel et retenir la soirée du 17 avril pour la passer avec lui.
- à un collègue : vol Sabena 103 de 18 h 45.
- à un ami : vol Air France 302 de 20 h 15 ; vous lui demandez également de venir vous chercher (vous avez beaucoup de colis et d'échantillons) ou de laisser un message téléphoné à l'aéroport.

Corrigé

• lettre à un collègue

Münich, le 10 avril 1985

Cher ami,

Je vous confirme que j'arriverai à Bruxelles le mercredi 17 avril par le vol Sabena 103, à 18 heures 45. Seriez-vous assez aimable pour (ou : auriez-vous l'amabilité de) me réserver une chambre pour deux nuits au Sofitel. Je compte sur vous pour la soirée du 17 avril. Nous aurons beaucoup de choses à discuter.
   À bientôt donc,
   Cordialement vôtre,

PS : En cas d'impossibilité de votre part, je vous serais reconnaissant de me le faire savoir au plus tôt.

• Lettre à un ami

Bordeaux, le 12 avril 1985

Juste un mot pour te dire que j'arrive à Bruxelles mercredi prochain comme prévu. Je prends le vol Air France 302 qui arrive à Bruxelles à 20 heures 15. Peux-tu me réserver une chambre dans un hôtel pas trop cher. Je dois économiser sur les frais de séjour. J'espère que tu seras libre le 17 au soir. Ça me ferait plaisir de passer la soirée avec toi.

Si ça ne t'ennuie pas trop, peux-tu venir me chercher à l'aéroport, j'aurai beaucoup de colis. J'apporte des échantillons importants. Je te prie de m'excuser pour le dérangement.

Je te dis à très bientôt et je t'envoie mes plus amicales pensées.

N.B. Au cas où tu aurais un empêchement/ ça ne te serait pas possible, laisse-moi un message téléphoné à l'aéroport.

172

à Cannes

POUR VOUS QUI PARTEZ EN VOYAGE

à Nice

au Québec

ORGANISONS NOS TRANSPORTS METTONS-LES EN COMMUN

MAGAZINE MAGAZINE MAGAZINE MAGAZINE MAGAZINE MAGAZIN

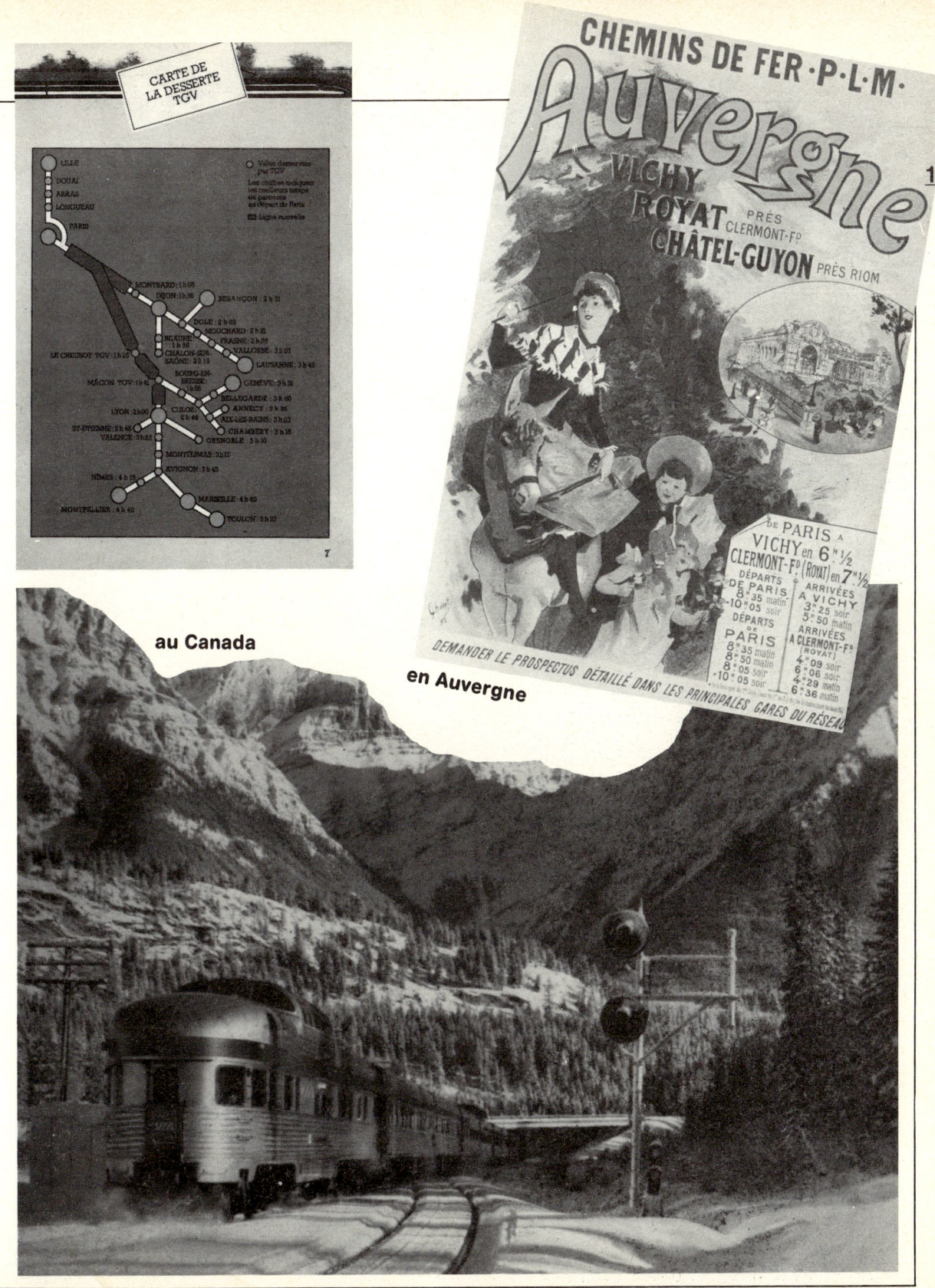

CARTE DE LA DESSERTE TGV

CHEMINS DE FER · P·L·M·
Auvergne
VICHY
ROYAT PRÈS CLERMONT-Fd
CHÂTEL-GUYON PRÈS RIOM

au Canada

en Auvergne

MAGAZINE MAGAZINE MAGAZINE MAGAZINE MAGAZINE MAGAZINE

UNITÉ 17

Heureusement que les flics sont sympas !

Günter has decided to go and visit a customer in a small town. He goes into the hire-car office and is talking to the employé before hiring his car.

Employé : Que désirez-vous comme voiture, Monsieur ?

What kind of car would you like, sir ?

Günter : Une voiture moyenne, plutôt petite, une R5 ou une Fiat Ritmo.

Oh, something very ordinary, on the small side, a Renault 5 or a Fiat Ritmo.

Employé : C'est pour combien de jours ?

For how many days ?

Günter : Pour trois ou quatre jours.

Three or four.

Employé : En petite voiture, nous n'avons plus de Renault, ni de Visa Citroën. Nous avons une Fiat Ritmo si vous voulez.

In the small car category we don't have any Renault or Citroën Visa left. We do have a Fiat Ritmo if that will be alright.

Günter : Quels sont les tarifs ?

What are the rates ?

Employé : Kilométrage illimité ?

Unlimited mileage ?

Günter : C'est plus avantageux ? Qu'est-ce que vous me conseillez ?

Is it a better deal ? What do you advise ?

Employé :	Si vous avez l'intention de rouler beaucoup, vous avez intérêt à prendre le kilométrage illimité. Tenez, regardez cette brochure, vous pouvez la consulter, vous avez tous les tarifs.	*If you intend driving a lot, it's certainly worthwhile taking out unlimited mileage. Here, look at this brochure, you can study it, you have all the rates here.*
Günter :	Bien merci... je vais prendre la Fiat.	*Thanks very much. I'll take the Fiat.*
Employé :	Vous la ramenez à Marseille ?	*Will you be leaving it at Marseilles ?*
Günter :	Oui.	*Yes.*
Employé :	Un instant, s'il vous plaît. Je vous donne les papiers et les clés.	*One moment, please. I'll give you the papers and the keys.*
Günter :	S'il vous plaît, qu'est-ce qui se passe en cas d'accident ?	*Can you tell me please, what happens in the event of an accident ?*
Employé :	Vous avez les numéros des services de dépannage sur la brochure. Naturellement, vous êtes assuré tous risques.	*You have the number of the breakdown services in the leaflet. Naturally you are insured against all risks.*

A little later, Günter who has been driving at 75 mph on a "route nationale", is stopped by a police motorcyclist (« motard »).

Agent :	Bonjour, Monsieur.	*Good afternoon, sir.*
Günter :	Bonjour, Monsieur.	*Good afternoon, officer.*
Agent :	Vos papiers, s'il vous plaît.	*Your papers, please.*
Günter :	Voilà.	*There you are.*
Agent :	Vous conduisez une voiture de location ?	*Are you driving a hire-car ?*
Günter :	Oui.	*Yes.*
Agent :	Vous savez à quelle vitesse vous rouliez ?	*Do you know what speed you were doing ?*
Günter :	Heu... non.	*Um... no.*
Agent :	Et bien moi, j'vais vous l'dire. Vous rouliez à plus de 120 à l'heure.	*Well, I'll tell you. You were driving at more than 120 km per hour !*
Günter :	Ce n'est pas possible !	*That's impossible !*
Agent :	Si c'est possible et c'est même certain. Nous avons des radars. Et vous savez quelle est la vitesse limite sur ce type de route ?	*It's possible all right, and it's true. We have radar. And do you know what the speed limit is on this type of road ?*
Günter :	Non... je ne sais pas, je suis étranger.	*No, I don't. I'm a foreigner.*
Agent :	La vitesse est limitée à 90 et sur autoroute elle est limitée à 130.	*The limit is 90 km per hour and 130 km per hour on motorways.*
Günter :	Hum... je ne savais pas. En Allemagne, il n'y a pas de vitesse limite sur les autoroutes.	*hm... I didn't know that. In Germany there are no speed limits on motorways.*
Agent :	Oui, mais en France, il y en a. Vous avez intérêt à regarder les panneaux. Je vous conseille de faire attention maintenant. La prochaine fois, vous aurez une amende.	*Yes, but in France there are. You could do with looking at the roadsigns. I advise you to go carefully from now on. The next time you'll be fined.*
Günter :	Merci, Monsieur, excusez-moi.	*Thank you, officer. I do apologise.*
Agent :	Au revoir, Monsieur, bonne route !	*Good bye, sir. Safe journey !*
Günter :	*(speaking to himself)* Je ne sais pas si tous les flics sont comme ça en France, mais j'suis bien tombé.	*I don't know if all the cops in France are like that, but I certainly was lucky.*

Half an hour later, on a steeply twisting mountain road.

Monsieur : Dites donc, Monsieur, vous ne pouviez pas rouler à droite ? Vous êtes anglais peut-être ?

For goodness sake, can't you drive on the right ? You're not English, are you ?

Günter : Non, je suis allemand.

No, I'm German.

Monsieur : Ah, bon ! C'est pas une raison. En Allemagne on roule à droite, non ? Vous étiez dans votre tort.

Oh, well, that's no reason. In Germany you drive on the right, don't you ? You were in the wrong.

Günter : Je suis désolé, vraiment, vous n'êtes pas blessé ?

I really am very sorry. You're not hurt, are you ?

Monsieur : Mais non, je ne suis pas blessé, moi ! mais regardez ma voiture ! J'ai l'aile gauche défoncée, mon phare est cassé. Et vous, vous n'avez presque rien.

I'm not hurt, no, but look at my car ! The left wing is smashed in and the headlights broken ! And you have virtually no damage.

Günter : Non, heureusement.

No, luckily.

Monsieur : Comment, heureusement ! Merci bien !

What do you mean "luckily" ! Thanks a lot !

Günter : Excusez-moi, je dis ça parce que la voiture n'est pas à moi. C'est une voiture de location. Alors, vous comprenez, ça fait des histoires.

I'm sorry, I said that because it's not my car. It's a hire car. You understand, it creates such a fuss.

Monsieur : Bon, allez, on va faire un constat à l'amiable. Je peux encore rouler, c'est pas trop grave. C'est pas la peine d'aller chercher les flics pour ça.

Right, we'll fill in a "constat à l'amiable". I can still drive, it's not too bad. It's not worth going to get the police for this...*

* European Accident Statement, a form providing an agreed statement of facts about a motor vehicle accident.

AVEZ-VOUS COMPRIS ?

Günter veut louer une grande voiture, une petite voiture ou une voiture moyenne ?

Il veut louer une petite voiture.
ou
Une voiture moyenne plutôt petite.

Est-ce qu'il loue une Renault, une Fiat ou une Citröen ?

Il loue une Fiat.

Il la loue avec ou sans kilométrage illimité ?

Il la loue avec kilométrage illimité.

Il va laisser la voiture à Cannes, ou il va la ramener à Marseille ?

Il va la ramener à Marseille.

Il veut savoir ce qui se passe en cas d'accident ou en cas de vol ?	En cas d'accident.
Il est arrêté par un agent parce qu'il roulait à gauche ou parce qu'il roulait trop vite ?	Parce qu'il roulait trop vite.
Il roulait à 90, à 120 ou à plus de 120 ?	Il roulait à plus de 120.
Quelle est la vitesse limite sur une route nationale : 90, 110 ou 130 ?	90 à l'heure.
Il n'y a pas de vitesse limite sur les autoroutes, ou la vitesse est limitée à 130 à l'heure ?	La vitesse est limitée à cent trente à l'heure.
L'agent (le flic en langage familier) est sympa, agressif ou moqueur ?	Il est plutôt sympa.
Il lui donne une amende ou lui dit qu'il risque d'avoir une amende ?	Il lui dit qu'il risque d'avoir une amende.
Sur la route de montagne, Günter a un accident parce qu'il roulait trop vite ou trop à gauche ?	Parce qu'il roulait trop à gauche.
Le conducteur de l'autre voiture le prend pour un Anglais à cause de son accent ou parce qu'il ne roulait pas à droite ?	Parce qu'il ne roulait pas à droite.
C'est un accident grave ou léger ?	C'est un accident léger.
Quelle voiture peut continuer à rouler : celle de Günter, celle du Monsieur, les deux voitures ?	Les deux voitures peuvent continuer à rouler.
Le choc a eu lieu à l'avant de la voiture ou à l'arrière de la voiture ?	À l'avant puisque le phare est cassé.
Ils vont faire un constat à l'amiable ou ils vont aller chercher la police pour constater les dégâts ?	Ils vont faire un constat à l'amiable.

POUVEZ-VOUS LE DIRE EN FRANÇAIS ?

You want to ask someone's advice. What do you say ? ....

Qu'est-ce que vous me conseillez ?
ou
Qu'est-ce qu'il faut faire ?

You ask someone if they intend staying for a long time ....

Vous avez l'intention de rester longtemps ?

You advise someone to rent a car rather than to take taxis ....

Vous avez intérêt à louer une voiture. C'est plus avantageux que de prendre des taxis.
ou
Je vous conseille de louer une voiture.

You ask someone which is the better system : to telephone in advance to make a reservation, or to go directly to the rental office ....

Qu'est-ce qui est le plus sûr : téléphoner à l'avance pour réserver ou aller directement au bureau de location ?

You reply that it is not worth reserving, that there will be no problem over availability ....

Ce n'est pas la peine de réserver. Il y a sûrement de la place.

You tell someone to take care because they'll risk a fine if they drive too fast ....

Faites attention !
ou
Vous avez intérêt à faire attention, vous risquez une amende si vous roulez trop vite.

You tell someone not to go at more than 130 kph on the motorway ....

Il ne faut pas rouler à plus de cent trente sur l'autoroute.

You ask someone what to do in the event of an accident ....

Qu'est-ce qu'il faut faire en cas d'accident ?

You reply that the limit is usually 60 kph, but that occasionally, depending where you are, it is 40 or 45 kph ....

C'est limité à soixante, et parfois à quarante ou quarante-cinq. Ça dépend des endroits.

You have an accident. You tell the other driver that he/she is in the wrong ....

Vous êtes dans votre tort.

You tell him/her that you don't wish to do a "constat à l'amiable" and that the police must be fetched to make a certified report ....

Je ne veux pas de constat à l'amiable, il faut aller chercher la police pour faire un constat.

POUVEZ-VOUS RÉPONDRE AUX QUESTIONS ?

Savez-vous quelle est la vitesse limite en France ?	Elle est de 130 sur les autoroutes, de 110 sur les routes à quatre voies et de 90 sur les autres routes.
Quel est le plus court chemin pour aller de Paris à Tokyo ? On met combien d'heures ?	C'est la route du pôle qui passe par Anchorage. On met environ dix-sept heures.
Savez-vous ce qu'il faut faire quand on a un accident léger ?	Il faut faire un constat à l'amiable.
Savez-vous quel moyen de transport est le plus économique en France ?	C'est l'autocar qui est le plus économique, mais il est peu utilisé.
Savez-vous si c'est possible de prendre le TGV sans réservation ?	Non. Ce n'est pas possible, il faut réserver.
Pour aller de Paris à Genève, qu'est-ce qui est le plus rapide, le TGV ou l'avion ?	Le TGV met quatre heures. Il est moins rapide que l'avion.
Et dans la région parisienne, quel est le moyen de transport le plus rapide, le métro ou le RER ?	C'est le RER qui roule à 60 à l'heure.

PRATIQUE DE LA LANGUE

COMBINAISONS GRAMMATICALES

Demander un conseil *Asking for advice*

| Qu'est-ce que vous me conseillez | pour aller à Marseille | le train ou l'avion ? |
| Qu'est-ce qui est préférable | pour un homme | une eau de toilette ou une cravate ? |

Qu'est-ce qui est le plus intéressant	louer une voiture, ou prendre des taxis ?
le plus avantageux	le train ou l'avion ?
le plus économique	le parfum ou l'eau de toilette ?

Qu'est-ce que vous feriez à ma place, vous iriez à pied ou en voiture ?

Donner un conseil *Giving advice*

| Si vous voulez | économiser de l'argent | vous avez intérêt à prendre le train/l'avion |
| | gagner du temps | il vaut mieux |

Si vous aimez	l'art roman	je vous conseille	de visiter l'Auvergne
	le bon vin		la Bourgogne
	les peintres flamands		la Belgique
	le poisson		ce restaurant

Interroger quelqu'un *Asking questions*

Vous savez	à quelle vitesse	vous rouliez ?
	à quelle heure	il part ?
	par où	c'est le plus court ?
	par quelle route	il faut passer pour aller à... ?
	où	on peut trouver un garage ?
	quelle route	il faut prendre ?
	lequel	est le meilleur marché ?
	laquelle	est la plus économique ?
	quelle	est la vitesse limite ?
	si	c'est possible de louer une voiture ?
	s'	il y a une pharmacie dans le quartier ?
	ce qui	s'est passé ?
	ce qu'on	m'a dit ?
	qui	a été blessé ?

Protester *Making protests*

Vous ne pouviez pas	faire attention !
	partir plus tôt !
	mettre votre tente ailleurs !
	avancer un peu !
	surveiller vos enfants !
	me le dire plus tôt !

vous ne pourriez pas	être poli ! faire attention !
	reculer / avancer (en voiture)
	changer de place

Trouver une (bonne) excuse *Finding (good) reasons*

je ne savais pas que	la vitesse était limitée
	c'était réservé
	c'était interdit

je croyais que	c'était libre
on m'avait dit que	c'était permis
	qu'on pouvait stationner
	que la vitesse était de 120 à l'heure

je voulais	stationner un moment seulement
j'ai cru que	vous vouliez partir / avancer / reculer
j'ai voulu	faire une marche arrière
	vous laisser la place
	me ranger

Quelques expressions *Some expressions*

En voiture : Günter **était dans son tort.**
Il roulait à gauche. On doit rouler à droite.

Dans une discussion : Vous **avez tort** de dire cela.
Ce n'est pas vrai. Je ne suis pas de votre avis. Moi j'ai raison.

En cas de contestation : Vous **n'avez pas le droit** de dire cela. C'est malhonnête.
Günter n'a pas le droit de dépasser le 90 à l'heure.
L'agent a le droit de lui donner une contravention.

Dans une discussion :

avoir tort *(to be wrong)*
avoir raison *(to be right)*
avoir le droit de *(to have a right to)*

En cas d'accident :

être dans son tort *(to be in the wrong)*

Remarque :
je suis **bien tombé.** *In effect he's saying : I was lucky*
je suis **mal tombé** = je n'ai pas eu de chance : *I wasn't lucky*

EXERCICES

1 Traduisez

1 - Which is cheaper, to rent a car or go by a taxi ?
2 - What do you advise me to do in case of cancellation ?
3 - If you like good music, I advise you to buy their new record.
4 - Do you know which is the shortest way to Avignon ?
5 - Do you know where I can find a telephone around here ?

6 - Do you know what happened ?

7 - Do you know which one is the best ?

8 - I did not know one could not park here.

9 - I thought the speed limit was more than 120 kph.

10 - I was told you could come here without a reservation.

Corrigé

1 - Qu'est-ce qui est meilleur marché, louer une voiture ou y aller en taxi ? 2 - Qu'est-ce que vous me conseillez en cas d'annulation ? 3 - Si vous aimez la bonne musique, je vous conseille d'acheter leur nouveau disque. 4 - Vous savez quelle route est la plus courte pour Avignon ? 5 - Vous savez où on peut trouver un téléphone par ici ? 6 - Vous savez ce qui s'est passé ? 7 - Vous savez lequel est le meilleur ? 8 - Je ne savais pas qu'on ne pouvait pas stationner ici. 9 - Je croyais que la vitesse limite était de plus de cent vingt kilomètres à l'heure. 10 - On m'a dit qu'on pouvait venir ici sans réservation.

2 Trouvez une bonne excuse

Imagine what might be the excuses made in answer to the following

1 - Vous ne pouviez pas téléphoner pour changer la date de votre réservation !

2 - Mais Monsieur, mon numéro de téléphone est dans l'annuaire !

3 - Vous ne savez pas qu'il est interdit de stationner sur les trottoirs !

4 - Vous ne saviez qu'il est interdit aux piétons de traverser en dehors des passages cloutés !

5 - Vous n'avez pas le droit de transporter un enfant en avant de la voiture !

6 - Où avez-vous passé votre permis de conduire ?

Réponses possibles :

1 - Excusez-moi, mais j'avais perdu mon carnet d'adresses. J'étais en pleine campagne et il n'y avait pas de téléphone. J'ai confondu votre numéro de téléphone et celui de mon dentiste. J'ai téléphoné mais ça ne répondait pas. Je me suis sans doute trompé de numéro.

2 - Mais là où j'étais il n'y avait pas d'annuaire. J'ai téléphoné aux renseignements mais c'était toujours occupé. Il y avait trois pages de Dupont dans l'annuaire. J'ai abandonné, j'étais découragé.

3 - Non. Je croyais que le stationnement était toléré pendant quelques minutes. Mon mari est parti retirer de l'argent à la banque, nous n'avons plus un sou.

4 - On m'avait dit que c'était interdit seulement en Suisse. Je croyais qu'en France la priorité était toujours aux piétons.

5 - Mais ce n'est pas un enfant. Il a plus de dix ans. Il fait jeune pour son âge. Mais, monsieur l'agent, ce n'est pas un enfant, c'est ma femme.

6 - Vous pourriez être poli, Monsieur !

3　Quelle excuse donneriez-vous ?

*What kind of excuse might you make in each of the following instances ?
Tick those replies that you would give in this situation.*

1 - Quand vous êtes en retard à un rendez-vous d'affaires ....
- ☐ Je croyais être en avance, ma montre s'est arrêtée.
- ☐ Je suis désolé de vous avoir fait attendre, j'ai été retardé, excusez-moi.
- ☐ Je suis vraiment confus. Ça ne m'arrive jamais. J'espère que vous n'avez pas attendu trop longtemps.

2 - Quand vous êtes en retard à un rendez-vous amoureux ....
- ☐ Pour une fois que tu es à l'heure.
- ☐ Tu es encore là ! J'avais si peur que tu ne m'aies pas attendu.
- ☐ Excuse-moi, je suis désolé de t'avoir fait attendre. Ce n'est pas ma faute, j'ai été retardé.

3 - Quand votre ami(e) apprend que vous avez une autre liaison ....
- ☐ Je suis surpris que tu fasses une histoire pour si peu de choses.
- ☐ Je ne pensais pas que tu attacherais de l'importance à une simple aventure.
- ☐ Je ne sais pas si tu pourras me pardonner. J'ai eu un moment de faiblesse.

4 - Quand votre patron apprend que vous cherchez un autre emploi ....
- ☐ J'avais l'intention de vous prévenir dès que je serais sûr(e) d'avoir trouvé autre chose.
- ☐ Je pensais qu'en période de licenciement, vous seriez plutôt heureux que je vous quitte.
- ☐ Je suis désolé de vous causer cette gêne. Vous avez toujours été très correct avec moi, mais j'ai une famille à nourrir et j'ai besoin d'un meilleur salaire.

☐☐☐☐☐☐☐☐

184

Les « chevrons sauvages » de Citroën.
Le chevron (⋀) est un motif
qui sert d'emblème
à la marque Citroën.

RÊVE

Si vous rêvez d'avoir une belle voiture
et si vous n'en avez pas les moyens
vous pouvez la louer pour quelques jours

MAGAZINE   MAGAZINE   MAGAZINE   MAGAZINE   MAGAZINE

185

La fuite vers le soleil
un jour de grand départ.

Un contrôle de police
par une femme-gendarme.
Les « motards » ou gendarmes à moto
assurent la police des routes.

Un constat à l'amiable
après un « accrochage ».

OU RÉALITÉ !

Une des nouvelles petites
voitures populaires !

Plus on est de fous, plus je ris.

Renault Supercinq

MAGAZINE   MAGAZINE   MAGAZINE   MAGAZINE   MAGAZINE   MAGAZINE

UNITÉ 18

C'est facile d'apprendre une langue

Hélène welcomes a Greek friend who has come to France to perfect her French. She helps her find a suitable course, and takes her to a language school to get information.

Hélène :	Tu veux t'inscrire dans un cours intensif, je suppose ?	*I suppose you want to enrol in an intensive course.*
Maria :	Oui, j'aimerais avoir au moins trois ou quatre heures par jour.	*Yes, I'd like to have at least three or four hours a day.*
Hélène :	On va aller voir à l'Alliance ce qu'il y a comme cours.	*Let's go and see what there is at the Alliance.*

At the general office they speak to a secretary.

Secrétaire :	Vous voulez suivre un cours intensif ?	*Do you wish to take an intensive course ?*
Maria :	Oui.	*Yes.*
Secrétaire :	Quel est votre niveau ? Vous avez étudié le français pendant combien de temps ?	*What level are you ? How many years have you studied French ?*
Maria :	J'ai étudié trois ans au lycée, deux heures par semaine et j'ai suivi un cours de deux mois à l'Institut Français d'Athènes. Je connais surtout la grammaire et je peux lire un texte facile avec un dictionnaire.	*I've studied three years in the high-school, two hours per week, and I took a two month course at the Institut Français in Athens. I know mainly grammar and I can read a simple text with a dictionnary.*
Secrétaire :	Vous voulez apprendre à parler ou à écrire ?	*Do you wish to learn to speak or to write ?*
Maria :	Plutôt à parler et à comprendre. Je comprends une conversation très simple, mais je ne comprends pas quand on parle vite, à la radio ou à la télévision par exemple.	*To speak and understand preferably. I understand very simple conversation, but I can't follow when people speak fast, on radio or television, for instance.*
Hélène :	C'est un cours de conversation qu'il te faut.	*You need a conversation course.*

Secrétaire :	Nous n'avons pas de cours de conversation intensif, mais nous avons des cours avancés où on a la possibilité de parler beaucoup.	*We don't have any intensive conversation courses, but we do have advanced classes where you have the chance to speak a lot.*
Maria :	Il y a combien de personnes dans le cours ?	*How many people are there in the class ?*
Secrétaire :	Entre dix et quinze élèves.	*Between ten and fifteen students.*
Maria :	C'est bien.	*That's fine.*
Hélène :	Qu'est-ce qu'il faut faire pour s'inscrire ?	*What do you have to do to enrol ?*
Secrétaire :	Il faut prendre rendez-vous pour passer un test et ensuite selon le résultat du test, on vous inscrira dans le cours qui vous convient.	*You must make an appointment to sit a test and then, according to the result of the test, you will be enrolled in the appropriate class.*
Maria :	C'est un test pour mesurer les capacités à apprendre une langue ?	*Is it a test to measure your ability to learn a language ?*
Secrétaire :	Non, non, c'est pour connaître le niveau de langue.	*No, no, it's to determine your level of language.*
Maria :	Les cours ont lieu quels jours ?	*Which days do the classes take place ?*
Secrétaire :	Ça dépend. Si c'est un cours intensif, c'est cinq jours par semaine, du lundi au vendredi, 4 heures par jour, le matin ou l'après-midi.	*That depends. If it's an intensive course, it's five days a week, Monday to Friday, four hours a day, morning or afternoon.*
Maria :	Il n'y a pas de cours du soir ?	*Are there no evening classes ?*
Secrétaire :	Si, mais ce ne sont pas des cours intensifs.	*Yes, but those aren't intensive courses.*
Maria :	Combien coûte le cours ?	*How much is the course ?*

Secrétaire :	Huit cents francs par semaine. Vous voulez un rendez-vous ?	800 francs per week. Would you like an appointment ?
Maria :	Oui.	Yes.
Secrétaire :	Vous pouvez venir mardi prochain à 10 heures ?	Can you come next Tuesday at 10 ?
Maria :	Oui, ça dure combien de temps ?	Yes. How long will it last ?
Secrétaire :	Une heure environ.	About one hour.
Hélène et Maria :	Bien merci, au revoir, à mardi	Thanks very much. Good bye. See you Tuesday.
	On the steps.	
Maria :	C'est un peu cher, tu ne trouves pas ? On ne trouve pas moins cher à Paris ?	It's rather dear, don't you think. Can't you find anything cheaper in Paris ?
Hélène :	Oh, c'est le prix. Tu sais la vie est chère maintenant, avec l'inflation.	It's the going rate. You know life is expensive now, with inflation...
Maria :	L'inflation, qu'est-ce que c'est ?	Inflation. What's that ?
Hélène :	L'augmentation des prix.	The rise in prices.
Maria :	Ah oui... j'aimerais apprendre, pas seulement la langue, mais aussi la civilisation.	Oh yes... I'd like to learn not only language but civilisation also.
Hélène :	Il y a des livres pour ça.	There are books for that.
Maria :	Oui, mais c'est pas drôle d'apprendre ça dans les livres. Moi, ce qui m'intéresse c'est le mode de la vie, comment on dit ?	Yes, but it's not much fun learning about that from books. What interests me is the style of living. What's the expression ?
Hélène :	Les modes de vie, la façon de vivre des gens, ce qu'ils pensent, ce qu'ils aiment, leurs habitudes ?	Life-styles, the way people live, what they think, what they like, their habits ?
Maria :	Oui, c'est ça.	Yes, that's it.
Hélène :	On apprend cela surtout en vivant avec eux et en allant souvent au cinéma aussi. Si c'est ça que tu veux, tu n'as qu'à te trouver un petit ami français et à aller tous les soirs au cinéma avec lui.	You learn that best by living with them and by going often to the cinema too. If that's what you want, you only have to find a French boyfriend and go to the cinema every evening with him !
Maria :	Tiens c'est une idée ça ! Si je n'ai pas assez d'argent pour suivre un cours, j'irai trois fois par jour cinéma !	Hey, that's not a bad idea. If I don't have enough money to take a course, I'll go to the cinema three times a day !
Hélène :	Tu auras mal à la tête.	You'll have a headache.
Maria :	Et comment je ferai pour trouver le petit ami ?	And how shall I set about finding this boyfriend ?
Hélène :	Ça, c'est ton problème !	That's your problem !

AVEZ-VOUS COMPRIS ?

Il y a combien d'heures dans un cours intensif : 3 ou 4 heures par semaine ou 3 ou 4 heures par jour ?

Trois ou quatre heures par jour.

Maria a étudié le français pendant trois ans ou pendant 2 mois ?

Pendant trois ans au lycée et pendant deux mois à l'Institut Français.

Elle veut apprendre à lire ou à parler ?

Elle veut apprendre à parler et à comprendre.

Elle comprend la langue parlée à la radio ou à la télévision ?

Ni l'un ni l'autre.

Il faut passer un test pour quoi faire : pour connaître le niveau en langue ou pour mesurer les capacités à apprendre une langue ?

Pour connaître le niveau en langue.

Maria décide de s'inscrire dans un cours, ou de passer le test ?

Elle décide de passer le test. Elle n'est pas sûre de s'inscrire.

Elle n'est pas sûre de s'inscrire parce que le cours est trop cher ou parce qu'elle est plus intéressée par un cours de civilisation que par un cours de langue ?

Les deux.

Ce qui l'intéresse c'est la vie de tous les jours ou les productions artistiques et scientifiques d'un pays ?

C'est la vie de tous les jours.

Pour cela Hélène lui conseille de prendre un petit ami ou d'aller au cinéma ?

Elle lui conseille les deux.

Maria trouve que c'est une bonne idée ou que ça va poser un problème ?

Elle trouve que c'est une bonne idée. Ce qui va poser un problème c'est de trouver un petit ami.

POUVEZ-VOUS LE DIRE EN FRANÇAIS ?

You ask someone if they want to enrol in a dance course	Vous voulez vous inscrire dans un cours de danse ?
You ask a friend if he/she wants to sign up for a sightseeing trip	Tu veux t'inscrire pour faire l'excursion ?
You ask someone how long he/she must follow a course to get a result	Il faut suivre le cours pendant combien de temps pour avoir un résultat ?
How often per week ?	Combien de fois par semaine ?
How many hours per day ?	Combien d'heures par jour ?
You ask what kind of course you should take to learn to speak	Quelle sorte de cours il faut suivre pour apprendre à parler ?
You ask how long a course lasts	Le cours dure combien de temps ?
You don't find it much fun learning French on your own	Ce n'est pas drôle d'apprendre le français seul.
What interests you is to speak to people, talk about their way of life	Moi, ce qui m'intéresse, c'est de parler avec les gens, de discuter de leur façon de vivre.
You think you learn that by reading a lot and by living in the country	On apprend cela surtout en lisant et en vivant dans le pays.

POUVEZ-VOUS RÉPONDRE AUX QUESTIONS ?

Vous préférez suivre un cours et apprendre avec un groupe ou apprendre seul ?	Je préfère...
Vous avez le temps de suivre un cours ou vous êtes obligé d'apprendre seul ?	Je n'ai pas le temps de suivre un cours...

Vous étudiez combien d'heures par semaine ?	J'étudie environ...
Vous pouvez lire un journal ou un livre avec un dictionnaire ?	Je peux lire un livre s'il n'est pas trop difficile.
Quand on parle rapidement vous comprenez bien, pas très bien, ou presque rien ?	Je comprends bien. Je ne comprends pas très bien. Je ne comprends presque rien.
Pour vous, c'est plus facile d'écrire ou de parler ?	C'est plus facile de parler que d'écrire.
Vous préférez essayer de comprendre sans regarder le texte, ou est-ce que cela vous aide de regarder le texte ?	Je préfère essayer de comprendre sans regarder. Cela m'aide beaucoup de lire le texte en français avant d'entendre la bande.
Qu'est-ce qui vous intéresse le plus quand vous apprenez une langue : la grammaire ? la civilisation ? la possibilité de parler ? la possibilité de lire des textes dans la langue où ils sont écrits ?	Ce qui m'intéresse le plus, c'est...
Quel type d'exercices préférez-vous ? • Avez-vous compris ? • Pouvez-vous le dire en français ? • Les exercices de grammaire ? • Les exercices d'expression personnelle ?	Ce que je préfère, c'est...

PRATIQUE DE LA LANGUE

COMBINAISONS GRAMMATICALES

Une façon de parler *(a way of speaking)* **en "français oral"**
(Sentences beginning with ce qui *or* ce que*)*

| Ce qui | m'intéresse
me plaît
me passionne
est bien
est utile
est difficile | c'est | de parler plusieurs langues
d'apprendre la langue usuelle
de lire la littérature dans le texte
la civilisation
la science
de comprendre les modes de vie |

| Ce que

Ce qu' | je veux
j'aime
je voudrais
il me faut | c'est | pouvoir comprendre la langue parlée à la radio
pouvoir comprendre un film en version originale
pouvoir discuter affaires
de la persévérance
beaucoup de temps libre |

*J'ai besoin de sommeil - Ce dont j'ai besoin...

Ce dont*	j'ai besoin	c'est	de lire beaucoup
	j'ai envie		d'une bonne bière

Notice the reflexive pronouns connected to the infinitive

Je veux	m'	inscrire
	me	faire couper les cheveux
Tu veux	t'	occuper des bagages / des enfants
	te	promener ?
Il / elle veut	s'	amuser
	se	débarrasser de lui / d'elle
Nous voulons	nous	débarrasser de nos valises
	nous	débrouiller seuls en français
Vous voulez	vous	en aller ?
	vous	reposer ?
Ils / elles veulent	s'	initier à l'informatique
	se	faire construire une maison

Apprenez les prépositions *Learn these prepositions*

• *After nouns or adjectives*

J'ai	de la peine	à	comprendre
	un travail urgent	à	terminer
	une lettre	à	taper
C'est	facile	à	faire
	difficile	à	croire
	impossible	à	comprendre

à *is used when there is no complement after the infinitive*

Il est	facile	de	faire ce travail
	difficile	de	croire cela
	impossible	de	le comprendre

de *is used when there is a complement after the infinitive*

ce n'est pas drôle	d'	apprendre seul
c'est précieux	d'	avoir du temps libre
c'est nécessaire	de	travailler beaucoup

You can use **c'est** *or* **il est.** **Il** *tends to be used in more formal contexts*

il est fondamental	de	comprendre la situation
urgent	d'	étudier le problème
indispensable	de	trouver une solution

• *After verbs*

J'ai envie	de me reposer
besoin	repos
l'intention	revenir
Je suis fatigué	courir
obligé	partir
enchanté	vous connaître
ennuyé	devoir vous quitter
désolé	ne pouvoir vous aider

Je n'ai pas commencé	à	travailler
fini	de	travailler

J'ai commencé	par	lui dire que je n'étais pas d'accord
fini		l'envoyer promener

Je veux apprendre	à parler	par	la méthode untel (such and such)
Je ne veux plus		de	cela
	penser	à	cela
Qu'est-ce qu'il faut		de	cela ?

Je n'ai pas assez de temps	pour	suivre un cours
d'argent		m'inscrire
de patience		continuer / persévérer

EXERCICES

1 Traduisez

1 - *What is interesting is to speak and understand.*

2 - *What I want is to learn to get along by myself.*

3 - *What I am interested in is literature.*

4 - *It is not necessary to speak well to be understood.*

5 - *It is not easy to do.*

6 - *I need a lot of time and a little money to be able to live well.*

7 - *I don't want to think of that problem now.*

8 - *I don't know what to think of this.*

9 - *You can learn a language by living in the country.*

10 - *I have not yet finished studying.*

11 - *I would like to get rid of that work and start getting down to something else.*

12 - *I finally told him to go to hell.*

Corrigé

1 - Ce qui est intéressant c'est de parler et de comprendre. 2 - Ce que je veux c'est apprendre à me débrouiller seul. 3 - Ce qui m'intéresse c'est la littérature. 4 - Ce n'est pas nécessaire de bien parler pour être compris. 5 - Ce n'est pas facile à faire. 6 - J'ai besoin de beaucoup de temps et d'un peu d'argent pour pouvoir bien vivre. 7 - Je ne veux pas penser à ce problème maintenant. 8 - Je ne sais pas quoi penser de cela / ce qu'il faut penser de cela. 9 - On peut apprendre une langue en vivant dans le pays. 10 - Je n'ai pas encore fini d'étudier / fini mes études. 11 - Je voudrais me débarrasser de ce travail et commencer à m'occuper d'autre chose. 12 - J'ai fini par l'envoyer promener / par lui dire d'aller se faire pendre (hang himself).

2 Transformez les phrases suivantes en commençant la phrase par : ce qui - ce que - ce dont

1 - Les modes de vie m'intéressent.
2 - Les gens l'intéressent.
3 - Le travail l'ennuie.
4 - Elle veut un hôtel bon marché.
5 - Il lui faut une semaine de repos.
6 - J'ai besoin d'apprendre à lire.
7 - Le spectacle l'amuse.
8 - Elle a envie d'aller entendre Michael Jackson.
9 - Je ne veux pas perdre mon temps.
10 - La discussion l'énerve.
11 - Les cigarettes et l'alcool sont mauvais pour la santé.
12 - Apprendre seul n'est pas drôle.

Corrigé

1 - Ce qui m'intéresse, ce sont les modes de vie. 2 - Ce qui l'intéresse, ce sont les gens. 3 - Ce qui l'ennuie, c'est le travail. 4 - Ce qu'elle veut, c'est un hôtel bon marché. 5 - Ce qu'il lui faut, c'est une semaine de repos. 6 - Ce dont j'ai besoin, c'est d'apprendre à lire. 7 - Ce qui l'amuse, c'est le spectacle. 8 - Ce dont elle a envie, c'est d'aller entendre Michael Jackson. 9 - Ce qu'elle ne veut pas, c'est perdre son temps. 10 - Ce qui l'énerve, c'est la discussion. 11 - Ce qui est mauvais pour la santé, ce sont les cigarettes et l'alcool. 12 - Ce qui n'est pas drôle, c'est d'apprendre seul.

3 En appliquant cette règle, transformez les phrases suivantes :

1 - Vous voulez qu'on discute de cela ?
2 - Qu'est-ce que vous pensez de ça ?
3 - Je ne m'intéresse pas à ce problème ?
4 - Je ne vais pas vous parler de la situation.
5 - Je ne m'occupe pas des réservations.
6 - Je ne me suis pas inscrit au cours.

Corrigé

1 - Vous voulez qu'on en discute ? 2 - Qu'est-ce que vous en pensez ? 3 - Je ne m'y intéresse pas. 4 - Je ne vais pas vous en parler. 5 - Je ne m'en occupe pas. 6 - Je ne m'y suis pas inscrit.

*If the complement of a verb is preceded by the preposition **de**, the pronoun object becomes **en***
Je vais vous parler **de** la paix.　　　　　　　　　　　　Je vais vous **en** parler

*If it is preceded by the preposition **à**, the pronoun object becomes **y***
Je ne comprends rien **à** cette histoire　　　　　　　　Je n'**y** comprends rien

Apprenez le participe présent *Learn the present participle*

"On apprend cela surtout **en lisant** beaucoup et **en vivant** dans le pays".
*The preposition **en** followed by the present participle indicates the **means** (of doing something).*

Comparez avec la phrase suivante :

"Je l'ai rencontré **en sortant** de chez moi" (alors que je sortais de chez moi).
*Here the preposition **en** emphasises that two actions are taking place at the **same time**.*

Pour former le participe présent, on utilise la forme de la 1re personne du pluriel de l'indicatif présent :

	Indicatif présent	Participe présent
aller	nous allons	en allant
venir	nous venons	en venant
dire	nous disons	en disant
faire	nous faisons	en faisant
apprendre	nous apprenons	en apprenant
manger	nous mangeons	en mangeant

NB : The vowel "e" is retained here after the consonant "g".

EXERCICES

Faites une phrase complète en utilisant les éléments des deux colonnes :

Exemple : Je me suis blessé au doigt en coupant du pain.

1 - Se blesser au doigt　　　　　　　　　couper du pain.
2 - Se casser une dent　　　　　　　　　manger un bonbon.
3 - Trouver son numéro de téléphone　　téléphoner aux renseignements, tout simplement !
4 - Découvrir cette statue　　　　　　　faire de la plongée sous-marine.
5 - Rencontrer ma femme　　　　　　　faire un stage de voile.
6 - Gagner cet argent　　　　　　　　　jouer au loto.
7 - Retrouver ma bague　　　　　　　　ranger l'appartement.

Corrigé

2 - Elle s'est cassé une dent en mangeant un bonbon. 3 - J'ai trouvé son numéro de téléphone, en téléphonant aux renseignements, tout simplement ! 4 - Ils ont découvert cette statue en faisant de la plongée sous-marine. 5 - J'ai rencontré ma femme en faisant un stage de voile. 6 - Il a gagné cet argent en jouant au loto. 7 - J'ai retrouvé ma bague en rangeant l'appartement.

196

Alliance Française d'Arequipa au Pérou.

« On ne résiste pas à l'Alliance Française »
Charle de Gaulle, 1958.

C'EST AMUSANT   **D'APPRENDRE**

MAGAZINE   MAGAZINE   MAGAZINE   MAGAZINE   MAGAZINE   MAGAZIN

e classe avec la méthode Archipel,
CREDIF à Paris.

Décollez
en
allemand

anglais

espagnol

italien.

EUROCENTRES
FONDATION SANS BUT LUCRATIF

13 N. PASSAGE DAUPHINE 75006 PARIS
TELEPHONE 43.25.81.40

NE LANGUE

MAGAZINE   MAGAZINE   MAGAZINE   MAGAZINE   MAGAZINE   MAGAZINE

UNITÉ 19

Ça fait une heure que je vous attends

Hélène is waiting for Günter at Gare Saint-Charles at Marseilles. She was to meet him at 6 pm and it is already 7 pm. Günter had arrived early in the afternoon and had rented a car to go to see a customer in the country.

Hélène goes into a telephone box.

Réceptionniste :	Hôtel de la Sorbonne, j'écoute.	*Hôtel de la Sorbonne, can I help you ?*
Hélène :	Je voudrais parler à monsieur Schmidt, s'il vous plaît.	*I would like to speak to Mister Schmidt, please.*
Réceptionniste :	Il est absent de Paris pour le moment. C'est de la part de qui ?	*He is not in Paris at the moment. Who is it speaking ?*
Hélène :	Il sera là quand ?	*When will he be there ?*
Réceptionniste :	Je ne sais pas. Y a-t-il un message ?	*I don't know. Is there a message ?*
Hélène :	C'est personnel. Je rappellerai.	*No, it's personal. I'll call back.*

A little later, Hélène calls the hôtel again.

Hélène :	L'Hôtel de la Sorbonne ?	*Hôtel de la Sorbonne ?*
Réceptionniste :	Oui Madame, j'écoute.	*Yes, Madam. Can I help you ?*

Hélène :	On ne vous a pas laissé de message pour Madame Panayoti ?	Has anybody left a message for Mrs Panayoti ?
Réceptionniste :	Non Madame, il n'y a rien à ce nom.	No, Madame. There's nothing in that name.
Hélène :	Merci.	Thank you.
	Hélène phones to Jeanne.	
Hélène :	Allô, Jeanne ?	Hello, Jeanne ?
Jeanne :	C'est toi, Hélène ? Qu'est-ce qui t'arrive ?	Is that you, Hélène ? What's the matter ?
Hélène :	Je suis à la gare Saint-Charles à Marseille. Je ne comprends ce qui se passe. Il y a une heure que j'attends et Günter n'est pas là. Il ne t'a pas téléphoné ?	I'm at gare Saint-Charles at Marseilles. I don't understand what has happened. I've been waiting for an hour but Günter still hasn't arrived. He hasn't telephoned you, has he ?
Jeanne :	Non. Il a peut-être été retardé par un client.	No. Perhaps he's been delayed with a customer.
Hélène :	Je ne peux pas attendre des heures à la gare.	I can't wait for hours at the station !
Jeanne :	Tu n'as qu'à aller seule à Cannes. Il te rejoindra là-bas.	You have only to go on alone to Cannes. He'll meet up with you there.
Hélène :	Ça m'ennuie d'y aller seule. Et qu'est-ce que je ferai là-bas s'il ne vient pas ?	I don't want to go on alone. And what will I do there if he doesn't arrive ?
Jeanne :	Attends encore un peu. Il va sûrement arriver.	Wait just a little longer. He's sure to come.
Hélène :	Mais écoute... ça fait une heure... déjà... que j'attends !	But listen, I've already been waiting one hour.
Jeanne :	Je ne sais pas quoi te dire. Il a peut-être eu un accident.	I don't know what to say. Perhaps he's had an accident.
Hélène :	On dit toujours ça ! s'il avait eu un accident, il aurait trouvé le moyen de prévenir en téléphonant à l'hôtel ou à toi.	That's what one always says ! If he'd had an accident, he would have found a way of letting me know by telephoning either the hôtel or you.
Jeanne :	Ce n'est pas toujours facile de trouver un téléphone. Et puis il est peut-être mort,... ou blessé !	It's not always easy to find a phone. And then he might be... dead... or injured !
Hélène :	Tu es folle. Moi, ça m'étonnerait vraiment qu'il ait eu un accident... Je déteste attendre. Tant pis pour lui. Je vais rentrer à Paris.	Don't be ridiculous. I'd be very surprised if he'd had an accident. I loathe waiting around. Well, too bad for him. I'm off back to Paris.
Jeanne :	Mais tu t'es peut-être trompée d'heure ?	But perhaps you got the time wrong ?
Hélène :	Non, non. J'en suis sûre. Nous avions rendez-vous à 6 heures et il est plus de 7 heures maintenant.	No, no, I'm certain. We were supposed to meet at 6 and it's after 7 now.
Jeanne :	Tu as vérifié s'il n'y a pas de message pour toi à la gare ?	Have you checked that there is no message for you at the station
Hélène :	Non, il n'y a rien. Il a peut-être changé d'avis après tout. Je ne le connais pas bien.	No, there's nothing. He perhaps changed his mind after all. I don't know him well.
Jeanne :	S'il avait changé d'avis, il t'aurait prévenue.	If he'd changed his mind, he'd have let you know.
Hélène :	Écoute, j'attends encore un quart d'heure et je pars.	Listen, I'll wait another quarter of an hour and then I'm going.

Before leaving, Hélène writes a note which she leaves for Günter. She writes while speaking the words out loud, slowly.

> Cher Günter,
>
> Je n'ai pas eu besoin de réfléchir longtemps à votre proposition, car j'adore les voyages, le changement, l'imprévu et je commence à être un peu fatiguée de la vie à Paris. Je crois qu'un petit séjour sur la Côte d'Azur me fera du bien.
>
> C'est donc avec plaisir que je vous accompagnerai à Cannes.
>
> Mais je ne suis pas sûre de pouvoir rester pendant toute la durée du Festival.
>
> Téléphonez-moi ou laissez-moi un mot pour me donner des détails sur la date du départ, la durée du séjour, etc... et je ferai mon possible pour me libérer à cette date.
>
> Bien amicalement,
> Hélène

AVEZ-VOUS COMPRIS ?

Hélène téléphone deux fois à l'Hôtel de la Sorbonne. Est-ce qu'elle donne son nom chaque fois ?

Non, elle donne son nom la deuxième fois, parce qu'elle veut savoir s'il y a un message pour elle.

Est-ce que Hélène laisse un message ?

Non, elle ne laisse pas de message.

Est-ce que Günter a téléphoné à Jeanne ?

Non, il ne lui a pas téléphoné.

Jeanne est sûre qu'il a été retardé par un client... ?

Non, elle pense qu'il a peut-être été retardé. Elle n'est pas sûre.

Hélène ne veut pas aller à Cannes, parce qu'elle a peur de s'ennuyer à Cannes ou parce qu'elle ne sait pas quoi faire à Cannes ?

Parce qu'elle ne sait pas quoi faire à Cannes. Cela l'ennuie *(It bothers her)*.

Est-ce qu'elle pense que Günter a eu un accident ?

Non.

Pourquoi ?

Elle pense que s'il avait eu un accident, il aurait téléphoné.

Jeanne pense qu'il n'a pas prévenu parce que c'est difficile de trouver un téléphone ou parce qu'il est mort ?

Parce que c'est difficile de trouver un téléphone. Elle plaisante *(she is joking)* quand elle dit qu'il est peut-être mort ou blessé *(dead or injured)*.

Pourquoi Hélène veut-elle rentrer à Paris, parce qu'elle n'aime pas attendre ou parce qu'elle n'a pas confiance en Günter ?

Les deux.

Qu'est-ce qui montre qu'elle n'a pas confiance en lui ?

Elle dit qu'il a peut-être changé d'avis *(changed his mind)*.

Est-ce que Jeanne est d'accord avec elle ?

Non. Elle pense que s'il avait changé d'avis il l'aurait prévenue.

Avant d'écrire un mot à Günter, est-ce qu'Hélène va vérifier s'il a laissé un message à la gare ?

Non, elle a déjà vérifié.

POUVEZ-VOUS LE DIRE EN FRANÇAIS ?

Someone wants to speak to your husband or wife on the telephone. He/she doesn't give his/her name as you ask ....

C'est de la part de qui ?

You ask the caller if he/she would like to leave a message ....

Y a-t-il un message ?
ou
Vous voulez laisser un message ?

The caller does not want to. He/she says....

C'est personnel. Je rappellerai.

You are surprised that someone has phoned you

Qu'est-ce qui t'arrive ?
ou
Qu'est-ce qui vous arrive ?

You phone someone who has failed to keep his/her meeting with you. He/she is at home. You have been waiting for over an hour	Ça fait une heure que j'attends ! Qu'est-ce qui se passe ? ou Il y a une heure que j'attends ! ou Je t'attends depuis une heure !
Someone has cancelled their trip to the theatre with you. But you don't like going alone. You tell the other person so, still hoping he/she will come	Ça m'ennuie d'y aller seul(e), tu ne peux vraiment pas venir ?
You cannot survive without someone, you need them so much. You tell them	Qu'est-ce que je ferais sans vous ? ou Qu'est-ce que je ferais si vous n'étiez pas là ?
You find yourself in a difficult position and you do not know what advice to give somebody .	Je ne sais pas quoi te dire. ou Je ne sais pas quoi vous dire.

> EXCUSEZ-MOI, VOUS VOUS ÊTES TROMPÉ D'IMPERMÉABLE !
>
> ...VOUS AUSSI !

FRAPAR

In a cloakroom someone has taken your raincoat by mistake. You speak to this person ...	Excusez-moi, vous vous êtes trompé d'imperméable.
You ask a receptionist if he has checked your bill. There was a mistake	Vous avez vérifié ma note, s'il vous plaît ? Il y avait une erreur.
You are waiting for a third person. You would be surprised if he/she came	Ça m'étonnerait qu'il vienne. ou Ça m'étonnerait qu'elle vienne.
You don't want to go to somewhere. You think you will be bored	Je n'ai pas envie d'y aller, je vais m'ennuyer.

POUVEZ-VOUS RÉPONDRE AUX QUESTIONS ?

Quel est votre comportement quand vous attendez quelqu'un depuis longtemps ?
Si c'est un rendez-vous d'affaires, est-ce que vous êtes ....

énervé
furieux
patient
indifférent
méprisant

Si c'est un rendez-vous amical ou amoureux, vous êtes ....

très fâché
très inquiet
résigné
ironique
indifférent
méprisant

Qu'est-ce que vous faites au bout d'une heure ?

vous partez furieux
vous décidez d'attendre jusqu'à ce que la personne arrive
vous décidez de ne plus revoir cette personne
vous téléphonez pour avoir une explication
vous croyez à un accident
vous croyez à un oubli
vous ne prenez pas la chose au sérieux
vous partez indifférent
vous n'attendez jamais une heure

BON... JE N'ATTENDRAI PAS 24 HEURES DE PLUS...

FRAPAR.

PRATIQUE DE LA LANGUE

COMBINAISONS GRAMMATICALES

Interroger sur un événement passé *Asking about a completed event*

on ne vous a pas	laissé un message pour moi prévenu de mon arrivée expliqué ce qui s'était passé
il ne vous a pas	donné son adresse dit où il allait dit ce qu'il cherchait donné d'explication

Exprimer le temps d'une action qui dure encore — *Talking about the duration of an action which is still going on*

ça fait	une heure	que j'attends	ou	j'attends	depuis	une heure
il y a	dix minutes	que je suis arrivée		je suis arrivé		dix minutes
	longtemps	qu'ils sont mariés		ils sont mariés		longtemps
	trois mois	que j'apprends le français		j'apprends le français		trois mois

The two constructions have the same meaning. The construction with **ça fait... que** is a little less formal.

Interroger sur le temps d'une action qui dure encore — *Asking about the time of an action which is still going on*

ça fait combien de temps que vous habitez là ?

il y a longtemps qu'il est parti ?
qu'ils sont divorcés ?
qu'ils n'habitent plus ici ?
qu'il a quitté l'hôtel ?

vous habitez ici   depuis combien de temps ?
ils sont mariés   depuis longtemps ?
vous apprenez le français
vous êtes à Paris

Exprimer le temps d'une action terminée — *Talking about the duration of a completed action*

J'ai attendu   pendant   une heure
J'ai habité ici   un an
J'ai vécu en France   trois ans
J'ai étudié le français   deux ans
J'ai été marié

ou   j'ai attendu une heure
     j'ai habité ici un an
     j'ai vécu en France trois ans
     j'ai étudié le français deux ans
     j'ai été mariée dix ans

Interroger sur le temps d'une action terminée — *Asking about the duration of past events*

Pendant combien de temps avez-vous   habité en France ?
                                     étudié le français ?
                                     été marié ?

ou

Vous avez habité en France   pendant combien de temps ?
Vous avez étudié le français
Vous avez été marié

Exprimer la certitude et la probabilité d'une action *Expressing ideas of certainty and probability concerning actions*

Du plus sûr au moins sûr :

+	il a	sûrement certainement probablement sans doute peut-être	eu un problème	ou	c'est sûr c'est certain c'est probable sans doute peut-être	qu'il a eu	un problème

Exprimer l'incertitude, la perplexité *Expressing uncertainty, perplexity*

je ne sais pas	quoi	faire dire penser
je ne sais pas	ce que ce qu' ce qu'	je dois faire il faut dire elle pense

Faire une déduction *Making deductions*

- S'il avait eu un accident, il aurait téléphoné. (déduction implicite)
  Si elle avait manqué le train, elle aurait appelé.
- S'ils avaient décidé de ne pas venir, ils nous auraient prévenus.
  Il n'a pas téléphoné, **donc** il n'a pas eu d'accident. (déduction explicite)

La personne qui fait le raisonnement ci-dessus pense :
qu'il n'a pas eu d'accident
qu'elle n'a pas manqué le train
qu'ils sont toujours décidés à venir

Observez les tableaux des temps

plus-que-parfait	**conditionnel passé**
si j'avais su si j'avais pu si j'avais voulu	je ne serais pas venu(e) je serais parti(e) je l'aurais fait
questions : si vous l'aviez mieux connu(e) si vous aviez su cela si vous aviez pu l'aider	est-ce que vous l'auriez épousé(e) ? est-ce que vous y seriez allé(e) ? est-ce que vous l'auriez fait ?

Attention ! Comparez les deux verbes :

- **ça m'ennuie** d'attendre seule dans la rue *(it annoys/bothers me...)*
  ça l'ennuie de me prêter de l'argent
  ça les ennuie de rentrer tard le soir
  ça ne l'ennuie pas d'être dragué(e) dans la rue
  ça ne vous ennuie pas de me prêter votre voiture ?
  et :
- **je m'ennuie** le dimanche *(I get bored...)*
  il s'ennuie quand il est seul
  ils s'ennuient quand ils sont seuls

EXERCICES

1 Traduisez

1 - I have been waiting for more than half an hour.
2 - How long have you been in the United States?
3 - How long have you been studying French?
4 - You haven't got any message for me.
5 - He didn't tell you when he would be back?
6 - I waited for you for about 15 minutes, then I left.
7 - I've studied French for two years, in high-school.
8 - If you had waited for me 15 minutes, we would have met.
9 - If you had decided not to come, you should have let me know.
10 - Perhaps you went to the wrong place.
11 - I was not mistaken about the time. I was there at three.
12 - He has probably been delayed.

Corrigé

1 - Je vous attends depuis plus d'une demi-heure. 2 - Depuis combien de temps êtes-vous aux Etats-Unis ? ou Vous êtes aux Etats-Unis depuis combien de temps ? 3 - Vous étudiez le français depuis combien de temps ? 4 - Vous n'avez pas de message pour moi ? ou On ne vous a pas laissé de message pour moi ? 5 - Il ne vous a pas dit quand il rentrerait ? 6 - Je vous ai attendu environ quinze minutes puis je suis parti. 7 - J'ai étudié le français pendant deux ans au lycée. 8 - Si vous m'aviez attendu quinze minutes, nous nous serions rencontrés. 9 - Si vous aviez décidé de ne pas venir, vous auriez dû me prévenir. 10 - Vous êtes peut-être trompé d'endroit. 11 - Je ne me suis pas trompé d'heure. J'étais là à trois heures. 12 - Il a sans doute (probablement) été retardé.

2 Transformez les phrases suivantes en utilisant **ça fait... que**

Exemple : Il est mort depuis dix ans, ça fait dix ans qu'il est mort.

1 - Elle a quitté sa famille depuis longtemps...
2 - On ne l'a pas revue depuis un mois...
3 - Ils sont en guerre depuis dix ans...
4 - L'usine est fermée depuis trois ans...
5 - Il est sans travail depuis neuf mois...
6 - Elle dort depuis dix heures...

Corrigé

1 - Ça fait longtemps qu'elle a quitté sa famille. 2 - Ça fait un mois qu'on ne l'a pas revue. 3 - Ça fait dix ans qu'ils sont en guerre. 4 - Ça fait trois ans que l'usine est fermée. 5 - Ça fait neuf mois qu'il est sans travail. 6 - Ça fait dix heures qu'elle dort.

NB : On peut remplacer **ça fait** par **il y a**

3 Imaginez ce qui s'est passé

Vous commencez votre phrase par : il (elle) a sûrement
il (elle) a peut-être

Faites deux phrases chaque fois : une phrase "pessimiste" et une phrase "optimiste".

1 - Je l'attendais à huit heures, il est arrivé à sept heures.
2 - Il avait promis d'être à l'heure, il a une heure de retard.
3 - Il venait de Rome. Il devrait être là...
4 - Elle ne m'a pas encore dit si elle acceptait...
5 - Je suis sans nouvelles de lui depuis une semaine...

Corrigé

1 - Il l'a sûrement fait exprès pour te surprendre ou il s'est peut-être trompé d'heure. 2 - Il a sûrement eu un empêchement, il n'est jamais en retard ou il a peut-être oublié. 3 - Il a sûrement manqué l'avion ou l'avion a peut-être eu un accident. 4 - Elle n'a sûrement pas encore eu le temps de répondre ou elle n'ose peut-être pas vous dire qu'elle refuse. 5 - Il a sûrement décidé de te quitter ou il n'a peut-être pas le temps d'écrire.

4 Faites une déduction négative.

Exemple : Je vous ai donné un billet de deux cents francs !
Si vous m'aviez donné un billet de deux cents francs, je l'aurais.

1 - Mais je vous ai téléphoné hier soir !
2 - Je vous ai écrit il y a une semaine.
3 - J'ai mis la lettre sur votre bureau.
4 - J'ai monté la valise dans votre chambre.
5 - Il y a eu un attentat cette nuit.

Corrigé

1 - Si vous m'aviez téléphoné hier soir, j'aurais répondu. J'étais à la maison. 2 - Si vous m'aviez écrit il y a une semaine, j'aurais reçu la lettre. 3 - Si vous l'aviez mise sur le bureau, elle y serait. 4 - Si vous l'aviez montée dans ma chambre, je l'aurais trouvée. 5 - S'il y avait eu un attentat, on l'aurait annoncé à la radio.

5 La lettre puzzle

Composez une lettre d'excuse en rétablissant l'ordre entre les éléments des phrases :

1 - Je suis désolé de n'avoir pu   a - attendre plus longtemps
2 - Il m'était impossible de   b - vous rencontrer
3 - Je ne pouvais pas   c - me téléphoner ce soir à mon hôtel
4 - Je vous ai attendu   d - si vous vous êtes dérangé pour rien
5 - Nous pourrions peut-être   e - remettre mon rendez-vous suivant
6 - Pourriez-vous   f - nous voir avant la fin de la semaine
7 - Veuillez m'excuser   g - une demi-heure à l'hôtel

Corrigé   1-b ; 2-e ; 3-a ; 4-g ; 5-f ; 6-c ; 7-d.

208

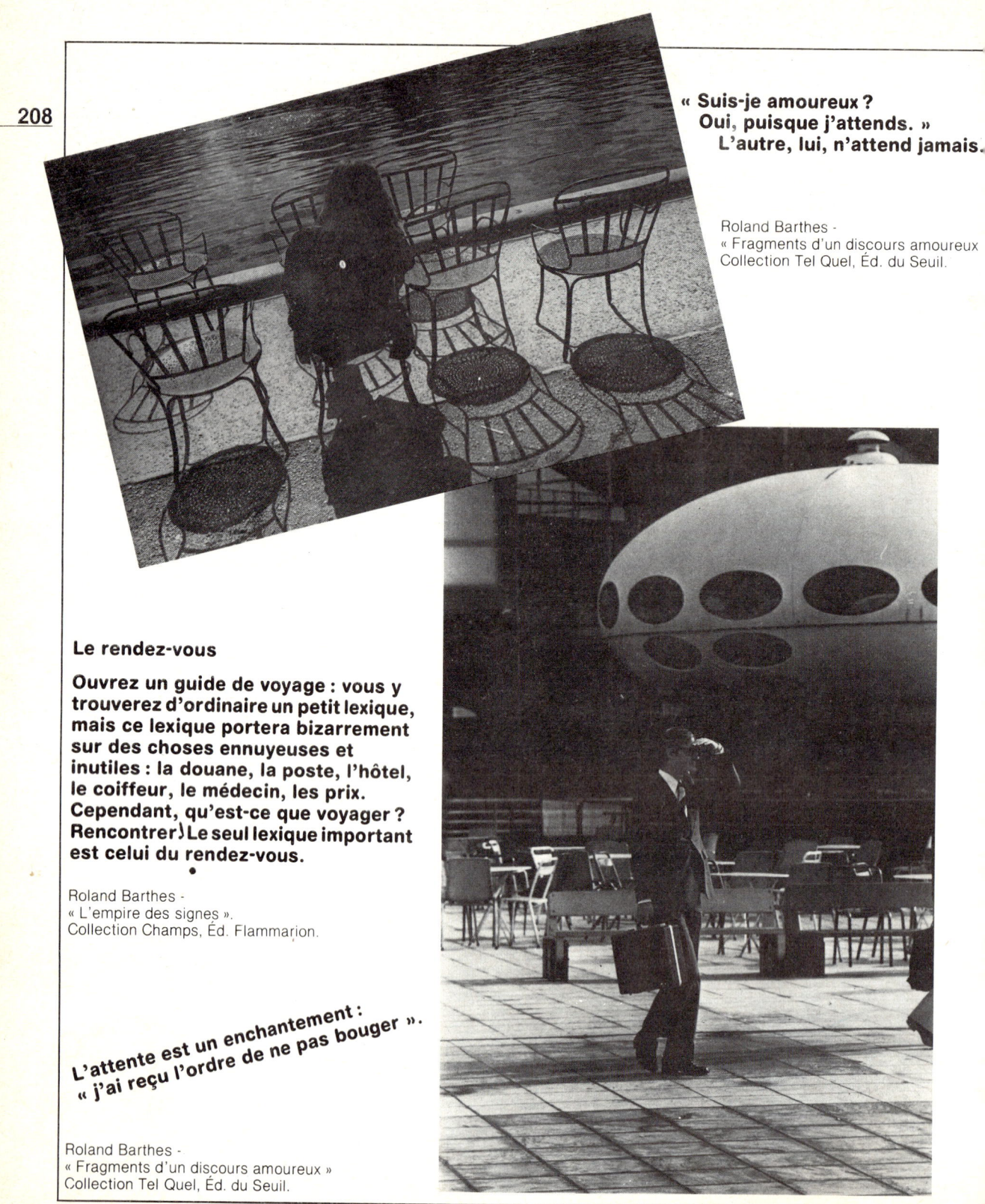

« Suis-je amoureux ?
Oui, puisque j'attends. »
L'autre, lui, n'attend jamais.

Roland Barthes -
« Fragments d'un discours amoureux
Collection Tel Quel, Éd. du Seuil.

Le rendez-vous

Ouvrez un guide de voyage : vous y trouverez d'ordinaire un petit lexique, mais ce lexique portera bizarrement sur des choses ennuyeuses et inutiles : la douane, la poste, l'hôtel, le coiffeur, le médecin, les prix. Cependant, qu'est-ce que voyager ? Rencontrer. Le seul lexique important est celui du rendez-vous.

Roland Barthes -
« L'empire des signes ».
Collection Champs, Éd. Flammarion.

« L'attente est un enchantement :
j'ai reçu l'ordre de ne pas bouger ».

Roland Barthes -
« Fragments d'un discours amoureux »
Collection Tel Quel, Éd. du Seuil.

MAGAZINE   MAGAZINE   MAGAZINE   MAGAZINE   MAGAZINE   MAGAZIN

Au forum des Halles

« J'ai rendez-vous avec vous ».

MAGAZINE   MAGAZINE   MAGAZINE   MAGAZINE   MAGAZINE   MAGAZINE

UNITÉ 20

Un dimanche ordinaire

On her return to Paris, Hélène phones Philippe to see if he is free to go the theatre. Philippe is busy.

Philippe :	Allô.	*Hello.*
Hélène :	Allô, Philippe ? C'est Hélène. Vous allez bien ?	*Hello, Philippe ? It's Hélène. How are you ?*
Philippe :	Oui, merci et vous, ça va ?	*Fine, thanks, and yourself ?*
Hélène :	Oui... heu... j'ai eu un contre-temps, je devais passer quelques jours dans le midi, mais ça n'a pas marché, alors je vous téléphone pour savoir si vous aimeriez aller au théâtre ce soir ?	*Yes, ... eh... I had a little hitch. I was supposed to spend a few days in the Midi, but it didn't work out, so I'm phoning to see if you would like to go to the theatre this evening ?*
Philippe :	Ça aurait été avec plaisir, mais malheureusement je suis pris ce soir. Je suis désolé. Quelle pièce avez-vous l'intention d'aller voir ?	*It would have been nice, but unfortunately I'm busy this evening. I am sorry. What play are you intending to see ?*
Hélène :	Sans doute la pièce de Marguerite Duras. On dit qu'c'est très bien. Mais ce n'est pas sûr qu'il y ait de la place.	*Probably the Marguerite Duras. I've heard that it's very good. But I don't know if there will be any seats left.*
Philippe :	J'aurais bien aimé la voir. Attendez-moi ! Nous irons ensemble la semaine prochaine.	*I'd have loved to have seen it. Hold on ! We'll go together next week.*
Hélène :	Je vais voir. Bonne soirée !	*I'll see. Have a good evening.*

Philippe :	Merci. Vous aussi. Au revoir !	*Thanks, you too. Bye.*
	Hélène leafs through Pariscope, looking for something interesting to do.	
Hélène :	Qu'est-ce que j'pourrais faire ? J'ai déjà vu l'exposition Manet. Je n'ai pas envie de voir les Primitifs italiens. Je pourrais aller à Beaubourg voir l'exposition Chirico. Mais j'ai pas envie de m'enfermer. Il fait beau aujourd'hui, j'ai envie de prendre l'air. Si j'allais me balader sur les quais, ça fait rétro... mais je pourrais peut-être trouver un vieux bouquin.	*What could I do ? I've already seen the Manet exhibition. I don't feel like seeing the Italian Primitives. I could go to the Beaubourg to see the Chirico exhibition. But I don't want to be cooped up indoors. It's a lovely day today and I want to be outside. How about a stroll along the banks of the Seine. That's a bit old-fashioned... but perhaps I'll find some old books.*
	On the Seine embankment, she stops at a stall. The antiquarian book-seller starts talking to her.	
Bouquiniste :	Vous n'avez rien trouvé qui vous plaise ?	*You haven't found anything that interests you ?*
Hélène :	Pas pour l'instant. Vous vendez beaucoup de livres ?	*Not so far. Do you sell many books ?*
Bouquiniste :	Pas tellement. Ce n'est plus ce que c'était. Avant les gens venaient ici flâner le dimanche. Mais maintenant ils ne viennent plus. Il n'y a plus que les touristes.	*Not really. It's not what it was. In the old days people came here on Sundays to take a little stroll. But they don't come any more. There are only tourists now.*
Hélène :	Pourquoi ?	*Why ?*
Bouquiniste :	Oh maintenant tout le monde a sa petite maison de campagne. Alors dès qu'il fait beau, les gens prennent leur voiture et vont respirer l'air pur des autoroutes ! Vous parlez d'un plaisir !	*Oh, now everybody has their little house in the country. So as soon as it's fine, everybody gets into their cars and goes to breathe the pure air of the motorways ! Talk of good fun !*
Hélène :	Oh oui ! Les temps changent.	*Yes, times change.*
Bouquiniste :	Remarquez, j' les comprends. Avant c'était agréable de se balader ici, maintenant il y a tellement de circulation. C'est plus possible !	*Mind you, I understand them. In the past it was pleasant to wander around here. Now there's so much traffic, it's no longer possible.*
Hélène :	C'est pour ça que maintenant il y a beaucoup de gens qui quittent Paris pour aller vivre en province ?	*Is that why many people are leaving Paris to go and live in the country ?*
Bouquiniste :	Ben oui. Là-bas, la vie est plus calme, les gens sont moins nerveux.	*Of course. Life is quieter there, people are less tense.*
Hélène :	Oui, mais on s'ennuie un peu. Moi, j'préfère Paris.	*Yes, but one gets rather bored. Personally I prefer Paris.*
Bouquiniste :	Mais vous n'êtes pas parisienne ?	*But you're not a Parisian, are you ?*
Hélène :	Non.	*No.*
Bouquiniste :	Voilà. Ça change tout. Allez, bonne promenade !	*There you are. That changes everything ! Enjoy your walk !*
	Later on, Hélène returns to the hôtel and listens to the news on the radio. She turns off the radio and phones the Lapeyres. She suggests having a drink at La Coupole.	
Hélène :	Salut, c'est encore moi ! Ça te dirait d'aller prendre un pot à La Coupole ce soir !	*Hi, it's me again ! What would you say to a drink at La Coupole this evening ?*

Jeanne :	Ben... oui. Pourquoi pas ? Attends, un instant... François ! C'est Hélène, elle nous propose d'aller à La Coupole, tu es d'accord ?... D'accord, on va venir tous les quatre. On amène les enfants. Ça ne te dérange pas ?	*Er... yes. Why not ? Hold on a second... François ! It's Hélène. She suggests going to La Coupole. Is that all right with you ? OK, we'll all four go. We'll be bringing the children. That doesn't bother you, does it ?*
Hélène :	Non, au contraire.	*No, on the contrary.*

At La Coupole.

Hélène :	Moi, je trouve ça extraordinaire comme spectacle. Le cadre n'a pas changé.	*I find this an extraordinary sight. The decor hasn't changed.*
François :	Les habitudes non plus. Il y a ceux qui viennent pour se faire voir et ceux qui viennent pour regarder.	*The customs neither. There are those who come to be seen and those who come to see.*
Martine :	Papa, il y a des gens célèbres ce soir ?	*Daddy, are there any famous people here this evening ?*
François :	Je ne peux pas te dire pour l'instant. Il y en a beaucoup qui cherchent à devenir célèbres.	*I can't tell you right now. There are quite a few who are trying to become famous.*
Olivier :	Qu'est-ce qu'ils font comme métier ?	*What do they do for a living ?*
François :	Il y a des artistes, des écrivains, des intellectuels, des gens du cinéma.	*There are artists, writers, intellectuals, film people.*
Jeanne :	Et il y a aussi beaucoup de gens qui sont dans le spectacle ou la mode.	*And there are also quite a few theatre and fashion people.*
Hélène :	*(to Martine)* Qu'est-ce que tu aimerais faire, toi ?	*What would you like to do yourself ?*
Martine :	Je sais pas bien encore. Mais j'aimerais bien être hôtesse de l'air ou commandant de Boeing !	*I'm not really sure yet. But I'd like to be either an air hostess or the captain of a Boeing !*
Hélène :	C'est pas pareil. C'est l'uniforme qui t'attire ?	*It's not the same thing. Is it the uniform that attracts you ?*
Hélène :	*(to Olivier)* Et toi ?	*And what about you ?*
Olivier :	Moi, je serai vétérinaire.	*I'm going to be a vet.*
Hélène :	Pourquoi ? Tu aimes les animaux ?	*Why ? Do you like animals ?*
Olivier :	Oh oui ! J'les adore.	*Oh, yes. I adore them.*

François :	Ça a l'air d'être une vocation. Ça fait longtemps qu'il en parle.	*I reckon he's got a vocation for it. He's been speaking about it for a long time.*
Hélène :	C'est difficile d'avoir une table pour dîner ici ?	*Is it difficult to get a table here ?*
Jeanne :	Oui, c'est un peu comme chez Lipp. Si tu connais le maître d'hôtel, tu es bien placé.	*Yes, it's a little like Lipp's. If you know the head-waiter, you're made.*
François :	Les gens à la mode viennent à partir de minuit. Les provinciaux et les étrangers viennent plus tôt.	*Fashionable people arrive from midnight onwards. Foreigners and people from the provinces come earlier.*
Jeanne :	Oui. Le spectacle est dans la salle.	*Yes. The place is really something to see.*
Hélène :	Moi, je trouve ça assez fascinant.	*Personally, I find it rather interesting.*
François :	Moi, ça ne me fascine pas du tout.	*It doesn't interest me at all.*
Oliver :	Moi non plus, pas tellement !	*Nor me particularly !*
Hélène :	*(to Olivier)* Qu'est-ce qui te fascine, toi ?	*What do you find really interesting ?*
Olivier :	Moi, c'est les îles, c'est les pays tropicaux, où il y a toutes sortes d'animaux, des poissons, tout ça.	*Islands, tropical countries, where there are different kinds of animals, fish, that sort of thing.*
Martine :	Oh oui, c'est chouette, les tropiques. L'année dernière on a été à la Martinique passer les fêtes de Noël.	*Oh, yes. The Tropics are great. Last year we went to Martinique for the Christmas holidays.*
Hélène :	*(to Martine)* C'est pour ça qu'tu veux être hôtesse de l'air ou commandant de Boeing ! *(to François)* Vous aimeriez vous installer en province ?	*That's why you want to be an air-hostess or Boeing captain ! Would you like to live in the provinces permanently ?*
François :	Moi oui. J'pourrais trouver du travail n'importe où, mais pour Jeanne ce serait risqué.	*Yes, speaking for myself. I could find work anywhere, but it would be risky for Jeanne.*
Jeanne :	Les emplois les plus intéressants sont à Paris.	*The most interesting jobs are in Paris.*
Hélène :	Et vous les enfants, ça vous dirait d'aller en province ?	*And what about you, children ? What would you say to living in the country ?*
Olivier :	Oh non ! On a tous nos copains ici. Si on part, on connaîtra plus personne.	*Oh no ! We've all our pals here. If we left, we'd know no-one.*

AVEZ-VOUS COMPRIS ?

Au téléphone, Philippe dit à Hélène qu'il n'est pas libre, quelle phrase utilise-t-il ? Quel est le verbe de cette phrase ?

Il dit : Je suis pris ce soir. Du verbe prendre.

Est-ce qu'il donne une explication ?
Est-ce qu'il veut aller au théâtre ?

Non, il n'en donne pas.
Oui, mais plus tard dans la semaine.

* **ait** : est le subjonctif du verbe avoir.

Qu'est-ce qu'il propose ?	Il propose à Hélène de l'attendre pour aller voir la pièce avec elle.
Hélène a-t-elle réservé une place pour le théâtre ? Quelle phrase vous permet de le savoir ?	Non, elle n'a pas réservé. Elle dit : ce n'est pas sûr qu'il y ait* de la place.
Est-ce qu'Hélène a envie de voir une exposition. Laquelle ?	Oui, l'exposition de Chirico au Centre Pompidou. On dit aussi à Beaubourg, d'après le nom du quartier.
Finalement elle n'y va pas. Pourquoi : parce qu'il y a trop de monde le dimanche ou parce qu'elle veut prendre l'air ?	Parce qu'elle a envie de prendre l'air.
Lorsqu'elle dit : si j'allais me balader sur les quais, cela signifie qu'elle pense que c'est une bonne idée, ou une simple suggestion ?	Elle pense que c'est une bonne idée.
Qu'est-ce qu'elle veut dire quand elle dit : ça fait rétro ?	Ça rappelle des habitudes anciennes.
Elle espère qu'elle trouvera un vieux tableau, ou un vieux livre ?	Un vieux bouquin, c'est-à-dire un vieux livre.
Sur le quai, elle achète un livre à un bouquiniste ou elle lui demande s'il vend beaucoup de livres ?	Elle lui demande s'il vend beaucoup de livres.
Quel chanteur a utilisé le mot "flâner" dans une chanson ?	Yves Montand : "J'aime flâner sur les grands boulevards."
Qui vient surtout flâner au bord de la Seine, les touristes ou les Parisiens ?	Les touristes.
Où vont les Parisiens ?	Ils vont à la campagne. ou Ils vont dans leur maison de campagne, s'ils en ont une.
Le bouquiniste trouve qu'ils ont raison, ou il trouve qu'ils ont tort.	Il trouve qu'ils ont tort.
Il trouve qu'être enfermé dans une voiture sur l'autoroute, c'est un plaisir ou c'est désagréable ?	C'est désagréable. Il utilise le mot plaisir par ironie.
Mais il trouve qu'ils ont une bonne excuse pour quitter Paris, laquelle ?	Il y a trop de circulation à Paris, ce n'est plus agréable de flâner dans Paris.
Hélène préfère la vie en province ou la vie à Paris ?	Elle préfère la vie à Paris.
Elle préfère Paris parce que les gens sont plus drôles ou parce que la vie est moins ennuyeuse ?	Parce que la vie est moins ennuyeuse. Elle dit qu'en province, on s'ennuie un peu.

Le bouquiniste pense qu'elle dit cela parce qu'elle n'a pas vécu longtemps à Paris ou parce qu'elle ne connaît pas la province.

Parce qu'elle n'a pas vécu longtemps à Paris.

POUVEZ-VOUS LE DIRE EN FRANÇAIS ?

You phone someone up to propose going out to the theatre together ....

Je vous téléphone pour savoir si vous aimeriez aller au théâtre ce soir ?
ou
Je vous téléphone pour vous proposer d'aller au théâtre, ça vous intéresse ?

Normally you would apologise for phoning at the last moment. What would you say in such instances ? ....

Je suis désolé de vous appeler si tard / de vous appeler au dernier moment, mais... je n'ai pas pu le faire plus tôt.

You would like to have accepted but ....

Ça aurait été avec plaisir.
ou
Ça m'aurait fait plaisir.
ou
J'aurais été ravi de sortir avec vous... mais malheureusement, je suis pris ce soir.

You express regret at not being able to see a play, a film or to go somewhere ....

J'aurais bien aimé voir cette pièce, ce film.
ou
J'aurais bien aimé y aller.

You suggest going with someone to see a Fellini film ....

Si on allait voir le film de Fellini.

You ask someone if he/she has found nothing which attracts him/her ....

Vous n'avez rien trouvé qui vous plaise ?

You express regret / nostalgia for times past.

Ce n'est plus ce que c'était.
ou
Ce n'est plus comme avant.

You believe that life was better in the old days. Use the lyrics of the Prévert song : Les feuilles mortes. ....

En ce temps-là, la vie était plus belle... les souvenirs et les regrets aussi.

You explain that violence is a consequence of overcrowding in large towns. How can you express this idea in everyday language?.....   Les grandes villes sont surpeuplées c'est pour ça qu'il y a tellement de violence.

POUVEZ-VOUS RÉPONDRE AUX QUESTIONS ?

Vous habitez une petite ville, une ville moyenne ou une grande ville ?

J'habite...

Vous trouvez votre vie agréable, fatigante, monotone, insupportable, ennuyeuse ?

Je la trouve plutôt monotone.
assez fatigante.
vraiment insupportable.
très agréable.
un peu ennuyeuse.

Quand il ne fait pas beau le dimanche, vous allez le plus souvent dans les musées, au cinéma, ou ailleurs ?

En général, je vais voir un match de football, s'il n'est pas annulé à cause du temps.

Vous avez une maison de campagne ?

Oui, j'en ai une (ou deux).
Non, je n'en ai pas.

Si vous en avez une, vous y allez en voiture ? La circulation ne vous dérange pas ?

Si, mais que faire ?

Quand vous partez en week-end, c'est pour changer d'air ou changer d'atmosphère, d'environnement ?

C'est pour changer d'air.
Pour changer d'environnement.
Les deux.

Le dimanche, quand les gens sont partis, vous préférez flâner en ville ou regarder la télévision ?

Je préfère flâner en ville.
Je préfère regarder la télévision.
Ni l'un ni l'autre.

Chez vous, on trouve plus facilement du travail dans les grandes villes ?

Oui.
Non, c'est la même chose partout.
ou
Il n'y a pas de différence.

Si vous deviez choisir, vous préféreriez habiter une ville calme et agréable et avoir une moins bonne situation ou habiter une ville polluée et avoir une bonne situation ?   Je choisirais la ville agréable.
Je choisirais la bonne situation.

PRATIQUE DE LA LANGUE

COMBINAISONS GRAMMATICALES

Exprimer le regret *Expressing regret*

J'aurais bien	aimé	vous accompagner	mais malheureusement...
	voulu	vous rendre ce service	
volontiers	accepté	de vous aider	

J'aurais été	ravi de	vous accompagner
	heureux de	passer la soirée avec vous
	d'	accepter votre invitation

Exprimer les habitudes passées *Talking about past habits/states*

avant   maintenant

Les gens	venaient	flâner ici
	c'était	agréable de se promener
on	vivait	mieux
la vie	était	plus belle

Ce n'est plus	la même chose
	pareil
	comme avant
	ce que c'était

| Les choses | ont changé |
| La vie | a évolué |

N.B. : on emploie l'imparfait pour exprimer les habitudes passées.

Mettre en rapport des événements *Relating events to one another*

Événements habituels (présent) :

| Quand il fait beau, | les gens partent à la campagne. |
| Dès que je le peux, | je pars en vacances. |

Événements particuliers (futur) :

Donnez-moi votre réponse	dès que vous le pourrez
	dès que vous aurez une chambre de libre
	aussitôt que possible
Prévenez-moi	aussitôt qu'il arrivera
	quand vous le saurez (futur du verbe savoir)

N.B. : *For an event that is expected in the future, in French you must use the future.*

Exprimer la cause *Expressing cause*

| Les gens partent | à cause de | la pollution |
| | parce qu' | il y a trop de pollution |

217

| Si les gens partent | c'est à cause de | la pollution |
| | parce qu' | il y a trop de pollution |

| Il y a trop de pollution | c'est pour ça | que les gens partent |
| | c'est à cause de ça | |

Exprimer l'intensité *Expressing intensity*

avec un nom :

Il y a	tellement de	circulation	que...
	tant de	voitures	
J'ai		choses à voir	
Il y a		travail à faire	

avec un adjectif, un adverbe ou un participe passé :

C'était	tellement	ennuyeux	que je suis parti avant
C'est	si	beau	que j'ai pleuré
		agréable	que...
		amusant	
		intéressant	
		drôle	
Je suis		fatigué(e)	que je n'ai plus envie de travailler
		triste	
		heureux(se)	
Ça a duré		longtemps	que j'ai failli m'endormir

Il (elle) a	tellement	insisté	que j'ai fini par accepter
	tant	pleuré	que...
		ri	
		couru	
		bavardé	

C'est	extraordinaire	comme	spectacle
	magnifique		histoire
	merveilleux		aventure
	unique		voyage

Distinguer les uns et les autres *Distinguishing between two categories*

les uns	sont célèbres	les autres	voudraient bien l'être
certains		d'autres	
Il y a { ceux / celles } qui		et { ceux / celles } qui	
il y en a qui		et d'autres	

EXERCICES

1 Traduisez

1 - *I would have liked to go there, but it was impossible.*
2 - *What about calling to invite her to have dinner with us ?*
3 - *We might perhaps invite her friend too ?*
4 - *I'll give you my answer as soon as I return.*

5 - *She works too much, that's why she looks so tired.*
6 - *Didn't you find anything you like ?*
7 - *I feel bored here. I intend to change work.*
8 - *Life has changed. It's not what it used to be.*
9 - *Do you think it is true ? It is difficult to believe.*
10 - *It's not easy to speak without an accent, I can't - Neither can I.*
11 - *I have so many things to do, I don't know where to start.*
12 - *This film is so funny that I feel like seeing it again.*
13 - *It lasted so long that I almost went to sleep.*

Corrigé

1 - J'aurais (bien) aimé y aller, mais ce n'était pas possible. **2** - Et si on l'appelait pour l'inviter à venir dîner avec nous. **3** - On pourrait peut-être aussi inviter son ami. **4** - Je vous donnerai ma réponse dès que je rentrerai. **5** - Elle travaille trop, c'est pour ça qu'elle a l'air si fatigué. **6** - Vous n'avez rien trouvé qui vous plaise ? **7** - Je m'ennuie ici. J'ai l'intention de changer de travail. **8** - La vie a changé. Ce n'est plus ce que c'était. **9** - Vous croyez que c'est vrai ? C'est difficile à croire. **10** - Ce n'est pas facile de parler sans accent. Je n'y arrive pas. Moi non plus. **11** - J'ai tellement de choses à faire que je ne sais pas par quoi commencer. **12** - Ce film est si drôle que j'ai envie de le revoir. **13** - Ça a duré si longtemps que j'ai failli m'endormir.

2 Trouvez un contre-argument, exprimez une opinion :

1. Trouvez une autre cause :
- S'il y a de la violence dans les villes c'est parce qu'elles sont surpeuplées.

2. Exprimez une opinion différente ou nuancez les opinions suivantes :
- La vie est beaucoup plus agréable dans une petite ville.
- Les jeunes sont plus sentimentaux maintenant qu'il y a dix ans.
- Depuis quelques temps, les valeurs traditionnelles sont plus appréciées qu'auparavant.
- La télévision peut avoir une valeur éducative pour les enfants.
- La société évolue vers le progrès.

Opinions possibles

1 - Ce n'est pas mon avis (je ne suis pas de cet avis). S'il y a de la violence dans les villes c'est à cause du manque d'effectifs dans la police, à cause de la disparition des valeurs dans la société actuelle. C'est parce qu'on donne aux enfants une éducation permissive. C'est l'école qui est responsable... etc.
2 - Pour moi, la vie est ennuyeuse dans une petite ville.
- Certains jeunes deviennent sentimentaux, ils retrouvent les valeurs de l'amour, de la famille, mais il ne faut pas oublier qu'il y a toujours beaucoup de violence.
- C'est vrai dans certains milieux, mais il y a aussi beaucoup de marginaux qui refusent les valeurs traditionnelles.
- Oui mais à condition qu'elle soit bien utilisée.
- Il faut distinguer le progrès scientifique et le progrès moral. Certaines découvertes peuvent amener un réel progrès social, d'autres risquent d'entraîner des changements négatifs.

☐☐☐☐☐☐☐

220

Café Coste -
Place Sainte Opportune
dans le quartier
des Halles à Paris.

REGRETTER PARIS, NOUS ? VOUS RIGOLEZ !

LA PROVINCE ÇA NOUS BRANCHE*...

Vous aimeriez vous installer à la campagne ?

Une maison
en Normandie.

MAGAZINE MAGAZINE MAGAZINE MAGAZINE MAGAZINE MAGAZINE

*Ça nous branche, ça nous convient, ça nous plaît.

Le lac Léman, à Genève.

221

Une rue à Québec, au Canada.

Un des lieux les plus « branchés* » de France.

Les planches à Deauville hors saison.

MAGAZINE MAGAZINE

* Branché : à la mode.

UNITÉ 21

Où peut-on reprendre contact ?

This scene takes place at Cannes in the office of a film producer. Concurrent with the film festival is an event called the "Directors Fortnight" during which films made by relatively unknown film-makers are shown. Günter, who is a film-distributor, has seen a particular film which interests him and has asked for a meeting with the producer to discuss on what terms he could obtain rights for the film in the German-language market.

Producteur : Monsieur Schmidt, entrez je vous prie.

Monsieur Schmidt, do come in, please.

Günter : Bonjour Monsieur.

Hello.

Producteur : Excusez-moi, je vous ai fait attendre. Le Festival, vous savez ce que c'est... on court tout le temps.

I do apologise for keeping you waiting. You know what the Festival's like. One's always rushing around.

Günter : Bien sûr. Je comprends très bien.

Of course, I fully understand.

Producteur : Asseyez-vous. Une cigarette ?

Please sit down. Cigarette ?

Günter : Non merci, je ne fume pas.

No thanks. I don't smoke.

Producteur : Vous avez bien raison. Alors, comme ça, vous vous intéressez au film de Sinclair ?

You are quite right. So, I gather you're interested in Sinclair's film ?

Günter : En effet, je trouve son film très intéressant, très fort. Je pense être en mesure de le diffuser en Allemagne et même aussi en Autriche.

Indeed, I found his film both interesting and impressive. I think I'm in a position to distribute it in Germany and even in Austria.

Producteur : Avez-vous déjà diffusé des productions de ce genre ?

Have you already distributed films of this kind ?

Günter :	Oui. Je dois dire que nous sommes même plutôt spécialistes de ce type de films, de jeunes réalisateurs. Nous les diffusons à travers les canaux appropriés qui sont, en Allemagne, comme en France sans doute, assez différents de ceux des films à grand budget.	*Yes. In fact, I would say that we are specialists in films of this sort, by young directors. We distribute them through the appropriate channels which are in Germany, as, I imagine, in France, somewhat different from those for big-budget films.*
Producteur :	C'est certain. Il est toujours difficile de rentabiliser ces productions-là et nous avons conscience de prendre un plus gros risque qu'avec des têtes d'affiches. Mais le film qui vous intéresse offre tout de même de bonnes garanties de succès. Sinclair n'est plus un inconnu.	*That's for sure. It is always difficult to make a profit on these productions and we are well aware we take a larger risk than with big box-office names. But all the same the film that interests you has a very fair chance of success. Sinclair isn't an "unknown" any more.*
Günter :	Ici, c'est certain. Mais en Allemagne, c'est beaucoup moins sûr. Quelles seraient vos conditions financières ?	*That's true for here. But in Germany it's much less certain. What would be your financial conditions ?*
Producteur :	Eh bien, d'habitude, le distributeur prend en charge la plupart des frais : publicité, sous-titrage ou doublage, frais de copies... et le producteur touche un pourcentage sur toutes les recettes.	*Well, as normal, the distributor takes care of most of the costs : publicity, sub-titles or dubbing, copying charges... and the producer takes a percentage on the receipts.*
Günter :	C'est également ainsi que nous procédons. Nous verserons une avance sur ces recettes et ensuite un pourcentage sur le chiffre d'affaires effectivement réalisé, n'est-ce pas ?	*That's exactly the way we work. We give an advance on receipts and, subsequently, on the actual turnover realised. Right ?*
Producteur :	Absolument. Pour ce film, je pense qu'une avance de 50 000 FF serait raisonnable et nous pourrions parler... disons de 18 % sur la suite. Qu'en pensez-vous ?	*Absolutely. For this film, I reckon that an advance of 50 000 FF would be reasonable and we could talk about, let's say, 18 % on the rest. What do you think ?*
Günter :	À franchement parler, je crois que ces chiffres seraient réalistes pour le marché français mais qu'ils sont excessifs pour l'étranger. Je doute fort que nous puissions donner 50 000 FF d'avance pour l'Allemagne. Vous savez, le public pour ce genre de film est tout de même très limité. C'est un public d'amateurs, d'intellectuels, si vous voyez ce que je veux dire, et on ne peut pas envisager une large distribution.	*Frankly, I think these would be realistic figures for the French market but rather excessive for abroad. I doubt very much whether we would be able to give 50 000 F for Germany. You know, there's only a very limited public for this kind of film. It's a public of film buffs, intellectuals, if you see what I mean, and you really can't expect a wide distribution.*
Producteur :	Quelle serait alors votre offre ?	*So, what would be your offer ?*
Günter :	Je crains de ne pas pouvoir aller au-delà de 25 000 ou à la limite 30 000 FF et 10 à 15 % de droits ultérieurs.	*I fear I can't go above 25 000 FF or at the absolute limit 30 000 FF and 10 to 15 % of subsequent rights.*
Producteur :	Écoutez. Je vais réfléchir à tout cela, si vous le voulez bien, et voir ce que nous pouvons faire. Il n'y a pas de raison de ne pas s'entendre, n'est-ce pas ?	*Listen, I'll think about that, if you like, and see what we can do. There's no reason why we shouldn't come to an agreement, is there ?*
Günter :	Mais oui, naturellement.	*Certainly not.*
Producteur :	Où est-ce que je peux reprendre contact avec vous ?	*Where can I get in touch with you ?*

Günter :	À mon hôtel. J'ai d'ailleurs laissé toutes mes coordonnées à votre secrétaire hier par téléphone.	At my hotel. I left details of where I'm going to be when I spoke on the phone to your secretary yesterday.
Producteur :	Ah bien. Alors tout est en ordre. C'est parfait. Eh bien, à très bientôt.	OK, so everything is in order. Fine. Be seeing you very soon.
Günter :	À bientôt, oui. Merci beaucoup de votre accueil.	Yes, indeed. Thanks very much for everything.
Producteur :	Je vous en prie... Vous allez voir le film de Wenders ce soir ?	My pleasure. Are you going to see the Wenders film this evening ?
Günter :	Oui, naturellement.	Yes, of course.
Producteur :	Alors, nous nous verrons sans doute.	Then we'll no doubt see one another there.
Günter :	Sans doute. Au revoir !	Very likely. Goodbye.

AVEZ-VOUS COMPRIS ?

Le producteur était en retard parce qu'il avait un rendez-vous avant Günter ou parce qu'il est trop occupé ?

Parce qu'il est trop occupé.

Pouvez-vous citer la phrase qui montre qu'il est très occupé ?

On court tout le temps.

Günter veut diffuser le film en Allemagne ou en Autriche ?

Dans les deux pays, en Allemagne et en Autriche.

Est-il spécialiste de la diffusion de ce genre de film ?

Oui, plutôt.

Est-ce que la diffusion de ce genre de film est différente en Allemagne et en France ?

Non, en Allemagne, comme en France, on les diffuse à travers des canaux appropriés.

Ces canaux sont-ils les mêmes que ceux des films à grand budget ?	Non, ils sont différents de ceux des films à grand budget.
Est-il facile ou difficile de rentabiliser ce genre de film ?	C'est difficile.
Il y a plus de risques à diffuser un film de jeunes réalisateurs qu'un film avec une tête d'affiche. Quelle est la phrase du producteur ?	Nous avons conscience de prendre un plus gros risque qu'avec des têtes d'affiches.
Pourtant le producteur pense que Günter ne prend pas un grand risque, pourquoi ?	Parce que Sinclair, le réalisateur n'est plus un inconnu.
Günter est-il tout à fait d'accord avec le producteur à ce sujet ? Pourquoi ?	Non, en Allemagne le réalisateur n'est pas aussi connu qu'en France.
Qui prend en charge les frais de publicité et de doublage ?	Le distributeur.
Le distributeur verse une avance au producteur et donne ensuite un pourcentage sur les recettes. La discussion porte sur l'avance ou sur le pourcentage ?	Elle porte sur l'avance et sur le pourcentage des recettes.
Günter propose une avance de plus ou moins de 30 000 FF ?	Il propose moins de 30 000 FF, entre 25 et 30 000 FF.
Quel argument donne-t-il ?	Pour ce genre de films, le public est limité. C'est un public d'amateurs et d'intellectuels.
Le producteur pense qu'il va pouvoir s'entendre avec Günter ou il doute de pouvoir s'entendre ? Quelle phrase utilise-t-il ?	Il pense qu'il va pouvoir s'entendre. Il dit : il n'y a pas de raison de ne pas pouvoir s'entendre.
Qui doit reprendre contact ?	Le producteur va reprendre contact.
Est-ce qu'ils vont se revoir avant de discuter à nouveau ? Et où ?	Peut-être. Ils vont tous les deux voir le film de Wenders : Paris, Texas.

POUVEZ-VOUS LE DIRE EN FRANÇAIS ?

You are late for a meeting. What do you say to apologise ?	Excusez-moi, je vous ai fait attendre. ou Excusez-moi de vous avoir fait attendre.
You give a general explanation for your lateness	Vous savez ce que c'est, on court tout le temps.

You ask someone if he/she is interested in a particular project.................	Vous vous intéressez à ce projet ?
You say that you are interested by a film....	Je m'intéresse à ce film. ou Ce film m'intéresse.
You make an offer of help...............	Je pense être en mesure de vous aider. ou Je pense pouvoir vous aider.
You wish to know the conditions being offered	Quelles seraient vos conditions ?
You are aware that the other person is taking a risk........................	J'ai conscience que vous prenez des risques.
You make a proposal involving a sum of money (10 000 FF).......................	Je pense qu'une somme de 10 000 F serait raisonnable. ou Nous pourrions parler de 10 000 F, qu'en pensez-vous ?
You think the terms being proposed are not very realistic..........................	Je crois que cette somme n'est pas très réaliste. ou Je crains de ne pas pouvoir aller jusqu'à... ou encore Je doute que nous puissions aller au-delà de...
You decide not to accept a proposal straightaway	Je vais réfléchir à tout cela et voir ce que nous pouvons faire.
You ask how you can get in touch again	Où est-ce que je peux reprendre contact avec vous ?
You suggest leaving your address and telephone number.........................	Je vais vous laisser mes coordonnées.
You thank someone for their welcome......	Je vous remercie de votre accueil.

POUVEZ-VOUS RÉPONDRE AUX QUESTIONS ?

Le cinéma vous intéresse ?	Oui, je m'intéresse beaucoup au cinéma. ou Non, je ne m'intéresse pas tellement au cinéma.
À quoi vous intéressez-vous en dehors du cinéma ?	Tout m'intéresse/Je m'intéresse à tout.
Préférez-vous voir un film étranger doublé ou sous-titré, c'est-à-dire en version originale (en v.o.) ?	En v.o. naturellement/Je préfère les films doublés.

À votre avis, de quoi dépend surtout la carrière d'un film ?
(Classer par ordre d'importance)

☐ de la publicité ☐ des critiques
☐ du prix qu'il a obtenu
☐ de l'accueil du public

PRATIQUE DE LA LANGUE

COMBINAISONS GRAMMATICALES

Manifester son intérêt *Showing one's interest*

ce film	m'intéresse	je m'intéresse à	ce film
votre projet			votre projet
cette femme			cette femme
la politique			la politique

ce qui m'intéresserait	ce serait	de faire un film avec vous
ce qui lui plairait		d' obtenir un oscar
ce qui me ferait plaisir		de sortir avec vous ce soir
ce qui me conviendrait		de partager les frais
ce qui m'ennuierait		de ne pas pouvoir obtenir l'autorisation
ce qui me déplairait		d' être obligé de céder mes droits

Manifester son désintérêt *Showing one's lack of interest*

| ces histoires | ne m'intéressent pas |
| ses problèmes | |

| Je ne m'intéresse pas à | ces problèmes |
| | ses histoires |

Demander à quelqu'un ce qui l'intéresse *Asking someone what interests him/her*

vous vous intéressez	à l'art ?	ça	vous intéresse ?
	au cinéma	il/elle	
	à la politique ?		

ça vous intéresserait	d'aller voir ce film ?
	d'échanger votre appartement avec moi ?
	de partir faire du ski à Courchevel ?

S'excuser *Apologizing*

excusez-moi de	vous avoir fait attendre
	vous déranger
	vous recevoir ici
de ne pas	vous raccompagner
	vous avoir reçu plus tôt
	pouvoir vous donner de réponse
	pouvoir vous donner satisfaction

Faire une proposition *Making a proposal*

| je pense | être en mesure de
pouvoir | vous donner ma réponse bientôt
diffuser le film
obtenir les droits |

Contester une offre *Disputing an offer*

| je crois que
je pense qu' | ces chiffres
une somme de... | ne sont pas réalistes
serait plus réaliste
serait raisonnable |

| je doute que | nous puissions | aller au-delà de...
accepter plus de... |
| je crains que | nous ne puissions pas | aller au-delà de...
nous mettre d'accord
accepter
envisager une telle somme |

The expressions of doubt are followed by the subjunctive

Exprimer la différence *Expressing difference*

| les canaux sont différents
le sujet est différent
les conditions sont différentes
la situation est différente | de ceux des
de celui du
de celles que
de celle que | films à grand budget
film de Wenders
nous avons en Allemagne
vous connaissez |

Conclure une discussion de manière positive *Ending a discussion on a positive note*

| Il n'y a pas de raison | de ne pas pouvoir s'entendre
de penser que nous ne nous entendrons pas
de penser qu'on ne se mettra pas d'accord |

EXERCICES

1 Traduisez

1 - I am afraid we can't accept your offer, but I must say we are very interested in your project.
2 - Are you interested in French politics ?
3 - Would you be interested in seeing this film ?
4 - What would be your conditions for publishing this book ?
5 - This sum appears to be reasonable. I think I shall be able to give my answer in a short time.
6 - I will think about it and see what I can do.
7 - There is no reason why we should not come to an agreement.
8 - Would 500 Francs suit you ? I doubt whether he can lend you more than 500 francs.
9 - It's difficult to get along with you. I wonder what can be done.
10 - How can I get in touch with you ?

Corrigé

1 - Je crains que nous ne puissions pas accepter votre offre, mais je dois dire que votre projet nous intéresse beaucoup. 2 - La politique française vous intéresse ? 3 - Ça vous intéresserait de voir ce film ? 4 - Quelles seraient vos conditions pour la publication de ce livre ? 5 - Cette somme me paraît raisonnable. Je pense être en mesure de vous donner ma réponse bientôt. 6 - Je vais réfléchir et voir ce que je peux faire. 7 - Il n'y a pas de raison de ne pas pouvoir s'entendre. 8 - Ça vous conviendrait cinq cents francs ? Je doute qu'il puisse vous prêter plus de cinq cents francs ? 9 - C'est difficile de s'entendre avec vous (toi). Je me demande ce qu'il faut faire. 10 - Comment est-ce que je peux prendre contact avec vous ?

2 Questions

Read the "scenario" of "Notre histoire" p. 230-231 and try to identify characters. For each person you should choose one or several different identities which seem plausible or credible. Then you should read again carefully the "scenario" and give your reasons for having eliminated other hypotheses.

L'Homme est...
- un prisonnier évadé.
- un chômeur désespéré tenté par le suicide.
- un homme dont la femme vient de le quitter.
- un homme qui vient de quitter sa femme.
- un homme qui traverse une crise de conscience.
- un cadre qui remet en cause sa vie passée (le drame de la cinquantaine).

La Femme est...
- une journaliste-reporter.
- une femme abandonnée qui cherche de la compagnie.
- une femme-détective ou agent-secret.
- une femme insatisfaite qui drague des inconnus.
- une déséquilibrée mentale qui fait une fugue.
- une amnésique à la recherche de son passé.

Corrigé

L'homme traverse une crise de conscience./La femme drague des inconnus.

☐☐☐☐☐☐☐

John Huston au Festival de Cannes en 1984.

Le début du scénario du film « Notre histoire » d'Alain Delon.

1 - COMPARTIMENT TRAIN JOUR
Le voyageur baisse son journal et tourne la tête vers le paysage qui défile :

LE VOYAGEUR
Robert Avranche... Un homme seul dans un train...
Qu'est-ce qui peut bien lui arriver ?
Rien... Absolument rien...
Ou alors une aventure de merde...

Il se replonge dans son journal, l'Argus Automobile.
Il est installé près de la fenêtre, dans un compartiment de première classe.
Il a enlevé sa veste, il a enlevé ses chaussures, ses jambes sont allongées sur la banquette d'en face, la cravate est dénouée, le col de la chemise grand ouvert, les manches roulées sur les avant-bras.
Il a ôté sa montre et vidé ses poches de leur contenu : briquet, cigarettes, portefeuille, trousseau de clés, tout est posé sur la tablette, à côté des trois bouteilles de bière vides.
Dehors il fait mauvais. Un sale temps de fin janvier. Paysage montagneux.

2 - MOTRICE JOUR
Le train s'engouffre dans un tunnel (plan subjectif).

MAGAZINE MAGAZINE MAGAZINE MAGAZINE MAGAZINE MAGAZINE

3 - COMPARTIMENT SOIR PUIS JOUR
La lumière s'est allumée dans le compartiment.
Robert en profite pour fermer les yeux quelques instants.
Et puis le train sort du tunnel et Robert rouvre les yeux.
Il y a une femme derrière la porte du compartiment.
Une jeune femme immobile, sanglée dans un vieil imper, qui le regarde fixement.
Aucune réaction sur le visage de Robert.
L'inconnue le regarde toujours de la même façon.
Robert se lève.

4 - COULOIR JOUR
Il ouvre la porte du compartiment :

ROBERT
Pourquoi vous me regardez ?

L'INCONNUE
Je voudrais vous raconter une histoire.

ROBERT
Quel genre d'histoire ?

L'INCONNUE
Vous permettez que je m'assoie ?
Robert s'efface pour la laisser entrer.

5 - COMPARTIMENT JOUR
Elle prend possession du deuxième coin fenêtre. Robert regagne sa place. Ils sont maintenant face à face de part et d'autre de la tablette.

L'INCONNUE
Ça commence dans un train.
Y a un type tout seul dans un compartiment de première classe.
Un type pas mal.
Il a pas l'air d'avoir le moral.
Il a plutôt l'air d'avoir envie de se balancer par la portière.
Ça marche, jusque-là ?

ROBERT
Ça marche.

L'INCONNUE
Le train s'arrête dans une gare...
Le type — appelons-le Pierre, Paul, Jacques, peu importe...

ROBERT
Robert... Robert Avranche...

L'INCONNUE
Il descend du train.
C'est un type qui aime bien se dégourdir les jambes.
Il descend du train et il fait quelques pas sur le quai.
Il en profite pour acheter une bière.
Il aime bien la bière.
C'est sa troisième depuis le départ.
C'est un type qui picole...
Alors il achète sa bière, il paye sa bière, et il en boit tout de suite la moitié, là, sur le quai, debout à côté de son train.
Ça fonctionne toujours ?

ROBERT
Impeccable.

L'INCONNUE
Sur le quai de la gare y a un banc... et sur ce banc y a une femme.
C'est une femme qui aime bien se balader dans les gares.
Elle adore voir arriver les trains.
Et les voyageurs solitaires qui descendent pour acheter leur bière...
Alors donc elle est sur son banc... et elle regarde le type avec sa bouteille à la main.

Elle le trouve pas mal...
C'est un drôle de type...
On dirait qu'il a pas envie de remonter dans son train...
On dirait qu'il a envie de disparaître... de foutre le camp, d'aller n'importe où, droit devant lui...
Mais il le fait pas.
C'est juste une question de courage qui lui manque, probablement...

Alors il remonte dans son train et il retourne s'asseoir dans son compartiment.
La femme se lève — celle qui était assise sur le banc — elle se lève et — c'est là où ça devient intéressant — elle monte dans le train à son tour.

Nathalie Baye et Alain Delon, dans « Notre histoire », film d'Alain Delon.

UNITÉ 22

Ça vous dérange si on se tutoie ?

After returning from Cannes, Günter has left Hélène a note suggesting a meeting in a bar so that he can explain what happened. They begin the conversation by a short discussion on the "tu/vous" questions and then Günter goes on to explain what happened on the way and why he missed his "rendez-vous" in Marseille. He is rather edgy making several mistakes in his French. Hélène corrects him.

Günter :	Qu'est-ce que tu prends ?	What are you having ?
Hélène :	...	...
Günter :	Je peux vous tutoyer ? Ici tout le monde se tutoie... ça vous dérange si on se tutoie ?	May I "tutoyer" you ? Everybody "tutoyer"s one another here... Does it bother you ?
Hélène :	Je n'ai pas l' habitude de tutoyer. Et comme tout le monde se tutoie, maintenant ça ne veut plus rien dire.	I'm not used to "tutoy'ing"... And as everybody does it now, it no longer means anything.
Günter :	Justement, pour moi ça veut dire quelque chose.	Precisely, for me it does mean something.
Hélène :	...	...
Günter :	Bon, alors qu'est-ce que vous prenez ?	Well, what are you going to have ?
Hélène :	Je n'ai pas envie d'alcool	I don't feel like alcohol.

Günter:	Vous allez me laisser boire seul ?	*Are you going to let me drink on my own ?*
Hélène:	Je prendrai un coca-cola.	*I'll have a coca-cola.*
Günter:	Un coca-cola ! Quelle horreur !	*A coca-cola ! How awful !*
Hélène:	Du moment que je ne le bois pas en mangeant.	*So long as I'm not drinking it with a meal.*
Günter:	Il ne manquerait plus que cela !	*That's all we needed.*
Hélène:	Pour vous faire plaisir, je vais prendre un whisky.	*To please you I'll have a whisky.*
Günter:	*(to the waiter)* Deux whisky et une bouteille de Perrier, s'il vous plaît.	*Two whiskies and a Perrier, please.*
Hélène:	Qu'est-ce qu'il y a ? Ça n'a pas l'air d'aller ?	*What's the matter ? Something's bothering you.*
Günter:	Vous voulez vraiment que je vous le dise ? À Marseille quand j'ai trouvé votre mot, j'ai été furieux. J'ai essayé de vous joindre pendant tout le week-end, vous n'étiez jamais là.	*Do you really want me to tell you ? At Marseilles when I found your note, I was furious. I tried to get in touch with you throughout the week-end, but you were never there.*
Hélène:	Non, c'est vrai. Je suis sortie tout le week-end.	*No, that's right. I was out the whole time.*
Günter:	Mais pourquoi êtes-vous rentrée à Paris ?	*But why did you come back to Paris ?*
Hélène:	Si vous aviez vraiment eu envie de me voir, vous auriez été à l'heure au rendez-vous.	*If you had really wanted to see me, you would have been on time for our "rendez-vous".*
Günter:	Moi, je vais vous le dire pourquoi vous êtes partie. Vous êtes partie pour aller retrouver Philippe. Je me demande pourquoi vous avez accepté de venir à Cannes.	*I'll tell you why you left. You left to go to meet Philippe again. I wonder why you ever came to Cannes in the first place ?*
Hélène:	Calmez-vous, on nous entend.	*Calm down. People can hear us.*
Günter:	Hélène, je ne voudrais pas vous perdre.	*Hélène, I wouldn't want to lose you.*
Hélène:	Vous ne pouvez pas me perdre puisque vous ne m'avez pas.	*You can't lose me since you don't have me.*
Günter:	Vous vous moquez de moi.	*You are making fun of me.*
Hélène:	Non, je ne me moque pas de vous. Au contraire, je vous aime bien, j'aimerai qu'on reste amis.	*No, I'm not. On the contrary I like you a lot, I'd like to stay friends with you.*
Günter:	Et Philippe, vous l'aimez ?	*And Philippe, do you love him ?*
Hélène:	Tout de suite les grands mots. Qu'est-ce que ça veut dire aimer ?	*Straightaway those big words. What does it mean "love" ?*
Günter:	Je ne sais pas, tout ce que je peux vous dire c'est ce que j'ai senti quand je vous ai vue pour la première fois à l'hôtel. J'ai senti quelque chose de soudain et de très fort, comme si vous aviez effacé toutes les femmes que j'avais connues avant vous.	*I don't know. All I can tell you is what I felt when I first saw you at the hotel. I felt something sudden and strong, as if you had eclipsed all the other women I have ever known.*
Hélène:	C'est ce que les Français appellent un coup de foudre.	*That's what the French call "un coup de foudre" (love at first sight).*
Günter:	C'est tout ce que vous trouvez à dire ?	*Is that all that you can say ?*

Hélène :	Non, je peux vous dire aussi que, contrairement à la chanson, amour ça ne se rime pas avec toujours et que moi les brèves rencontres c'est pas mon style.	*No, I can also tell you that, contrary to the song, "amour" doesn't rhyme with "toujours" and that brief encounters are not my style.*
Günter :	Bon, si c'est ce que vous pensez.	*Well, if that's what you think...*
Hélène :	Alors, qu'est-ce qui s'est passé à Marseille ?	*So, what did happen at Marseilles ?*
Günter :	Ben, j'n'ai vraiment pas eu de chance quoi. Quand j'suis arrivé, j'ai loué une voiture, j'pensais qu'j'avais l'temps d'aller faire un tour avant notre rendez-vous.	*I really had no luck whatsoever. When I arrived, I rented a car and thought I had enough time to go for a spin before our meeting.*
Hélène :	Et alors ?	*And ?*
Günter :	Eh bien comme je ne savais pas la vitesse limite exactement, alors je roulais assez vite, à 120 à l'heure paraît-il.	*Well, since I didn't actually know the speed limit, I drove at about 120 kph it seems.*
Hélène :	Sur l'autoroute ?	*On the motorway ?*
Günter :	Non, sur une route nationale, alors j'ai été arrêté par un... comment on les appelle ? flic, agent, gendarme ?	*No, on a trunk road. So, anyway, I was stopped by a... what do you call them ? The fuzz, cops, police ?*
Hélène :	Un gendarme, un motard, s'il était en moto.	*A traffic-cop, if he was on a motorbike.*
Günter :	Oui, c'est ça, un motard, mais il ne m'a pas donné un heu... comment on dit ? une amende ?	*Yes, that's right, a motorcop, but he didn't give me a... what's the word... a fine ?*
Hélène :	Oui, une contravention, une contredanse en argot.	*Yes, an endorsement... a ticket, in common parlance.*
Günter :	Sans doute parce qu'il a vu que j'étais étranger. En tout cas il a été sympa. Après ça j'ai pris une petite route dans la montagne avec beaucoup de virages. J'ai pris un virage un peu trop à gauche et j'ai touché une voiture qui venait en sens inverse.	*Doubtless because he realised I was a foreigner. In any case he was a friendly guy. So, after this, I went down a small mountain road with plenty of bends. I went round a bend a little too far over on the left and I touched a car coming in the opposite direction.*
Hélène :	Vous avez heurté une voiture.	*You collided with another car.*
Günter :	Heurté, oui bon. Heureusement on n'allait pas très vite. L'autre conducteur m'a pris pour un Anglais, il a cru que j'étais anglais !	*Well... yes. Luckily neither of us was going very fast. The other driver thought I must be English.*
Hélène :	Pourquoi ?	*Why ?*
Günter :	Ben, parce que je roulais à gauche. On a fait un constat. J'suis reparti, mais j'm'ai trompé de route.	*Well, because I was driving on the left. We filled in a "constat". I set out again but I have taken the wrong route.*
Hélène :	J'me suis trompé de route.	*I took the wrong road.*
Günter :	Bon, donc j'ai perdu une heure à chercher mon chemin, j'ai fini par trouver la bonne route et à ce moment-là... je suis crevé.	*Yes... well, anyway, I lost an hour looking for my way, and when I finally found the right road, I got a flat tyre...*
Hélène :	J'ai crevé. Si vous dites "je suis crevé", ça veut dire "je suis fatigué" et "j'ai crevé" ça veut dire "mon pneu a crevé". Ça fait beaucoup pour une même journée.	*"J'ai crevé". If you say "Je suis crevé", that means "I'm tired" whilst "J'ai crevé" means "I have a flat tyre". That is certainly a fair amount for one day.*

Günter :	Oui, je vous dis, j'ai pas eu d'chance. Et c'est pas fini. Donc j'ai dû changer un pneu et après ça j'ai encore perdu du temps à chercher un téléphone. J'ai fini par en trouver un qui ne marchait pas. Et je n'ai pas pu en trouver un autre.	Yes, I tell you, I had no luck. And that's not all. So, I had to change a wheel and then I lost even more time looking for a telephone. I eventually found one that didn't work. And Couldn't find another.
Hélène :	Je suis désolée. Je ne pouvais pas savoir. J'ai attendu longtemps. Vous m'en voulez vraiment d'être partie ?	I am very sorry. I couldn't have known. I waited a long time. Were you really very angry that I had left ?
Günter :	Qu'est-ce que c'est "manvoulez" ?	What is this "manvoulez" ?
Hélène :	En vouloir à quelqu'un, ça veut dire être fâché...	"En vouloir à quelqu'un" means to be angry.
Günter :	Oh la la ! C'est fatigant de parler français.	Oh la la ! It's tiring speaking French.

AVEZ-VOUS COMPRIS ?

Read the translation and listen to the tape again until you fully understand. Then listen to the following replies taken mainly from the dialogue. You should be able to understand them immediately.

J'ai essayé d'vous joindre pendant tout le week-end.	I tried to contact you over the week-end.
Je n'étais pas à la maison.	I wasn't at home.
Boire du coca-cola, quelle horreur !	Drinking coca-cola, how revolting.
Du moment qu'j'n'vous oblige pas à en boire !	As long as I don't ask you to drink any !
J'me demande pourquoi vous êtes partie.	I wonder why you left.

Les brèves rencontres, c'est pas mon style.	Brief encounters are not my style.
Qu'est-ce qui s'est passé ?	What happened ?
J'n'ai vraiment pas eu de chance.	I really was not lucky.
Vous n'avez pas eu l'temps.	You didn't have the time.
Vous vous êtes fait arrêter ?	You got yourself arrested ?
Oui, j'ai été arrêté par un motard.	Yes, I was stopped by a traffic-cop.
Le type vous a pris pour un Anglais.	The guy thought you were English.
Oui, il a cru qu'j'étais anglais.	Yes, he thought I was English.
Après cela, vous vous êtes perdu ?	After that, you lost your way.
Oui, j'me suis trompé de route.	Yes, I took the wrong road.
Vous avez fini par trouver la bonne route ?	You finally found the right road.
Oui, mais j'ai mis une heure à chercher mon chemin.	Yes, but it took me one hour to find my way.
Et qu'est-ce qui s'est passé après ?	And what happened afterwards ?
J'ai crevé et j'ai dû changer mon pneu.	I had a flat tire and had to change it.
Pourquoi est-ce que vous n'avez pas appelé ?	Why didn't you call ?
J'n'ai pas pu trouver d'téléphone.	I couldn't find a telephone.
Vous auriez pu m'attendre.	You should have waited for me.
J'suis désolée, je n'pouvais pas savoir.	I'm sorry, I couldn't have known.
Vous m'en voulez d'être partie ?	Where you angry because I left ?
Non, je n'vous en veux pas.	No, I'm not angry with you.

You can also make this a translation exercise by looking at the English text and trying to work out the French from memory.

POUVEZ-VOUS LE DIRE EN FRANÇAIS ?

Can you tell the following story ? You should try to do it first from memory without looking at either the translation or the written phrases.

Here is what happened.	Voilà ce qui s'est passé.
I got the wrong train.	Je me suis trompé de train.
I got off at the first station.	Je suis descendu(e) à la première gare.
But I had to wait an hour to catch another train.	Mais j'ai dû attendre une heure pour avoir un autre train.
When I got home, I could not find my key.	Quand je suis arrivé(e) à la maison, je n'ai pas pu trouver ma clé.
I had to spend the night in a hotel.	J'ai dû aller coucher à l'hôtel.
Next morning, I wanted to call a locksmith.	Le lendemain matin, j'ai voulu téléphoner pour avoir un serrurier.

Unfortunately, it was Sunday and everything was closed.	Malheureusement, c'était dimanche et tout était fermé.
As I had no more money, I managed to find a cash-dispenser.	Comme je n'avais plus d'argent, j'ai réussi à trouver un distributeur de monnaie.
But I made a mistake in entering my code number	Mais je me suis trompé(e) en faisant mon numéro de code.
So the machine kept my card.	Alors la machine a gardé ma carte.
I spent one hour looking for a friend to lend me money.	J'ai passé une heure à chercher un ami qui me prête de l'argent.
I finally found one who lent me five hundred francs.	J'ai fini par en trouver un qui m'a prêté 500 francs.
If I had known, I would have stayed at home.	Si j'avais su je serais resté à la maison.
I was not lucky at all.	J'ai vraiment pas eu de chance.
Do you reproach me for not coming?	Vous m'en voulez de ne pas être venu(e)?

POUVEZ-VOUS RÉPONDRE AUX QUESTIONS?

Imaginez une réponse aux questions suivantes :

Pourquoi êtes-vous arrivé(e) en retard ?	J'ai été retardé(e) par un coup de téléphone.
	J'ai eu un empêchement.
	J'ai perdu du temps à trouver mon chemin.
	Je me suis trompé(e) d'adresse.

Pourquoi avez-vous été arrêté par la police ?

Parce que je roulais trop vite.
Parce que je ne connaissais pas la vitesse limite.
Parce que je roulais trop à gauche.

Pourquoi ne m'avez-vous pas téléphoné ?

Parce que j'avais oublié mon carnet d'adresses.
Parce que j'avais perdu votre numéro de téléphone.
Parce que je n'ai pas pu trouver de téléphone.

Nous aurions pu passer une soirée agréable, si vous étiez venu(e).

J'aurais bien aimé venir, mais malheureusement je n'ai pas pu.

Vous n'avez pas réussi à vous libérer ?

J'ai essayé mais je n'ai pas pu.
J'avais un travail urgent à faire.

Si vous aviez pu vous libérer, vous seriez venue ?

Naturellement, j'aurais préféré venir.
ou
J'aurais bien voulu venir mais il fallait que je termine mon travail.

PRATIQUE DE LA LANGUE

COMBINAISONS GRAMMATICALES

Faites une révision des temps

L'IMPARFAIT : il sert à décrire des états

à la forme **affirmative**

J'étais crevé(e)
Vous étiez en retard
J'avais faim
Vous aviez peur
Il roulait trop vite
Ils voulaient partir

à la forme **négative**

Je n'étais pas fatigué(e)
Vous n'étiez pas à l'heure
Je n'avais pas d'argent
Elle n'avait pas peur
On n'allait pas vite
Ils ne pouvaient pas accepter

LE PASSÉ COMPOSÉ *It is used to report past events*

avec le verbe **avoir**

j'ai crevé
il a réussi à changer son pneu
il a roulé longtemps

je n'ai pas trouvé de téléphone
elle n'a pas attendu
elle n'a pas cherché à le joindre

avec le verbe **être**

il est parti en retard
elle est arrivée à l'heure
il s'est trompé de route
elle s'est dépêchée

il n'est pas venu au rendez-vous
elle n'est pas restée à la gare
il ne s'est pas rendu compte
elle ne s'est pas aperçue qu'on la suivait

The "passé composé" is also used to report past states of mind which have ended.

Regardez la différence :

État : **imparfait**	Résultat : **passé composé**
il voulait l'épouser	elle n'a pas voulu
elle ne comprenait pas qu'il l'aimait	elle n'a pas compris qu'il l'aimait
elle ne voulait pas lui dire	elle a voulu lui dire la vérité
la vérité et il l'a forcée	et il l'a regretté

When one uses these verbs which indicate a thought or a state of mind, the imperfect shows that one considers the thought as a moment in the past, and the "passé composé" that the thought is considered as complete or finished.

Observez les formes :

actif : **voler**	passif : **être volé**	passif factitif : **se faire voler**
on m'a volé	j'ai été volé(e)	je me suis fait voler
on m'a remplacé	j'ai été remplacé(e)	je me suis fait remplacer
on m'a soigné	j'ai été soigné(e)	je me suis fait soigner
on m'a arrêté	j'ai été arrêté(e)	je me suis fait arrêter

Le PLUS-QUE-PARFAIT et le CONDITIONNEL PASSÉ *(Expressing reproach)*

Si j'avais su....	je ne serais pas parti(e)	vous auriez dû m'attendre !
Si j'avais pu...	je vous aurais prévenu(e)	pu me téléphoner !
Si vous aviez voulu...	vous m'auriez attendu(e)	faire attention !
Si j'avais su...	je ne me serais pas dépêché(e)	me le dire !
S'ils étaient entrés...	je m'en serais aperçu(e)	me prévenir !

Some ways of indicating the time of an action.

dans un **dialogue**	dans un **récit**
hier soir	la veille au soir
demain matin	le lendemain matin
dans trois jours	trois jours après
dans un an	l'année suivante
il y a trois mois	trois mois avant
il y a un an	l'année précédente

Combinaisons de temps

Je ne savais pas	que c'était interdit
Je croyais	qu'il avait été prévenu
Je ne pensais pas	qu'elle s'en était aperçue

j'ai cru	qu'il était parti
j'ai pensé	qu'il avait oublié
je n'ai pas su	qu'ils avaient divorcé
je n'ai pas pensé	qu'il avait voulu la tuer

vous avez su	qu'il s'est fait assassiner ?
vous avez cru	qu'il avait démissionné ?
vous avez entendu dire	qu'il était mort ?
vous avez appris	qu'ils avaient fait faillite ?

J'ai cherché partout,	mais je n'en ai pas trouvé
Il me l'a proposé,	mais je n'en ai pas voulu
Je le savais,	mais je n'en ai pas parlé

J'ai voulu y aller,	mais je me suis trompé(e) d'adresse
Je ne voulais pas y aller,	mais elle a insisté
Je croyais être en retard	et je me suis dépêché(e)
J'ai cru être en retard,	mais j'ai pu avoir mon train
J'ai cru entendre un bruit,	mais il n'y avait personne

EXERCICES

1 Traduisez

1 - Why have you been stopped ? Did you go through a red light ?

2 - No, I was driving very fast. I had not seen the speed limit.

3 - Did you hear what happened to them ? They've divorced.

4 - I did not know they were married.

5 - You had not heard about that affair ?

6 - He did not see me, or perhaps he did not want to see me.

7 - I did not know you had worked for that company.

8 - If I had known you were interested, I would have let you know about it.

9 - He told me he would have invited me, had he known I was in town.

10 - You should never have told him about it.

Corrigé

1 - Pourquoi avez-vous été arrêté ? Vous avez brûlé un feu rouge ? 2 - Non, je roulais très vite, je n'avais pas vu la vitesse limite. 3 - Vous avez appris ce qui leur est arrivé ? Ils ont divorcé. 4 - Je ne savais pas qu'ils étaient mariés. 5 - Vous n'aviez pas entendu parler de cette affaire ? 6 - Il ne m'a pas vu, ou peut-être qu'il n'a pas voulu me voir. 7 - Je ne savais pas que vous aviez travaillé pour cette compagnie. 8 - Si j'avais su que cela vous intéressait (ou : que vous étiez intéressé(e)) je vous aurais prévenu(e). 9 - Il m'a dit qu'il m'aurait invité, s'il avait su que j'étais en ville. 10 - Vous n'auriez jamais dû le lui dire.

2. Trouvez un contexte pour les phrases suivantes :

1 - Je ne savais pas / Je n'ai pas su...
2 - Il voulait / Elle n'a pas voulu...
3 - Je ne croyais pas / Je n'ai pas cru...
4 - Je ne pouvais pas / Je n'ai pas pu...
5 - Je pensais que / J'ai pensé que...

Corrigé

1 - Je ne savais pas que vous étiez à Paris / Je n'ai pas su que Miles Davis venait à Paris, sinon je serais allé l'entendre. 2 - Il voulait quitter Paris, mais sa femme n'a pas voulu / Il n'a pas voulu la revoir. 3 - Je ne croyais pas que ça marcherait / On me l'a dit, mais je ne l'ai pas cru. 4 - Je n'ai pas pu répondre plus tôt à votre lettre, j'ai eu beaucoup de travail / Je ne pouvais pas savoir que ça vous ferait de la peine. 5 - Je pensais que tu serais en retard, comme d'habitude / J'ai pensé que vous aviez eu un empêchement.

3. Faites un récit à l'aide des éléments suivants :

1. To help you "place" the events in time
- il y a quelque temps
- quelques instants après
- le lendemain
- vers onze heures
- aussitôt après
- le jour suivant
- un peu avant onze heures

The conclusion
- je (apprendre par les journaux qu'/une bombe déposé près du bar).
- je (chercher à savoir qui/appeler)
- je (ne jamais savoir ce qui/se passer)

2. The events themselves
- je (recevoir un télégramme)
- (demander d'être le lendemain à 10 heures au bar de la poste)
- quelqu'un (téléphoner)
- il (avoir quelque chose de très important à dire)
- il (ne pas pouvoir le dire au téléphone)
- il (refuser de donner son identité)
- je (être au bar de la poste à 10 heures)
- je (attendre un certain temps)
- personne (venir)
- je (quitter le bar)
- je (entendre une explosion)

Corrigé

Il y a quelque temps, j'ai reçu un télégramme me demandant d'être le lendemain à 10 heures au bar de la Poste. Quelques instants après quelqu'un a téléphoné. Il avait quelque chose de très important à dire. Il ne pouvait pas le dire au téléphone. Il a refusé de donner son identité. Le lendemain, j'étais au bar de la Poste à 10 heures. J'ai attendu un certain temps. Personne n'est venu. J'ai quitté le bar vers onze heures. Aussitôt après j'ai entendu une explosion. Le jour suivant, j'ai appris par les journaux qu'une bombe avait été déposée près du bar un peu avant onze heures. J'ai cherché à savoir qui avait appelé. Je n'ai jamais su ce qui s'était passé.

Athènes : bénis des dieux

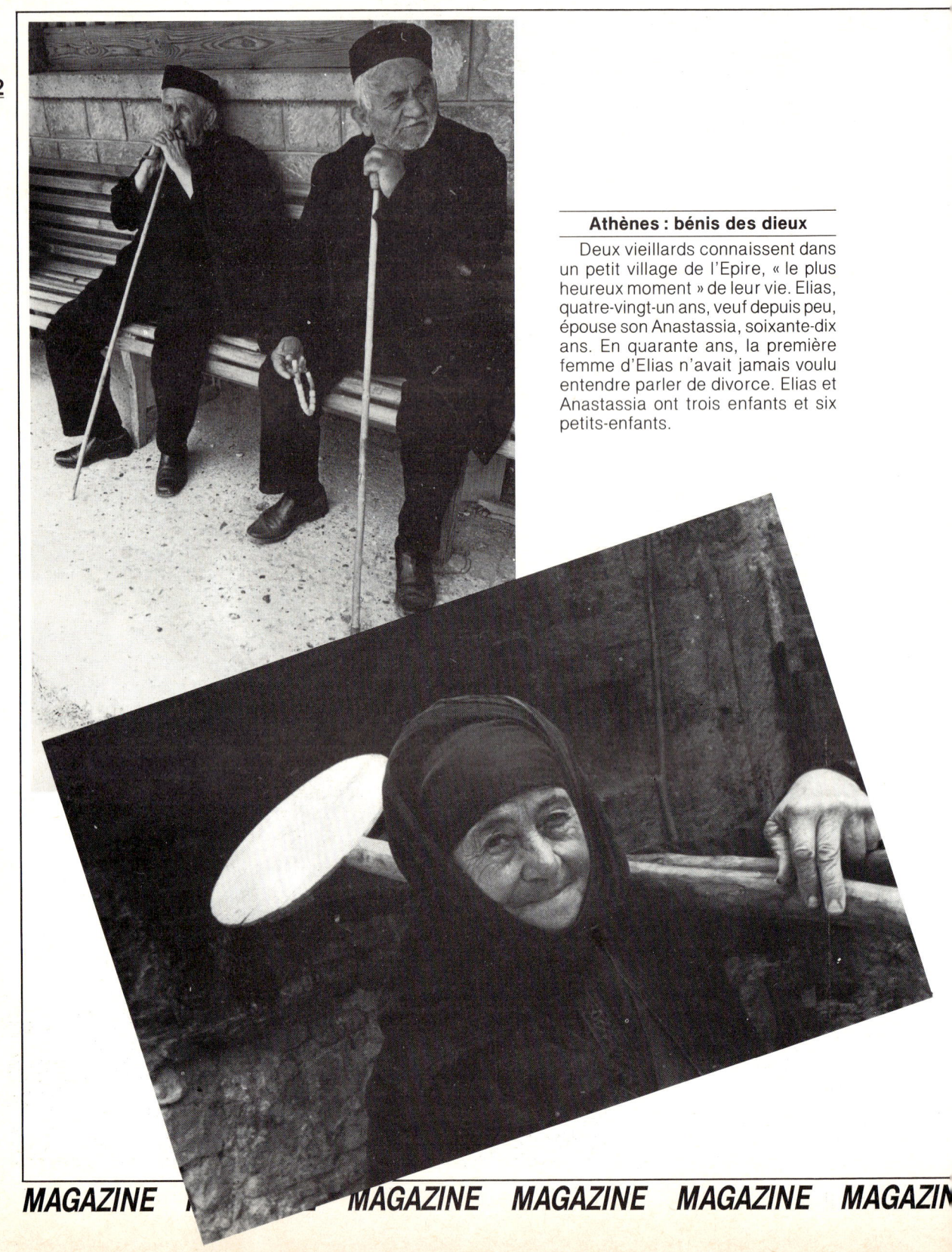

Deux vieillards connaissent dans un petit village de l'Epire, « le plus heureux moment » de leur vie. Elias, quatre-vingt-un ans, veuf depuis peu, épouse son Anastassia, soixante-dix ans. En quarante ans, la première femme d'Elias n'avait jamais voulu entendre parler de divorce. Elias et Anastassia ont trois enfants et six petits-enfants.

MAGAZINE MAGAZINE MAGAZINE MAGAZINE MAGAZIN

Metz : Saint-Valentin

Ils partent en voyage de noces. Marie-Christine et Joël ont gagné, un an plus tôt cinq millions au loto. Vingt ans à peine, chômeurs, un matelas par terre dans un deux-pièces a courants d'air. En un an, ils ont connu les Tropiques, deux voitures sport et une maison à deux tourelles. « *L'argent ne nous a pas tourné la tête mais a changé notre vie* » disent-ils.

La prison, par pitié...

Un homme de 20 ans a attaqué une boulangerie à Bourges (Cher) parce qu'il voulait aller en prison à la suite d'une déception sentimentale. Dominique Auperpin a été laissé en liberté, après avoir revendiqué par téléphone au commissariat de police de Bourges sa tentative de hold-up manquée et demandé aux policiers de venir le chercher à son domicile.

Son amie venait de le quitter quand il décida d'attaquer un magasin de la ville dans le but, a-t-il expliqué à la police, de se faire emprisonner par désespoir. Armé d'un couteau, il entra dans une boulangerie de Bourges pour en demander la caisse, mais la boulangère refusa et se mit à crier. Affolé, le jeune homme s'enfuit sans rien emporter avant de téléphoner, quelques heures plus tard, au commissariat.

UNITÉ 23

Vous voulez réserver ?

Here is an easy lesson to relax you after all the grammar work you have done. You have to reserve rooms in a hotel, a place at a camp-site, tickets for the theatre, etc.

Philippe has invited Hélène to spend a week-end at Cabourg, at the Grand Hotel where Proust used to stay when he went to spend the summer in a town which he called Balbec but which was in fact Cabourg. It was on the front at Cabourg that he would look at "Les jeunes filles en fleurs". Hélène is attracted by the idea of going "à la recherche de Proust" and so accepts the invitation. Philippe phones from his flat to make the reservations.

Philippe :	Allô ! Le Grand Hôtel !	*Hello, the Grand Hotel ?*
Réceptionniste :	Oui Monsieur.	*Yes, sir.*
Philippe :	Il vous reste encore des chambres pour le week-end, pour les nuits de vendredi et de samedi ?	*Do you have any rooms available for the week-end, for Friday and Saturday nights ?*
Réceptionniste :	Oui Monsieur.	*Yes, sir.*
Philippe :	À quel prix ?	*At what price ?*
Réceptionniste :	Avec salle-de-bains ou douche ?	*With shower or bath ?*
Philippe :	Quelle est la différence de prix ?	*What is the difference in price ?*
Réceptionniste :	Les chambres avec salle-de-bains sont à 680 F et celles avec douche sont à 480 F.	*The rooms with bath are 680 F and those with shower 480 F.*
Philippe :	Les chambres qui donnent sur la mer sont avec salle-de-bains, je suppose ?	*The rooms with bath overlook the sea, I suppose ?*
Réceptionniste :	Oui Monsieur. Les chambres avec douches donnent sur la campagne.	*Yes, sir. The rooms with shower look out on the countryside.*
Philippe :	Il vous reste encore deux chambres avec vue sur la mer ?	*Do you still have two rooms overlooking the sea ?*
Réceptionniste :	Pour quatre personnes ?	*For four people ?*
Philippe :	Non, pour deux personnes.	*No, for two people.*

Réceptionniste :	Nous n'avons que des chambres doubles sur la mer.	*We only have doubles overlooking the sea.*
Philippe :	Ça ne fait rien. Donnez-moi deux chambres doubles. Il vous en reste encore deux ?	*That doesn't matter. Give me two double bedrooms. You still have two ?*
Réceptionniste :	Oui.	*Yes.*
Philippe :	Bien alors je les prends.	*Fine, I'll take them.*
Réceptionniste :	Je les réserve à quel nom ?	*In what name shall I reserve them ?*
Philippe :	Au nom de Philippe Legrand. Nous arriverons vers vingt et une heure vendredi soir.	*In the name of Philippe Legrand. We shall arrive around 9 pm on Friday evening.*
Réceptionniste :	Entendu, Monsieur. Au revoir, Monsieur.	*Right you are, sir. Goodbye.*

If Philippe had been less well off and if he had taken Hélène to a camping site, the following telephone conversation might have taken place.

Philippe :	Allô ! Le Camping de la Plage ?	*Hello ! Camping de la Plage ?*
Patronne :	Oui Monsieur.	*Yes, sir.*
Philippe :	Vous avez encore de la place pour le week-end ?	*Do you have any space for the weekend ?*
Patronne :	Non Monsieur, nous sommes complets. Vous savez avec le temps qu'il fait, hein, les gens en profitent. C'est pas souvent qu'on a du soleil alors quand il fait beau...	*No, sir. We are full up. You know with the kind of weather we're having people are really taking advantage of it. We don't often have sunshine, so when it's fine...*
Philippe :	Oui, je comprends. Et vous savez où je pourrais trouver de la place ?	*Yes, I see. And do you know where I'd be able to find a place ?*
Patronne :	Essayez le Camping de Belle-Rive. Je crois qu'il leur reste encore quelques places.	*Try the Camping de Belle-Rive. I believe that there are still a few spaces available.*
Philippe :	Non, j'ai déjà essayé, mais tout était complet.	*No, I've already tried, but everything was booked up.*

Patronne :	Alors là, mon pauvre Monsieur, j'peux pas vous dire, j'vois pas où vous pourriez trouver de la place ici, peut-être en allant sur Deauville, il y a d'autres campings, vous pouvez toujours essayer.	*In that case, I'm sorry, sir, I can't help you. I can't see where you'll find a place, unless perhaps you go up towards Deauville. There are other camp-sites there. You can always try.*
Philippe :	Je vous remercie Madame, j'vais voir.	*Thank you. I'll see.*
Patronne :	À votre service, Monsieur.	*Pleased to be of service, sir.*

Of course, camp-sites are not always full, with the exception of those on the Côte-d'Azur. But as it rains frequently in Normandy, tourists coming from a cold climate, tend to go to the South of France.

If Philippe and Hélène had simply stayed in Paris and had gone to the theatre or to the Opera, one might have heard the following conversation.

Philippe :	Allô ! Le Théâtre des Champs-Élysées ?	*Hello, the Théâtre des Champs-Élysées ?*
Caissière :	Oui, Monsieur.	*Yes, sir.*
Philippe :	Il vous reste encore des places pour le ballet de Béjart demain soir ?	*Do you have any seats left for the Béjard ballet tomorrow evening ?*
Caissière :	Oui, Monsieur. Il reste des fauteuils d'orchestre et des deuxièmes balcons de côté.	*Yes, sir. There are places in the stalls and the upper-circle at the side.*
Philippe :	À quel prix ?	*What price ?*
Caissière :	Les fauteuils d'orchestre sont à deux cents francs et les balcons à soixante francs.	*The stalls are 200 francs and the upper-circle 60 francs.*
Philippe :	On y voit quelque chose au balcon ?	*Can you see anything from the upper-circle ?*
Caissière :	Non, pas grand-chose. Il ne reste plus de premiers rangs.	*Not very much. There are no front row seats left.*
Philippe :	Et les fauteuils d'orchestre sont bien placés ?	*And are the stalls seats in a good position ?*
Caissière :	Oui, au deuxième rang.	*Yes, second row.*
Philippe :	Alors, vous me réservez s'il vous plaît, deux fauteuils d'orchestre au nom de Philippe Legrand.	*Right, can you reserve for me please two stalls in the name of Philippe Legrand.*
Caissière :	Vous passez retirer les billets une demi-heure avant le spectacle.	*Please collect the tickets half-an-hour before the performance.*
Philippe :	Entendu, merci Madame.	*Right you are. Thanks.*

Finally, if they had been unable to go at the last moment and had had to cancel, this is what Philippe would have said.

Philippe :	Le Théâtre des Champs-Élysées ?	*Théâtre des Champs-Élysées ?*
Caissière :	Oui Monsieur.	*Yes, sir.*
Philippe :	Je vous appelle pour annuler la réservation que j'ai faite au nom de Philippe Legrand pour samedi soir.	*I am calling to cancel the reservation that I made in the name of Philippe Legrand for Saturday evening.*
Caissière :	Un instant... vous aviez réservé deux places ?	*One moment... You reserved two seats ?*
Philippe :	Oui, c'est ça.	*Yes, that's right.*
Caissière :	Entendu. C'est fait, merci Monsieur.	*OK. That's done. Thank you, sir.*
Philippe :	Au revoir Madame.	*Good bye.*

AVEZ-VOUS COMPRIS ?

...C'EST ÇA, LA CHAMBRE AVEC DOUCHE ET VUE SUR LA MER ?

Au Grand Hôtel de Cabourg, les chambres avec douche donnent sur la campagne ou sur la mer ?	Elles donnent sur la campagne.
Il ne reste que des chambres avec salles-de-bains pour deux personnes. Vrai ou faux ?	Faux. Il reste toutes sortes de chambre.
La différence de prix entre les chambres avec douche et celles avec salle-de-bains est de 200 francs ou de 120 francs ?	La différence de prix entre les chambres avec douche et celles avec salle-de-bains, est de 200 F.
Philippe réserve deux chambres pour une personne ou deux chambres doubles ?	Deux chambres doubles.
Il reste encore quelques places au Camping de Belle-Rive ou au Camping de la Plage ?	Il ne reste de places ni au Camping de Belle-Rive, ni à celui de la Plage.
Les campings sont complets parce que les gens profitent du beau temps ou parce qu'on fait le pont *	C'est parce que les gens profitent du beau temps. Il ne fait pas souvent beau en Normandie.
La patronne du camping conseille à Philippe de chercher de la place à Deauville ou entre Cabourg et Deauville ?	Entre Cabourg et Deauville. Elle dit : "en allant sur", c'est-à-dire dans la direction de Deauville.
Pour le spectacle du Théâtre des Champs-Élysées, il ne reste que des places à 200 francs et à 60 francs, ou des places à tous les prix ?	Il ne reste que des places à 200 francs et à 60 francs.
Il n'y a plus que des premiers rangs aux fauteuils d'orchestre. Vrai ou faux ?	Faux.
Il ne reste plus de premiers rangs aux balcons. Vrai ou faux ?	Vrai.

* Faire le pont :
to take a long week-end, eg. Thursday-Sunday inclusive.

POUVEZ-VOUS LE DIRE EN FRANÇAIS ?

You phone to reserve rooms with a sea-view.
Allô, il vous reste encore des chambres avec vue sur la mer (qui donnent sur la mer) ?

You ask for a double room with shower ....
Je voudrais une chambre pour deux personnes avec douche.

You think the bedroom is too expensive. You ask if there are other rooms with a dressing room
Vous n'avez rien d'autre ? Il ne vous reste plus de chambre avec cabinet de toilette ?

You ask if there is still any room on the Air Canada flight at 19.50 for Ottawa.........
Vous avez encore de la place (il vous reste encore de la place) sur le vol Air Canada pour Ottawa, à dix-neuf heures cinquante ?

You enquire about the difference in price between tourist (economy) class and business class
Quelle est la différence de prix entre la classe touriste et la classe affaires ?

You reserve a seat in your name in tourist class and ask from which airport the plane leaves.
Vous me réservez s'il vous plaît une place en classe touriste au nom de... De quel aéroport part l'avion ?

You telephone to cancel your reservation....
Allô. Air Canada ? S'il vous plaît, je voudrais annuler (je vous appelle pour annuler) une réservation que j'ai faite au nom de... sur le vol pour Ottawa à dix-neuf heures cinquante.

POUVEZ-VOUS RÉPONDRE AUX QUESTIONS ?

En quelle classe voyagez-vous habituellement ?

En première dans le train et en classe affaires / touriste dans l'avion.

Quand vous voyagez pour affaires, vous descendez dans quelle catégorie d' hôtel ? Deux, trois ou quatre étoiles ?

Ma compagnie / mon Institut / mon patron n'est pas très riche, ils apprécient que je fasse des économies.

Vous attachez de l'importance au confort de l'hôtel ?

Oui, beaucoup.
Un peu / pas tellement.

Ce qui compte pour vous c'est plutôt la vue, la situation, le calme ?

Oui, le calme, c'est ce qui compte le plus pour moi.
Non, je préfère le confort.

Vous faites du camping ? avec une tente ou avec une caravane ?

Je fais du camping avec une tente / une caravane, c'est plus confortable.
Non, je ne fais pas de camping.

Vous aimez le camping ? Pour quelle raison ?

Parce qu'on est plus près de la nature, parce qu'on peut entrer en contact facilement avec les gens, parce que c'est plus économique.

Vous préférez sortir moins souvent et louer de bonnes places au théâtre ou sortir plus souvent et louer des places bon marché ?

Sortir souvent et louer des places chères, j'ai les moyens.
Sortir peu souvent et réserver longtemps à l'avance de bonnes places pas trop chères, parce que je n'ai pas les moyens de me payer autre chose.

Y a-t-il des théâtres à l'italienne dans votre pays ?

Oui.
Non.
Peut-être, mais je n'en ai jamais vu.

Trouvez-vous que c'est charmant à cause de l'ambiance ? ou que ce n'est pas démocratique, parce qu'il y a beaucoup de places où on ne voit rien et qu'il faut payer cher pour être bien placé ?

Vous êtes libre de votre opinion, comme toujours.

PRATIQUE DE LA LANGUE

COMBINAISONS GRAMMATICALES

Savoir si c'est bien placé *Finding out how things stand*

positif	négatif
on y voit quelque chose ? bien ?	on n'y voit rien comprend pas grand'chose

Faire une réservation *Making a reservation*

Il vous reste Vous avez Il y a	encore	une chambre avec bain ? une place dans l'avion ? des places pour ce soir ? de la place ? quelque chose pour demain ?
Il ne (me) reste	plus	de chambres avec balcon (dans un hôtel) de premiers balcons (dans un théâtre) de place rien grand'chose
	que	des premières classes des places au premier rang des deuxièmes balcons des chambres avec cabinet de toilette
	qu'	une seule chambre
	que	peu de temps à passer avec vous quelques moments
	pas	beaucoup de temps / d'argent beaucoup de places

EXERCICES

1 Traduisez

1 - *I don't have any cash left. Can I give you a cheque ?*
2 - *Do you still have some good seats left for to-night ?*
3 - *I am going to check if I have anything left.*
4 - *I am calling to cancel my reservation for to-morrow's trip to Amsterdam.*
5 - *We only have an hour left. We must start writing our report.*
6 - *We don't have much time left. We have no time to go to the duty-free shop.*
7 - *I am going to check if there are any seats left on the next plane.*
8 - *How many days do you have left before you leave France ?*
9 - *I only have a few moments left to spend with her.*
10 - *I still have a little time to try to convince her, but I don't have much hope.*

Corrigé

1 - Il ne me reste plus de liquide. Je peux faire un chèque ? 2 - Il vous reste encore quelques bonnes places pour demain soir ? 3 - Je vais vérifier s'il me reste quelque chose. 4 - Je vous appelle pour annuler ma réservation pour l'excursion de demain à Amsterdam. 5 - Il ne nous reste qu'une heure. Il faut commencer à rédiger notre rapport. 6 - Il ne nous reste pas beaucoup de temps. On n'a pas le temps de passer (d'aller) à la boutique hors taxes. 7 - Je vais vérifier s'il y a encore de la place dans le prochain avion. 8 - Il vous reste encore combien de temps avant de quitter la France ? 9 - Il me reste plus que quelques moments à passer avec elle. 10 - J'ai encore (ou : il me reste encore) un peu de temps pour essayer de la convaincre, mais je n'ai pas beaucoup d'espoir.

2 Lisez l'annonce immobilière Merlin, (magazine p. 252-253), et répondez aux questions suivantes :

1 - Quel investissement de départ est nécessaire pour acheter un appartement ?
2 - Les appartements sont-ils séparés de la plage par une route ?
3 - Combien de pièces comportent les appartements ?
4 - Connaît-on la surface des appartements ?
5 - Quel est le prix total de ces appartements ?
6 - Est-il possible d'acheter un appartement sans versement à la réservation ?
7 - Peut-on acheter un appartement sans aller à Cabourg ?
8 - Où faut-il s'adresser pour acheter un appartement ?
9 - Les bureaux sont-ils ouverts à l'heure du déjeuner ?
10 - Que peut-on faire si on n'habite pas la région parisienne ?

Corrigé

1 - Aucun versement n'est exigé à la réservation. 2 - Non, il n'y a pas de route à traverser (face à la mer sans route à traverser). 3 - Ils comportent deux pièces et une loggia. 4 - La surface (ou superficie) des appartements n'est pas indiquée. 5 - Ils valent 199 000 (cent quatre vingt dix neuf mille) francs. 6 - Oui, puisqu'il y a une possibilité de crédit à 100 % (cent pour cent). 7 - Oui. 8 - Il faut s'adresser à Vincennes, 4 avenue de Paris. 9 - Oui, ils sont ouverts sans interruption (arrêt) de 9 heures à 19 heures, même le samedi. 10 - On peut obtenir une documentation gratuite (sans payer) en envoyant le « bon à retourner à Merlin ».

252

Le parc Omnisport de Bercy,
à Paris.

Salle de 15 000 places construite en 1984
et dans laquelle ont lieu
des manifestations sportives et culturelles.

Un des spectacles à Bercy.

Le minitel :
appareil mis au point par les PTT (les postes françaises).

MAGAZINE   MAGAZINE   MAGAZINE   MAGAZINE   MAGAZINE   MAGAZIN

Le plafond de l'Opéra, peint par Chagall.

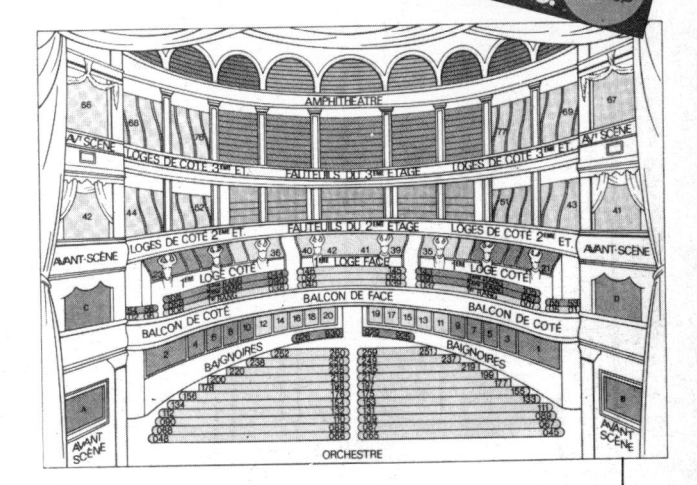

253

Affiche de la campagne publicitaire de la RATP.
« Opéra » signifie ici : Station de métro Opéra.

Opéra-Comique, Salle Favart.

UNITÉ 24

Parlez-moi d'amour

You are going to hear a discussion between two people, Hélène and Philippe, speaking about their "state of mind". You should try to understand what their conversation shows about a particular society's way of thinking and living.

A Saturday afternoon. Hélène and Philippe, who have arrived at Cabourg the day before, are strolling along the front, chatting.

Hélène :	J'ai l'impression que c'est plutôt snob ici comme endroit, vous ne trouvez pas ?	*I have the feeling this place is rather snobbish. What do you think ?*
Philippe :	Snob ? Je ne crois pas.	*Snobbish ? No, I don't think so.*
Hélène :	Je veux dire que ce n'est pas un endroit où le Français moyen peut venir passer un week-end.	*I mean it's not the kind of place where an average Frenchman can spend a weekend.*
Philippe :	Ne croyez pas cela. Il n'y a pas que de grands hôtels. Il y a aussi des campings. Et vous n'avez pas entendu parler de Merlin-Plage ?	*Don't you believe it. There aren't only large hotels. There are some campsites too. And haven't you heard about the Merlin Plage ?*
Hélène :	Ah si, à la radio "Devenez propriétaire".	*Ah, yes. On the radio. "Become a home-owner".*
Philippe :	Oui. Ce sont des appartements vendus à crédit avec un versement peu important à l'achat. On paie le reste par mensualités en plusieurs années. C'est un bon investissement, étant donné la dévaluation de l'argent. Les Français ont toujours aimé investir dans la pierre.	*Yes, those are the flats which are sold on credit for only a small down-payment. You pay the rest in monthly instalments over several years. It's a good investment, given the way money devalues. The French have always liked to invest in bricks and mortar.*
Hélène :	Oui, mais en spéculant sur l'inflation, ils vivent au-dessus de leurs moyens.	*Yes, whilst they are speculating about inflation, they are living beyond their means.*
Philippe :	Vous avez raison, mais d'autre part ça permet une certaine croissance.	*You're right, but on the other hand this does promote a certain growth.*
Hélène :	Jusqu'à quand ?	*For how long ?*

Philippe : Bien sûr, à long terme ça risque d'entraîner une augmentation de la dette extérieure et une dévaluation. C'est le problème de tous les gouvernements. Vous avez une solution ?

Certainly, long term, there are dangers of an increase in the foreign debt and, consequently, a devaluation. That's the problem every government has. Do you have a solution ?

Hélène : Non, malheureusement, je ne suis pas économiste. Mais il me semble qu'il doit y avoir des solutions pour changer le système, ''changer la vie'' comme disaient les socialistes.

No, unfortunately, I'm no economist. But it seems to me there ought to be ways of changing the system, of changing the way of life, as the socialists used to say.

"Changer la vie" : *socialist slogan from the beginning of the 80s.*

Philippe : Seriez-vous une ''déçue du socialisme'' ? Vous faites de la politique ?

Would you be a "disillusioned socialist" by any chance ? Are you involved in politics ?

"Déçu du socialisme" : *common expression in 1984, to describe those people who, having voted socialist, are disappointed with the result.*

Hélène : Je ne suis pas inscrite à un parti, si c'est ça que vous voulez dire. Mais j'ai des idées politiques, comme tout le monde.

I'm not a member of any party, if that's what you mean. But I have political views, like everybody else.

Philippe : Vous êtes une intellectuelle de gauche !

You are a left-wing intellectual !

Hélène : Et vous, un intellectuel de droite ?

And you an intellectual of the right ?

Philippe : C'est contradictoire. En France un intellectuel est nécessairement de gauche, c'est bien connu. Vous ne saviez pas ?

That's a contradiction in terms. In France an intellectual is of necessity on the left. That's well known. Didn't you realise that ?

Hélène : J'ai déjà entendu cela quelque part. Il me semble que c'est une critique de droite. Donc vous avez plutôt des idées de droite ?

I've heard it somewhere. It seems to me merely a criticism of the right. So do you have somewhat right-wing ideas ?

Philippe :	Je ne suis ni à droite, ni à gauche mais au milieu. La vérité est toujours au milieu.	I'm neither on the right nor on the left, but in the middle. The truth is always in the middle.
Hélène :	Pas très excitant comme philosophie !	Not a particularly exciting philosophy !
Philippe :	Il y a bien d'autres choses qui sont excitantes dans la vie.	There are other things more exciting in life.
Hélène :	Quoi, par exemple ?	What, for example ?
Philippe :	Tout ! L'art, les voyages, les gens, les rencontres. Les gens m'intéressent plus que les idées.	Everything. Art, travel, people, meetings. People interest me more than ideas.
Hélène :	On peut s'intéresser aux deux. Moi, quelquefois les gens m'ennuient ou me déçoivent. Alors je suis heureuse de retrouver les idées.	One can be interested by both. I find that sometimes people irritate me or disappoint me. Then I'm happy to get back to ideas.
Philippe :	J'étais comme vous quand j'étais jeune. Puis je me suis lassé des idées. On retrouve toujours les mêmes sous une forme nouvelle.	I was like you when I was young. Then I got tired of ideas. They're always the same old ones in a new form.
Hélène :	En somme vous êtes blasé, désenchanté ! Vous ne croyez plus à rien.	You really are blasé, disillusioned ! You don't believe in anything.
Philippe :	Si vous voulez. Mais, sait-on jamais, il ne faut pas se fier aux apparences. J'avais un ami qui me ressemblait beaucoup. Nous étions très lié. C'était mon meilleur ami. Un jour il s'est suicidé.	If you say so. But, one can never tell. One should never go by appearances. I had a friend who was a lot like me. We were very close. He was my best friend. Then one day he tried to commit suicide.
Hélène :	Pourquoi ?	Why ?
Philippe :	On n'a jamais vraiment su. Il avait une histoire d'amour avec une femme. Elle voulait le laisser tomber parce qu'il était trop coureur, et elle était plus âgée que lui.	No-one ever really knew. There was some story of a love affair with a woman. She wanted to end it because he was a real womanizer and she was older than him.
Hélène :	Et alors ?	So, what happened ?
Philippe :	Alors, c'est tout. Il devait rechercher quelque chose qu'il ne trouvait pas. Je n'sais pas, moi. On n'a pas su ce qui s'était passé.	That's it. He must have been looking for something he couldn't find. I really don't know. No-one found out what really happened.
Hélène :	Il est mort ?	And, is he dead ?
Philippe :	Non. Il n'est pas mort. On a réussi à le sauver. Mais il a disparu. On ne l'a jamais revu. Il a tout quitté. Il n'a pas laissé un mot, même à ses amis intimes.	No, he didn't die. We managed to save him. But he's disappeared. I've not seen him again. He turned his back on everything. He didn't leave a word, not even for his close friends.
Hélène :	Et elle, elle n'a rien fait pour le retenir ?	And didn't she do anything to try to get him back ?
Philippe :	Oh, je crois qu'elle en avait un peu marre de ses infidélités et puis surtout, elle avait peur.	Oh, I think she'd had more than enough of his infidelities and then above all, she was frightened.
Hélène :	Peur de quoi ?	Frightened ? Of what ?
Philippe :	De s'engager dans une aventure, parce qu'avec lui c'était vraiment l'aventure.	Of getting involved in an adventure, because with him it really was an adventure.

Hélène :	C'est ça le problème, on ne veut plus s'engager, ou alors, pour quelques mois...	That's the problem. People don't want to get involved any more or at least only for a few months.
Philippe :	Je crois plutôt qu'il aurait voulu s'engager mais qu'il ne le pouvait pas...	I rather think that in his case he would have wanted to get completely involved, but he couldn't.

They stop speaking and look at the reflections of the sun on the sea.

Philippe :	C'est beau.	It's beautiful.
Hélène :	Oui.	Yes.
Philippe :	À quoi pensez-vous ?	What are you thinking about ?
Hélène :	Je pense à ce qu'était la vie ici, au siècle dernier, quand Proust venait avec sa grand-mère. C'était peut-être plus simple que maintenant.	I'm thinking about what life must have been like a century ago when Proust used to come here with his grand-mother. It must have been simpler than now.
Philippe :	Vous avez la nostalgie des jeunes filles en fleurs ! Je ne vous croyais pas si romantique. Je vous voyais plutôt femme d'affaires.	You have the same nostalgia as "Les jeunes filles en fleurs" ! I didn't think you were so romantic. I saw you more as a businesswoman.

"Les jeunes filles en fleurs" : *allusion to the book "À la recherche du temps perdu". "À l'ombre des jeunes filles en fleurs" (In the shadow of the flower girls) the action of which book takes place at Balbec (Cabourg in real life) where Proust used to go for the summer with his grandmother.*

Philippe :	Il commence à faire frais. On rentre ?	It's beginning to get a little chilly. Shall we go back ?

AVEZ-VOUS COMPRIS ?

Before answering these questions, you should perhaps look at the translation and listen several times to the dialogue until you fully understand what is required. You do not need to understand every word.

Hélène se trompe lorsqu'elle dit qu'il n'y a que les gens riches qui peuvent venir sur la côte normande. Que peuvent faire les gens des classes moyennes ?	Ils peuvent aller au camping ou acheter des appartements bon marché, vendus à crédit.
Il y a deux raisons qui font qu'on peut acheter ces appartements sans avoir beaucoup d'argent. Lesquelles ?	Le versement à l'achat est peu important. À cause de la dévaluation.
Hélène critique ou approuve le fait de vivre au-dessus de ses moyens ?	Elle le critique.

Changer la vie est un slogan socialiste ou une idée d'Hélène ?	C'est un slogan socialiste.
Hélène est inscrite à un parti de gauche ou elle a des idées de gauche ?	Elle a des idées de gauche.
Philippe est-il très engagé politiquement ? Trouvez deux arguments qui vous permettent de répondre.	Il se dit pour le juste milieu, ce qui, en France, n'est pas une marque de profond engagement. Les gens l'intéressent davantage que les idées.
Hélène est-elle plus intellectuelle que Philippe ?	Sans doute, puisque les gens l'ennuient quelquefois, et qu'elle est heureuse de retrouver les idées.
Hélène reproche à Philippe d'être blasé ou indifférent ?	Elle lui reproche d'être blasé.
Il lui raconte l'histoire de son ami pour lui montrer qu'il ne faut pas se fier aux apparences ou pour lui montrer qu'il vaut mieux être indifférent dans la vie ?	Pour lui montrer qu'il ne faut pas se fier aux apparences.
Une de ces affirmations est fausse, laquelle : - l'ami de Philippe était amoureux d'une femme plus âgée que lui ; - il n'y avait pas d'autres femmes dans sa vie ; - il s'est suicidé parce qu'elle voulait le quitter ?	Il n'y avait pas d'autres femmes dans sa vie. Cela est faux, puisqu'il était coureur, c'est-à-dire qu'il avait beaucoup de femmes.
Philippe traite Hélène de romantique en faisant allusion à un roman, lequel ?	"À l'ombre des jeunes filles en fleurs", un des livres de "À la recherche du temps perdu", de Marcel Proust.

Le problème des relations entre les couples pour Hélène, c'est la fidélité ou l'indifférence, c'est-à-dire le manque d'engagement profond ?

C'est le manque d'engagement.

Elle croit que l'ami de Philippe s'était très engagé. Est-ce qu'elle a tort ou raison ?

Philippe pense qu'elle a tort : qu'il désirait s'engager mais qu'il ne le pouvait pas.

POUVEZ-VOUS LE DIRE EN FRANÇAIS ?

... ON DIRAIT QUE C'EST PLUTÔT SNOB COMME ENDROIT ! TU NE TROUVES PAS ?

... C'ÉTAIT !

Someone takes you for a right-wing intellectual. You reply that appearances shouldn't be believed and that you are in fact an intellectual of the extreme right ....

Il ne faut pas se fier aux apparences. Je suis un intellectuel d'extrême-droite.

Your questioner is surprised. What might he say ? ....

Je ne te croyais pas si à droite.

Someone asks you why you have left your boy/girl friend. What do you say ? ....

J'en avais marre de ses mensonges.

You reply that it wasn't you who left, but your friend who left you ....

Ce n'est pas moi qui l'ai quitté(e), c'est elle (lui) qui m'a laissé(e) tomber.

A friend sees you wearing a beautiful fur-coat, and is rather surprised because he knows you don't have a lot of money. What explanation might you give him ? ....

Je vis au-dessus de mes moyens. Je l'ai acheté à crédit.

Someone wants you to take part in a political meeting of the extreme left. You refuse, explaining your political position	Moi je suis de gauche, mais pas d'extrême-gauche. ou J'ai des idées de gauche.
A friend tells you he has ten girl-friends, and that this tends to make things difficult. You reply explaining your middle-of-the-road position .	Moi je suis pour le juste milieu. Trois ou quatre, ça va, mais dix c'est trop. Bonjour, les dégâts*.
You learn that a famous political figure of the left has had a 14 room house built, complete with swimming-pool. What might you say ?	Il a le cœur à gauche et le porte-monnaie à droite.

* This expression is currently used as a warning against going to far.

PRATIQUE DE LA LANGUE

COMBINAISONS GRAMMATICALES

In this lesson, the idea is to recall and learn certain current expressions and a few figures of speech (metaphors) which enable you to express yourself in conversation / discussion in a more meaningful and, effective way.

pas très excitant très drôle terrible marrant	comme	philosophie ! perspective ! spectacle ! situation !

un intellectuel une intellectuelle	de gauche de droite	une femme un homme	d'affaires de caractère tête talent valeur

Nuancer une affirmation *Giving a nuance to a statement*

J'ai l'impression que Il me semble que On dirait que	c'est plutôt snob comme endroit c'est plutôt une critique de droite vous avez le cœur à gauche vous n'avez pas les pieds sur terre vous êtes plutôt romantique

C'est plutôt snob ici Ce n'est pas très raisonnable Ça pose des problèmes	vous ne trouvez pas ?

Solliciter le point de vue de l'autre *Seeking out another person's point of view*

On ne peut pas concilier les deux C'est une histoire de cœur C'est un problème d'argent C'est une question de goût	d'après vous ? à votre avis ? c'est ça que vous voulez dire ?

Expliquer sa pensée *Explaining one's thought*

Ce n'est pas ce que je veux dire...
Je veux dire que...
Ce que je veux dire, c'est que...

Faire une constatation sur quelqu'un *Noticing something about someone*

Je ne	vous te le/la	croyais pas	si	romantique réaliste sage à droite passionné(e) naïf (naïve)

Je	vous te le/la	croyais	plus	réaliste sensible à gauche raisonnable égoïste

Je	vous te le/la	aurais cru	plus moins	raisonnable désintéressé(e) cynique

Je n'aurais pas cru ça de	vous/toi lui d'elle

Quelques expressions courantes *Some current expressions*

Vivre au-dessus de ses moyens :	dépenser plus d'argent qu'on n'en gagne.
Se fier aux apparences :	croire ce qu'on voit. Les aspects extérieurs des choses ou des gens.
Laisser tomber quelqu'un :	abandonner, quitter.
Avoir la nostalgie de... :	regretter quelque chose qui n'existe plus.
En avoir marre de... :	être fatigué, ne plus accepter quelque chose ou quelqu'un.
Être pour le juste milieu :	prendre une position intermédiaire dans tous les domaines.

Quelques images *Some images / idioms*

avoir les pieds sur terre
    le cœur à gauche

« son cœur penche à gauche et son porte-monnaie à droite »

262

DES CHANSONS QUI ONT FAIT LE TOUR DU MONDE

Une Chanson d'Edith Piaf. Musique de Louiguy.

Quand il me prend dans ses bras,
il me parle tout bas,
je vois la vie en rose.
Il me dit des mots d'amour,
des mots de tous les jours.
Et ça m'fait quelque chose...

La vie en rose (Edith Piaf - Louiguy).

Des couples, unis ou désunis ?
devant la mer, sur la côte normande.

MAGAZINE   MAGAZINE   MAGAZINE   MAGAZINE   MAGAZINE   MAGAZIN

263

Le laboureur a reçu
une lettre de sa fiancée.

L'amour à la belle époque.

UN SUCCÈS INTERNATIONAL
LES FEUILLES MORTES

PAROLES DE
JACQUES PRÉVERT
MUSIQUE DE
JOSEPH KOSMA

CRÉÉ AU MUSIC-HALL & ENREGISTRÉ PAR
YVES MONTAND
SUR DISQUE "ODÉON"

ENOCH & Cie, Éditeurs, 193, Boulevard Pereire, 75017 PARIS

Oh ! Je voudrais tant que tu te souviennes
des jours heureux où nous étions amis.
En ce temps là, la vie était plus belle,
et le soleil plus brûlant qu'aujourd'hui.
Les feuilles mortes se ramassent à la pelle,
tu vois je n'ai pas oublié...

Les feuilles mortes (J. Prévert - J. Kosma).

MAGAZINE MAGAZINE MAGAZINE MAGAZINE MAGAZINE MAGAZINE

UNITÉ 25

Le dîner

A few days before Hélène's departure, the Lapeyres have invited Günter, Philippe and Hélène to dinner. Philippe has had to cancel at the last moment, something unforeseen has copped up.
This chapter, which is fairly long, consists of 5 sequences.
You can study them separately, one after another, or choose those which interest you. You can if you wish, simply aim to understand the different sequences.

Séquence 1 - *Jeanne goes to the door. Hélène stands there with a pretty bunch of flowers.*

Jeanne :	Bonsoir, Hélène ! Oh ! Mais tu n'aurais pas dû !	Hello, Hélène ! Oh, but you shoudn't have !
Hélène :	Je sais que tu aimes les fleurs.	I know that you love flowers.
Jeanne :	C'est vrai, il est magnifique ton bouquet. Merci. Assieds-toi. Alors ? Comment te sens-tu ?	That's absolutely right. Your bouquet is gorgeous. Thank you. Do sit down. So, how are you feeling ?
Hélène :	Oh ! Ça va. Philippe et Günter ne sont pas encore arrivés ? J'croyais être en retard.	OK. Philippe and Günter haven't arrived yet ? I thought I was late.
Jeanne :	Philippe ne viendra pas. Il a téléphoné pour s'excuser. Il a dû partir en province sur un chantier. Il y a eu un problème.	Philippe isn't coming. He telephoned to apologise. He had to leave for the country on a job. There's been some kind of problem.
Hélène :	Il est parti pour longtemps ?	Has he gone for a long time ?
Jeanne :	Il rentre demain soir. Mais tu ne m'as pas répondu, comment vas-tu ce soir ?	He's coming back tomorrow evening. But you haven't replied to my question, how are you this evening ?

Hélène :	Bien. Mais le temps a passé si vite que je n'ai pas pu faire tout ce que j'avais envie de faire.	Very well. But the time has passed so quickly that I haven't been able to do everything I wanted.
Jeanne :	Tu n'as pas visité d'agences ?	You haven't been to any agencies ?
Hélène :	Si mais pas autant que j'aurais aimé. Je n'en ai visité que deux. Ce n'est pas beaucoup pour comparer les méthodes de travail.	I have, but not as many as I would have liked. I've only visited two. That's not really enough to be able to make a comparison of working methods.
Jeanne :	Et si tu restais encore un peu ?	And can't you stay a little longer ?
Hélène :	C'est impossible. Mon séjour en Grèce est organisé depuis longtemps. Je n'peux pas retarder. Tous les rendez-vous sont pris.	Impossible. My stay in Greece was organised some time ago. I can't put it back. All the meetings have been arranged.

Séquence 2 - *Hélène gets up to go and see the children (Martine, 11, and Olivier, 9) who are watching television in a corner of the lounge.*

Hélène :	Alors, ça va les enfants ? Qu'est-ce que vous regardez de beau ?	So, how are things, kids ? What are you watching ?
Martine :	Cocoricocoboy. *(TV satirical program)*	Cocoricocoboy.
Hélène :	C'est bien ?	Is it good ?
Martine :	Ouais, c'est rigolo.	Yeah, it's great.
Jeanne :	Allez, on éteint maintenant.	Come on, we're going to turn it off now.
Olivier :	Ah non !	Oh, no !
Jeanne :	Alors, baissez le son.	Well, turn the sound down anyway.
Hélène :	Qu'est-ce que vous regardez en général à la télé ?	What kind of things do you normally watch ?
Olivier :	Des trucs.	You know... things.
Hélène :	Quoi, par exemple ?	What, for example ?
Martine :	Moi, j'aime les westerns, les films de science-fiction. Les dessins animés aussi j'aime bien.	I like westerns, and science-fiction films. And I think cartoons are good too.
Hélène :	Et puis quoi ?	And what else ?
Olivier :	Ah oui et aussi les films de guerre, c'est à peu près ce que j'aime en général.	Yes, war-films too, that's what I go for generally.
Hélène :	Les pièces de théâtre ?	And plays ?
Martine :	Pas toujours.	Not very often.
Olivier :	Les bagarres, les pièces où y a des bagarres, et puis aussi les films d'aventure.	Fighting, plays which contain fights, and also adventure films.
Hélène :	Vos parents vous laissent regarder autant que vous voulez ?	Do your parents let you watch as much as you like ?
Martine :	Oh oui ! Quand y a pas d'école, oui.	Yes, when there's no school, certainly.
Hélène :	Tu aimes regarder la pub ?	Do you like watching the commercials ?
Olivier :	Oui, surtout les soirs, comme ça, ça retarde un peu le coucher. "J'ai le ticket chic, j'ai le ticket choc." "Deux lames valent mieux qu'une."	Yes, especially during the evenings, that delays bed-time.
Hélène :	C'est chouette la pub, vous aimez ?	Commercials are great stuff, then ?
Martine :	Oh ouais, y en a qui sont super.	Yeah, there are some really amazing ones.

Ticket chic : *advertising slogan for Paris metro.*
Lames : *means razor blade.*

Séquence 3 - *Jeanne goes to open the door for Günter, who has brought a bottle of wine. After greeting his hosts, he explains that his son has been arrested in a anti-nuclear demonstration.*

Jeanne :	Bonsoir Günter. Oh c'est très gentil. François adore les vins du Rhin.	*Hello, Günter. Oh, that's very kind of you. François loves Rhine wines.*
Günter :	Je suis content que ça vous fasse plaisir.	*I'm pleased you like it.*
François :	Bonsoir Günter, vous allez bien ?	*Günter, hello. How are you ?*
Günter :	Malheureusement pas très bien. J'ai un ennui. Je viens de recevoir un coup de téléphone de mon ex-femme. Il faut que je rentre à Münich demain matin. Mon fils a été arrêté pendant une manifestation. Il s'est bagarré avec la police. Il faut que j'aille m'occuper de lui.	*Unfortunately, not too good. I have a problem. I've just received a call from my ex-wife. I have to return to Münich tomorrow morning. My son has been arrested in a demonstration. He was involved in a fight with the police. I must go and see to him.*
Jeanne :	Il est blessé ?	*Is he hurt ?*
Günter :	Non. Mais il paraît qu'il avait un cocktail Molotov sur lui. C'est pour ça qu'on l'a arrêté. Sa mère est très inquiète. Moi ça m'étonne un peu de lui. C'est un garçon qui a toujours été plutôt calme.	*No. But it appears that he had a Molotov cocktail on him. That's why he was arrested. His mother is very worried. I'm really rather surprised at him. He's always been a very quiet boy.*
François :	Qu'est-ce que vous allez faire ?	*What are you going to do ?*
Günter :	Naturellement, j'vais essayer de le tirer d'affaire. Il n'a que 18 ans.	*Naturally I'm going to try to get him out of this business. He's only 18 years old.*
Jeanne :	Il fait des études ?	*Is he studying ?*
Günter :	Oui, d'histoire et de science politique.	*Yes, history and political science.*
Hélène :	C'est la première fois qu'il a des ennuis avec la police ?	*Is this the first time he's ever been in trouble with the police ?*
Günter :	Oui, mais ce n'est pas la première fois qu'il manifeste. Comme tous les jeunes de son âge, il s'intéresse beaucoup à l'écologie.	*Yes, but it's not the first time he's been on demonstrations. Like all people of his age, he's very interested in ecological matters.*

Hélène :	Il vit avec sa mère ?	*Does he live with his mother ?*
Günter :	Oui, elle vit seule avec lui. Je me fais beaucoup de soucis pour elle. Enfin, j'espère que ça va s'arranger.	*Yes, she lives alone with him. I'm very worried on her account. I hope it will all work out in the end.*

Séquence 4 - *They are seated and François is serving the "aperitif". Günter, rather ill at ease, asks Hélène for details of her trip to Greece. She is leaving for Thessalonica on business.*

François :	Qu'est-ce que je vous sers ? Hélène, un whisky ?	*What can I get you ? Hélène, a whisky ?*
Hélène :	J'aimerais mieux quelque chose de plus doux. Un porto si vous avez.	*I'd rather have something sweet. A "porto" if you have it.*
François :	Oui, et pour vous, Günter ?	*Yes. And for you, Günter ?*
Günter :	Moi, un whisky avec des glaçons s'il vous plaît. *(Talking to Hélène)* Et vous, ça va ? Vous partez bientôt ? Sans regrets ?	*A scotch on the rocks for me, please. And how are things with you ? You're leaving soon ? No regrets ?*
Hélène :	On regrette toujours un peu de quitter ses amis, n'est-ce pas ?	*One always is a little sorry to leave one's friends, isn't one ?*
Günter :	J'vous ai téléphoné plusieurs fois ces jours-ci. Vous étiez partie ?	*I tried to telephone you several times these last few days. Have you been away ?*
Hélène :	Oui, je suis beaucoup sortie et je suis partie pour le week-end.	*Yes, I've been out a lot and I went away for the weekend.*
Günter :	Où ça ?	*Where to ?*
Hélène :	Au bord de la mer.	*The sea-side.*
Günter :	C'était bien.	*Was it good ?*
Hélène :	Très bien.	*Very good.*
Günter :	Et quand partez-vous pour la Grèce ? Vous allez à Thessalonique, je crois ?	*And when are you leaving for Greece ? You're going to Thessalonica, I believe ?*
Hélène :	Oui, après-demain.	*Yes, the day after tomorrow.*
Günter :	Vous passez par Francfort pour aller à Thessalonique. Il n'y a pas de vol direct en ce moment.	*You go via Frankfurt to get to Thelassonica. There are no direct flights at present.*
Hélène :	Non, pas en ce moment.	*No, not at the moment.*

Séquence 5 - *Dinner is ready. Jeanne invites her guests to come to the table. Günter, who wants to talk about his son, starts a conversation about the problems of youth.*

Jeanne :	Si vous voulez passer à table, le dîner est prêt. Je vous ai préparé un gratin de fruits de mer. Je sais qu'Hélène adore ça.	*If you'd like to go to the table now, dinner is ready. I've prepared a sea-food "gratin". I know Hélène adores that.*
Hélène :	Chic alors !	*Tremendous.*
Günter :	Ça doit être délicieux.	*That sounds delicious.*
Günter :	*(who continues to speak about his son)*... l'année dernière il est parti tout seul avec un sac à dos en Grèce. Il m'a dit qu'il avait décidé de regarder seulement la moitié de la vie pendant un mois !	*Last year he set off on his own to Greece, back-packing. He told me he had decided to look at only half of life for one month !*
Jeanne :	La moitié de la vie ?	*Half of life ?*

267

Günter :	Oui, il en avait marre des problèmes. Il trouvait que chez nous, on ne séparait pas les problèmes et ce qu'il appelle "les bonnes choses de la vie". Il voulait faire une expérience : regarder seulement le bon côté de la vie. Il s'est fait couper les cheveux d'une manière excentrique. Il a mis sept boucles d'oreille à une seule oreille et il est parti.	Yes, he'd had enough of problems. He felt that in our society we don't separate problems from what he calls "the good things of life". He wanted to do a little experiment : to look only on the good side of life. He had his hair cut in a weird fashion. He put seven earrings in one ear, and left.
Hélène :	Pourquoi sept boucles d'oreille ?	Why seven earrings ?
Günter :	Je ne sais pas, moi. Il voulait changer de personnalité et puis c'est un chiffre magique, sept.	I've no idea. He wished to change personality and then seven is a magic number.
Jeanne :	C'est vrai que la vie n'est pas toujours drôle pour les jeunes. En ce moment je fais un reportage sur la jeunesse pour Antenne 2 *. Ceux qui n'ont pas réussi à obtenir un bon diplôme disent tous la même chose : ils se désintéressent de la politique, ils n'ont pas envie d'apprendre un métier quand ils savent qu'ils n'arriveront pas à trouver du travail ensuite.	It's true that life isn't always much fun for the young. At present I'm doing a report on youth for "Antenne 2" *. Those who didn't manage to get a good degree (diploma), all say the same thing : they are not at all interested in politics, they don't want to learn a skill when they know they'll not be able to find work later.
Hélène :	Pourtant j'ai lu récemment un sondage sur le bonheur aujourd'hui. C'est dans le Nouvel Obs, les jeunes ne disent pas qu'ils sont malheureux. Ils croient à la famille, au couple. Ils disent que la chose la plus importante, c'est la famille, c'est avoir un enfant. Et puis la tendresse aussi. Je me souviens, y en une qui dit : "J'aime qu'on s'occupe de moi pareil à un chat. J'aime qu'on me caresse."	Even so, I read recently an opinion-poll on happiness today. It was in the Nouvel Observateur. The young didn't say they were unhappy. They believe in the family, in partners. They say that the most important thing is the family, to have children. And affection too. I remember there was one who said : "I love it when I'm treated like a cat. I love it when I'm caressed."
Jeanne :	Justement ce n'est pas contradictoire. Comme ils ne croient plus à l'action, ils se réfugient dans la famille.	In fact, that's not contradictory. Since they no longer believe in action, they take refuge in the family.
Günter :	Chez nous, j'crois que c'est un peu différent. Il y a beaucoup de mouvements d'écologie, les Verts comme on dit, y a les mouvements pour la paix, qui sont très actifs.	At home in Germany, I think it's a little different. There are many ecological groups, we call them the Greens, and peace movements which are very active.

*TV channel.

AVEZ-VOUS COMPRIS ?

You are going to hear two statements. One is true, the other is not. You have to decide which is right.

Séquence 1

1 - Philippe a téléphoné pour dire : **a.** qu'il sera en retard
                                       b. qu'il ne viendra pas

2 - Il a **a.** un problème personnel
          b. un problème professionnel

3 - Hélène **a.** est contente de son séjour à Paris
b. n'est pas très contente de son séjour

4 - Hélène **a.** n'a pas eu le temps de faire ce qu'elle voulait faire
b. a eu des problèmes pour faire son travail

5 - Hélène **a.** décide de retarder son départ pour la Grèce
b. ne peut pas retarder son départ

Séquence 2

1 - Les enfants sont d'accord : **a.** pour éteindre la télévision
b. pour baisser le son

2 - Ils aiment surtout : **a.** les films de science-fiction
b. les pièces de théâtre

3 - Ils regardent la télé : **a.** autant qu'ils veulent
b. seulement quand il n'y a pas d'école le lendemain

Séquence 3

1 - Günter a **a.** des ennuis professionnels
b. des ennuis familiaux

2 - Il doit rentrer **a.** à cause de son fils
b. parce que sa femme est malade

3 - Son fils est **a.** étudiant en science politique
b. étudiant en histoire de l'art

4 - **a.** C'est la première fois qu'il manifeste
b. Il participe à beaucoup de manifestations

5 - Günter **a.** est inquiet pour sa famille
b. croit que les choses vont s'arranger

Séquence 4

1 - Hélène **a.** regrette un peu de partir
b. part sans regrets

2 - Günter lui demande **a.** avec qui elle a passé le week-end
b. où elle a passé le week-end

3 - Il **a.** veut savoir si elle va à Thessalonique
b. lui demande s'il y a un vol direct pour Thessalonique

4 - Il **a.** y a un vol direct pour Thessalonique ?
b. faut faire escale à Francfort ?

Séquence 5

1 - Le fils de Günter est parti en Grèce : **a.** avec des amis
  b. seul

2 - Il trouve qu'en Allemagne : **a.** il y a trop de problèmes
  b. on ne sépare pas les problèmes et les aspects agréables de la vie

3 - Pour Jeanne : **a.** il y a une différence entre les jeunes qui ont un bon diplôme et ceux qui n'en ont pas
  b. il n'y a pas de différence

4 - Pour Jeanne **a.** les jeunes s'intéressent à la politique
  b. les jeunes se désintéressent de la politique

5 - D'après le sondage sur le bonheur aujourd'hui : **a.** les jeunes sont plutôt malheureux
  b. les jeunes sont plutôt heureux

6 - D'après le sondage sur le bonheur aujourd'hui **a.** ils croient au mariage
  b. ils croient à la vie en couple

Corrigé

Séquence 1 : 1-b, 2-b, 3-b, 4-a, 5-b — Séquence 2 : 1-b, 2-a, 3-b — Séquence 3 : 1-b, 2-a, 3-a, 4-b, 5-a — Séquence 4 : 1-a, 2-b, 3-b, 4-b — Séquence 5 : 1-b, 2-b, 3-a, 4-b, 5-b, 6-b.

POUVEZ-VOUS LE DIRE EN FRANÇAIS ?

You receive a lovely present from a friend. What might you say to thank him/her ?	Merci beaucoup, c'est très gentil. Ça m'a fait très plaisir. Tu n'aurais pas dû. ou Vous n'auriez pas dû.
You reply to an expression of thanks	Je t'en prie / Je vous en prie. Je suis content que cela vous plaise / vous fasse plaisir.
You advise someone to go for a rest in the countryside	Et si vous alliez vous reposer à la campagne ?
You are not sure of a piece of information. How do you begin your statement ?	Il paraît que... ou On m'a dit que...
You ask someone about the evening's television programmes	Qu'est-ce qu'il y a de bien à la télé ce soir ?
You wish to check that someone has not changed his/her opinion	Vous n'avez pas changé d'avis ?
You assure someone that you will see to his/her particular problem	Ne vous en faites pas, je m'occuperai de cela

You tell someone that you have tried to be in touch by telephone, but you haven't managed to get through to his/her secretary	J'ai essayé de vous contacter, mais je n'ai pas réussi à joindre votre secrétaire.
You express astonishment at someone's success in an examination	Je suis surpris (ça m'étonne) qu'il ait réussi à son examen.
You show your embarrassment at not being able to help someone	Ça m'ennuie de ne pouvoir vous rendre ce service.
You announce that you don't want to go to a particular dinner-party	Ça m'ennuie d'aller à cette soirée.
You tell someone you really like that you are missing him/her	Je m'ennuie de toi. ou Tu me manques.

PRATIQUE DE LA LANGUE

COMBINAISONS GRAMMATICALES

Je suis content que cela vous fasse plaisir (avec le subjonctif)

Je suis	content(e) heureux(se) surpris(e)	que cela vous fasse plaisir qu'il vienne qu'il parte	subjonctif présent
ça	étonné(e) ennuyé(e) ravi(e) m'étonne me surprend m'ennuie me gêne	qu'il ait fait cela qu'il ait dit cela qu'il soit venu	subjonctif passé

"Le temps a passé si vite que je n'ai pas pu faire..."

ça s'est passé	si vite que	je n'ai rien pu faire
tout a été	si rapide que	je n'ai pas eu le temps de réagir
le coup a été	si brusque qu'	il est tombé par terre
elle m'a parlé	si gentiment que	je n'ai rien osé lui dire

je n'ai pas gagné	autant d'argent que	j'aurais aimé
vu	de films	voulu
fait	de choses	

ce n'était pas	aussi	drôle que	je l'aurais cru
		intéressant	
		cher	

"Comme ils ne croient plus à l'action, ils se réfugient dans la famille"

comme	
étant donné que	ils ne croient plus à l'amour, ils se réfugient dans l'action
puisque	
dans la mesure où	
du moment où	

Take note of the preposition used with these verbs :

s'intéresser **à**...　　se désintéresser **de**...
réussir **à**...　　　　se souvenir **de**...
arriver **à**...　　　　s'occuper **de**...
croire **à**...　　　　　essayer **de**...
　　　　　　　　　　changer **de**...
　　　　　　　　　　décider **de**...
　　　　　　　　　　en avoir assez (marre) **de**...

se réfugier **dans**...
s'arranger **pour**...
se faire du souci **pour**...

attention :
- avoir des ennuis avec...　　to have problem with...
- s'ennuyer de quelqu'un...　　to miss (someone)...
- cela m'ennuie... de ne pas pouvoir vous aider.
- cette conférence m'ennuie.

I'm sorry not be abble to help you
this conference bores me.

EXERCICES

1 Traduisez

1 - I am very glad you can come with me.
2 - I am surprised he has not arrived yet.
3 - I'm worried he's cross.
4 - He left so rapidly that I had no time to thank him.
5 - I did not succed in contacting him.
6 - I don't remember what he told me.

7 - *I did not change my mind.*
8 - *I tried to get in touch with her.*
9 - *Do you believe in that story ?*
10 - *Can you manage to get the 5 o'clock train ?*
11 - *I have problems with my neighbours.*
12 - *I am annoyed at the idea of arriving late.*

Corrigé

1 - Je suis heureux(se) que vous puissiez venir avec moi. 2 - Je suis surpris(e) qu'il ne soit pas encore arrivé. 3 - Ça m'ennuie qu'il soit fâché. 4 - Il est parti si vite que je n'ai pas eu le temps de le remercier. 5 - Je n'ai pas réussi à le contacter. 6 - Je ne me souviens plus de ce qu'il m'a dit. 7 - Je n'ai pas changé d'avis. 8 - J'ai essayé de prendre contact avec elle. 9 - Vous croyez à cette histoire ? 10 - Pouvez-vous arranger pour prendre le train de cinq heures ? 11 - J'ai des ennuis avec mes voisins. 12 - Ça m'ennuie d'arriver en retard.

2 Terminez les phrases suivantes en utilisant les éléments de la colonne de droite et la préposition adéquate.

1 - Je m'intéresse...	le contacter
2 - Il ne se souvient plus...	tout
3 - J'ai décidé...	la politique
4 - Tu as changé...	partir en voyage
5 - Elle se désintéresse...	croire à cette histoire
6 - J'ai essayé...	rien
7 - Je ne crois pas...	toi
8 - Il n'a pas réussi...	sa sincérité
9 - Je ne veux pas m'occuper...	me convaincre
10 - Je n'arrive pas...	avis
11 - J'en ai marre...	cette affaire
12 - Je m'ennuie...	ses mensonges

Corrigé

1 - Je m'intéresse à la politique. 2 - Il ne se souvient plus de rien. 3 - J'ai décidé de partir en voyage. 4 - Tu as changé d'avis. 5 - Elle se désintéresse de tout. 6 - J'ai essayé de le contacter. 7 - Je ne crois pas à sa sincérité. 8 - Il n'a pas réussi à me convaincre. 9 - Je ne veux pas m'occuper de cette affaire. 10 - Je n'arrive pas à croire à cette histoire. 11 - J'en ai marre de ses mensonges. 12 - Je m'ennuie de toi.

On peut dire aussi : J'en ai marre de toi. Je n'arrive à la contacter. Elle se désintéresse de la politique. Il ne se souvient plus de toi.

Mais on ne peut pas dire : Je ne crois pas à rien.
        il faut dire : Je ne crois à rien.

274

AMBIANCES FAMILIALES

à la campagne

dans les beaux quartiers

en banlieue, dans une HLM
(Habitation à loyer modéré).

MAGAZINE MAGAZINE MAGAZINE MAGAZINE MAGAZINE MAGAZIN

275

La passion du jogging.

La solitude
du skieur de fond.

MAGAZINE MAGAZINE MAGAZINE MAGAZINE MAGAZINE MAGAZINE

UNITÉ 26

C'est triste Orly le dimanche

In this last unit, you will hear first some short sequences which take place in Philippe's apartment, in taxis, and in Philippe's car, and then a longer scene at Orly, one of Paris' airports.

At his flat, Philippe makes a call.

Répondeur :	Il n'y a pas d'abonné au numéro que vous avez demandé. Veuillez consulter l'annuaire ou le service des renseignements.	*The number you have dialled is not available. Please consult the directory or ring Directory Enquiries. Thank you.*
Philippe :	Qu'est-ce que j'ai fait ? J'me suis trompé de numéro. Voyons, Air France, renseignements-réservation, c'est bien le 45.35.61.61.	*What have I done ? I have the wrong number. Let's see, Air France, enquiries, reservations, that's it 45.35.61.61.*
Voix :	Air France, bonjour.	*Air France, hello.*
Philippe :	À quelle heure y a-t-il un avion pour Thessalonique, s'il vous plaît ?	*What time is there a flight for Thessalonica, please ?*
Voix :	Un instant, je vous passe le service.	*One moment, I'll put you through.*
Philippe :	Allô ? Je voudrais savoir à quelle heure il y a un avion pour Thessalonique ?	*Hello ? I'd like to know what time there is a plane for Thessalonica.*
Voix :	Pour Thessalonique, il n'y pas de vol direct en ce moment. Il faut changer à Francfort, correspondance à 16 heures pour Thessalonique.	*Thessalonica, there are no direct flights at present. You must change at Frankfurt, connecting flight for Thessalonica at 16.00.*
Philippe :	Je vous remercie.	*Thank you very much.*
Voix :	Je vous en prie.	*You're welcome.*

In an underground garage, Philippe starts his car.

At her hotel, Hélène is getting into a taxi which she has ordered.

Réceptionniste :	Au revoir, Madame, bon voyage.	*Good bye, Madam. Have a good trip ?*
Hélène :	Au revoir, Monsieur, merci.	*Good bye. Thanks.*
Hélène :	À Orly, s'il vous plaît !	*Orly, please.*
Chauffeur :	Vous allez à Orly-Sud ou Orly-Ouest ?	*Are you going to Orly-South or Orly-West ?*
Hélène :	Orly-Sud.	*Orly-South.*

Günter in a taxi in Paris, in a very congested street.

Günter :	Il y a une circulation terrible. Vous pensez que l'autoroute est encombrée aussi ?	*The traffic is dreadful. Do you think the motorway will be as busy ?*
Taxi :	Je ne peux pas vous dire, j'en sais rien. On verra bien. Il est à quelle heure votre avion ?	*I can't tell you, I really don't know. We'll see. What time is your plane ?*
Günter :	À 14 h 30, il faut que je sois à Orly à 13 h 30.	*2.30 pm. I ought to be at Orly at 1.30.*
Taxi :	Oh j'pense que ça ira... oui, ça devrait aller.	*I think that'll be all right... yes, should be OK.*
Günter :	C'est pas possible. Toutes ces voitures dans le couloir réservé aux taxis.	*This is ridiculous. All these private cars in the lane reserved for taxis.*
Taxi :	C'est toujours pareil. Tant qu'il n'y aura pas un flic à chaque coin de rue.	*It's always like this. As long as there's no policeman on each street-corner.*

At the taxi rank at Orly, Hélène gets out of the taxi, pays and takes a baggage trolley.

Taxi :	Ça fait 75 francs.	*That will be 75 francs.*
Hélène :	Tenez, prenez 85.	*Right. Call it 85.*
Taxi :	Merci. Au revoir, Madame. Bon voyage.	*Thank you. Good bye, Madam. Have a good trip.*
Hélène :	Merci, au revoir Monsieur.	*Thank you. Goodbye.*

Günter gets out of his taxi, and pays with a 500 francs note.

Taxi :	Voilà. Nous y sommes. Vous voyez, il n'y avait pas de quoi s'affoler... Vous n'avez pas la monnaie ?	*Here we are. You see, there was no need to get in a panic... Do you not have any change ?*
Günter :	Non, c'est tout ce que j'ai. Je suis désolé.	*No, I'm sorry, that's all I have.*
Taxi :	On va s'arranger. Ça vous fait 82 francs.	*We'll work it out. That'll be 82 francs.*
Günter :	Rendez-moi la monnaie sur 90 francs.	*Give me the change from 90.*
Taxi :	Voilà cent, deux cents, trois cents et quatre qui font cinq. Merci bien Monsieur. Au revoir, Monsieur.	*There we are. 100... 200... 300... 400 and that makes 500 francs. Thank you, sir, and good bye.*
Günter :	Au revoir. Merci.	*Good bye. Thank you.*

At the garage entrance, Philippe takes a ticket and parks his car. He looks at the flight departure board. He goes to the check-in desk for Frankfurt, and comes across Hélène in the queue.

Philippe :	Bonjour ! Vous allez bien. Ça vous étonne que je sois là ?	*Hello ! How are you ? Does it surprise you I'm here ?*
Hélène :	Pourquoi dites-vous ça ?	*Why do you say that ?*

Philippe :	Ça vous ennuie que je sois venu ? Vous m'aviez bien laissé un message sur mon répondeur ?	Does it bother you that I've come ? Did you leave a message on my answering-machine ?
Hélène :	Oui, je ne voulais pas partir sans vous prévenir. Sans vous dire au revoir, en tout cas.	Yes, I didn't want to leave without telling you. Without saying good-bye at any rate.
Philippe :	C'est gentil à vous. Vous êtes très belle, Hélène, le noir vous va bien.	That's nice of you. You are very attractive, Hélène. Black suits you.
Hélène :	Vous trouvez ?	You think so.
Philippe :	Je ne vous avais jamais vue avec cette robe. Vous devriez la porter plus souvent.	I've never seen you in this dress. You ought to wear it more often.
Hélène :	...	...

Hélène is at the check-in desk. Philippe puts his suitcase on the baggage conveyor.

Employée :	Vous avez une seule valise ?	Do you have only one suitcase ?
Hélène :	Oui.	Yes.
Employée :	Fumeur ou non fumeur ?	Smoking or non-smoking.
Hélène :	Fumeur.	Smoking.
Employée :	L'embarquement est à 14 heures.	Boarding at 14.00 h.
Hélène :	Merci.	Thank you.

They leave the registration hall.

Philippe :	Vous pensez revenir bientôt en France ?	Are you planning to come back to France soon ?
Hélène :	Ça m'étonnerait.	I should be very surprised.
Philippe :	Après la Grèce, vous ne repassez pas par Paris ?	After Greece, you won't be coming back through Paris ?
Hélène :	Non, je rentre directement à New York.	No. I am returning directly to New York.
Philippe :	Et vous comptez revenir quand en France ?	And when are you planning to come back to France ?
Hélène :	Je ne sais pas, dans un an ou deux peut-être.	I don't know. In a year or two.
Philippe :	Il peut se passer beaucoup de choses en deux ans.	Lots of things can happen in two years.
Hélène :	Oui, ça c'est sûr.	Yes, that's for sure.
Philippe :	On va prendre un café ? Vous avez le temps.	Shall we have a coffee ? You have time ?

At the bar.

Philippe :	Deux express, s'il vous plaît. *(To Hélène)* Ça s'est bien passé la soirée chez les Lapeyre ?	Two expressos, please. Did you have it a good evening at the Lapeyres ?
Hélène :	Oui, très bien.	Yes, very good.
Philippe :	Et Günter, il va bien ?	And Günter's well ?
Hélène :	Pas trop. Son fils a eu des ennuis avec la police. Il a été arrêté dans une manif.	Not particularly. His son is in trouble with the police. He was arrested at a demo.
Philippe :	Ah bon, c'est un écolo ou quoi ?	Oh really. Is he one of these ecology fanatics ?
Hélène :	Oui, sans doute. C'était une manif anti-nucléaire.	Yes, very likely. It was an anti-nuclear demo.

Philippe :	Il est pas mal, Günter. C'est un homme sérieux et séduisant, vous ne trouvez pas ?... Ce n'est pas votre type d'homme ?	*He's not a bad guy, Günter. He's serious and attractive, don't you find ? Isn't he the type of man you like ?*
Hélène :	Je n'ai pas envie de plaisanter à son sujet. Günter est un homme très bien.	*I'm in no mood to joke about him. Günter is a very pleasant man.*
Philippe :	Et de plus, il est amoureux de vous.	*And what's more, he's in love with you.*
Hélène :	Ça alors ! Je me demande où vous êtes allé chercher ça.	*You don't say ! I wonder where you got this idea !*
Philippe :	Ça se voit comme le nez au milieu de la figure. Tout simplement...	*It shows, that's all. It's as plain as the nose on your face. Quite simply...*
	All of a sudden Philippe notices Günter.	
Philippe :	Quand on parle du diable... qu'est-ce qu'il fait là ?	*Talk of the devil... What's he doing here ?*
Hélène :	Qui ça ?	*Who ?*
Philippe :	Votre amoureux.	*Your lover.*
Hélène :	Mon amoureux... je n'comprends pas. J'croyais qu'il était rentré à Münich.	*My lover... I don't follow. I thought he'd returned to Münich.*
Philippe :	Apparemment non.	*Apparently not.*
Hélène :	Il nous a dit avant-hier soir qu'il rentrait pour s'occuper de son fils.	*He told us last night that he was going back to look after his son.*
Philippe :	Pour s'occuper de son fils ou pour s'occuper de vous ?	*To look after his son, or you ?*
Hélène :	Qu'est-ce que vous voulez dire ?	*What do you mean ?*
Philippe :	Vous ne trouvez pas bizarre qu'il soit ici à cette heure-ci, alors qu'il n'y a même pas d'avion pour Münich ?	*Don't you find it strange that he is here at this particular moment when there isn't even a plane for Münich ?*
Hélène :	Il a peut-être changé d'avis.	*Perhaps he's changed his mind.*
Philippe :	On va le lui demander.	*We'll ask him.*
	He goes up to Günter.	
Philippe :	Bonjour Günter. Comment allez-vous ? On vous croyait parti ?	*Hello, Günter. How are you ? We thought you had left ?*

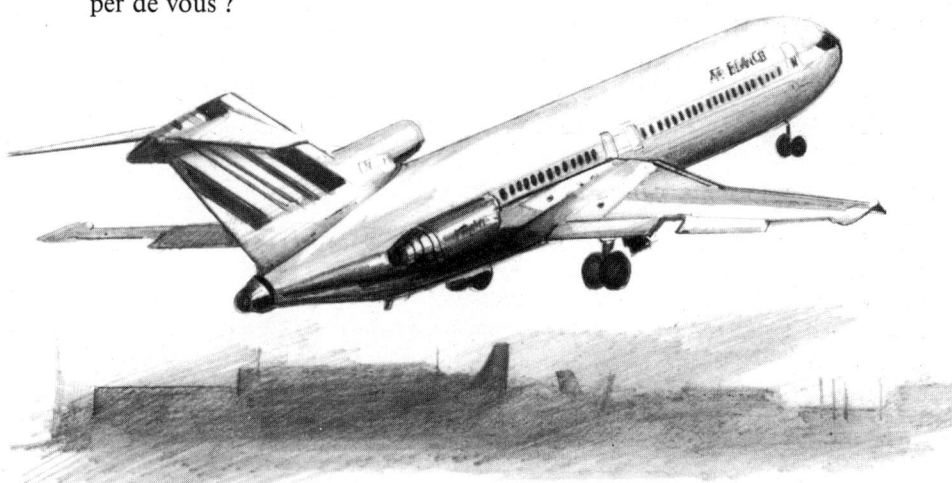

Günter :	Heu... non... finalement... non. Je ne sais pas si vous êtes au courant, mais mon fils avait été arrêté par la police mais il a simplement passé quelques heures au poste. Sa mère s'est affolée. Bon... alors je devais rentrer plus tôt mais j'ai décidé de partir aujourd'hui seulement.	*Er... no... in the end... no. I don't know if you're aware but my son had been arrested by the police, but in the event he only spent a few hours at the station. His mother was panic-stricken. So... I had to leave earlier than planned, but I decided to leave today only.*
Philippe :	Et vous allez à Münich ?	*And are you going to Münich ?*
Günter :	Non... pas directement. Je passe par Francfort.	*Not directly. I go via Frankfurt.*
Philippe :	Eh bien, vous allez tenir compagnie à Hélène. Elle aussi, elle passe par Francfort... Je ne voudrais pas vous déranger davantage. Je vous souhaite un très très bon voyage.	*Well, in that case, you can keep Hélène company. She too is going via Frankfurt... I wouldn't want to bother you any more. I wish you a very pleasant trip.*
Hélène :	Mais voyons, c'est ridicule, Philippe. Ne partez pas tout de suite.	*But, come on now, Philippe, this is ridiculous. Don't go straightaway.*
Philippe :	Je crois que vous aurez beaucoup de choses à vous dire. Bon voyage !	*I'm sure you have a lot of things to say to one another. Bon voyage !*
Hélène :	Philippe !	*Philippe !*
	Philippe goes.	
Günter :	Hélène, si vous saviez comme...	*Hélène, if you only knew how...*
Hélène :	Écoutez Günter, ce n'est pas le moment. Vous avez entendu ? C'est le dernier appel. Dépêchez-vous, on va finir par manquer l'avion.	*Listen Günter, this isn't the moment. Did you hear ? That was the final call. Hurry up or we'll end up missing the plane.*

EXERCICES

1 Qui parle ?

You will hear a series of phrases spoken by voices which are not the usual voices of the main characters. Try to guess which character from this last unit might speak each of these phrases. Put a cross in the appropriate space. Certain phrases could be spoken by more than one person.

	chauffeur de taxi	Hélène	Philippe	Günter
1 - Que voulez-vous ? Il n'y a pas encore assez de flics en France.				
2 - Oh, tu sais, ce n'est pas exactement mon type d'homme.				
3 - Ce n'était pas la peine de s'en faire, on avait largement le temps.				

	chauffeur de taxi	Hélène	Philippe	Günter
4 - Je n'ai rien à perdre. Je l'aime comme un fou.				
5 - Je n'aurais pas cru qu'il viendrait à l'aéroport.				
6 - Vous n'avez jamais été aussi belle.				
7 - J'ai retardé mon départ pour München.				
8 - Je ne compte pas revenir en France avant deux ans.				
9 - Vous n'avez pas l'air enchanté de me voir.				
10 - Je ne voulais pas partir sans vous dire au revoir.				
11 - Je pense à vous sans cesse.				
12 - Ça n'a pas l'air de vous faire plaisir que je sois là.				
13 - Je ne savais pas que vous alliez à Francfort.				
14 - Vous devriez repasser par Paris.				
15 - Vous auriez dû me dire que vous seriez à l'aéroport.				
16 - Le noir vous va bien.				
17 - Votre amoureux vous tiendra compagnie.				
18 - J'ai changé d'avis. Je ne rentre pas à München.				
19 - Je ne sais plus où j'en suis.				
20 - Si j'avais su, je ne serais pas venu.				

Corrigé

1 - Chauffeur de taxi. 2 - Hélène/Jeanne. 3 - Chauffeur de taxi. 4 - Günter. 5 - Hélène/Günter. 6 - Philippe. 7 - Günter. 8 - Hélène. 9 - Philippe/Günter. 10 - Hélène/Philippe. 11 - Günter. 12 - Philippe/Günter. 13 - Hélène. 14 - Philippe. 15 - Hélène. 16 - Philippe. 17 - Philippe. 18 - Günter. 19 - Hélène/Philippe. 20 - Philippe.

2 À votre avis, que pensent-ils de la situation ?

Write (as interior monologue) a few lines to express the intimate thoughts of these people at the moment that the aircraft leaves. You should do two monologues for each person : one which shows a straightforward reaction, the other showing a more sentimental and romantic view point.

If you do not wish to write these pieces, read the following texts and identify a speaker (Hélène, Günter, or Philippe) and a style (realistic, romantic or sentimental...) for each.

Texte n° 1

Ça m'étonne de lui. J'aurais cru qu'il avait davantage de "self-control". C'est sûrement une réaction d'orgueil. Je suis sûr qu'il ne l'aime pas. Ce super Don Juan a été vexé de voir qu'il n'était pas seul. Au fond c'est bien fait pour lui.

Texte n° 2

Quel salaud ! Au fond c'est de ma faute. J'ai tout perdu par ma faute. Et elle, je suis sûr qu'elle m'aime au fond. Je n'ai pas voulu lui laisser voir que je l'aimais, par orgueil, comme toujours... J'ai cassé mon plus beau jouet. Si je n'ai pas de nouvelle d'ici une semaine, je prends l'avion et j'irai la rejoindre n'importe où, en Grèce, à New York. Et on verra bien qui est le gagnant. Je n'ai rien à perdre, et elle était si belle dans sa robe noire.

Texte n° 3

Je ne sais plus où j'en suis. Vivement la Grèce, le soleil et la mer. Quelle tranquillité quand je serai là-bas. Ça me fera du bien de laisser tomber ces types. J'y verrai peut-être un peu plus clair. Un de perdu, dix de retrouvés... Je me demande comment j'ai fait pour me laisser embarquer dans cette histoire et comment je vais m'en sortir !

Texte n° 4

Mon Dieu, dans quoi est-ce que je m'embarque ? Je me demande si au fond elle n'est pas heureuse que je sois là. Je l'ai dans la peau, cette femme. Peut-être qu'elle m'aime un peu. Si elle voulait, je ferais tout pour elle. Je serais capable de faire des folies.

Texte n° 5

Je n'aurais pas cru ça de lui. Il a bien caché son jeu. Il a un de ces culots ! Il finira peut-être par l'avoir. Je me demande si elle était au courant ou non ? Au fond, l'hiver prochain, si je peux m'arranger, j'essaierais d'aller passer Noël à New York. Ça vaudrait le coup. Ce serait pas mal New York sous la neige. À moins que... évidemment si elle est à München, alors là, ce serait bien ma veine.

Texte n° 6

Au fond, je ne sais pas ce que je veux. On ne peut pas tout avoir. Je n'ai jamais su choisir. Avec Günter, c'est la sécurité, mais la vie est toute tracée d'avance : un ou deux enfants, un foyer agréable, mais les pieds devant la télé, avec comme perspective quelques voyages "culturels". Avec Philippe c'est l'aventure, l'amour fou peut-être, mais pour combien de temps ? Après tout, je suis encore assez jeune pour risquer de me brûler les ailes, comme disent les Français. Günter est si prévisible. Est-ce que je pourrai jamais l'aimer ? Mon cœur sera toujours ailleurs.

Texte n° 7

Il avait vraiment l'air furieux. Je me demande s'il se doute de quelque chose. Ça m'étonnerait, parce qu'il est parti tout de suite. S'il s'était douté, il serait resté et il aurait posé des questions pour savoir. Hélène a bien joué. Elle avait l'air vraiment innocente. Je ne l'aurais pas cru si bonne comédienne... Il faudra peut-être que je me méfie d'elle...

Texte n° 8
Pourvu que Philippe ne se doute de rien. Pour l'instant, je ne voudrais pas que ça cesse avec Günter. Mais ça m'ennuierait que Philippe soit fâché pour de bon. Quelle malchance ! Je n'aurais jamais cru qu'il viendrait à l'aéroport. C'est bizarre, il me paraissait tellement détaché. Pourquoi est-il venu ? Et son compliment sur ma robe noire "vous êtes très belle en noir...". C'est la première fois qu'il me fait un compliment. Je devrais lui écrire pour lui expliquer.

Corrigé

1 - Günter : réaliste. **2** - Philippe : romantique, sentimental. **3** - Hélène : réaliste, un peu cynique. **4** - Günter : sentimental, romantique. **5** - Philippe : réaliste. **6** - Hélène : sentimentale. **7** - Günter : réaliste, dans l'hypothèse où Hélène joue double-jeu. **8** - Hélène : très réaliste, jouant double-jeu, n'ayant pas choisi entre les deux hommes.

Je crois qu'ils sont en train de ne rien se promettre
Ces deux-là sont trop maigres pour être malhonnêtes
Ils sont plus de deux mille et je ne vois qu'eux d'eux
Et brusquement il pleure, il pleure à gros bouillons
Tout entourés qu'ils sont d'adipeux en sueur
Et de bouffeurs d'espoir qui les montrent du nez
Mais ces deux déchirés, superbes de chagrin
Abandonnent aux chiens l'espoir de les juger
La vie ne fait pas de cadeaux
Et nom de Dieu c'est triste Orly le dimanche
Avec ou sans Bécaud
Et maintenant, ils pleurent, je veux dire tous les deux
Tout à l'heure c'était lui lorsque je disais : il
Tout encastrés qu'ils sont, ils n'entendent plus rien
Que les sanglots de l'autre
Et puis... et puis infiniment, comme deux corps qui prient,
Infiniment lentement, ces deux corps se séparent
Et en se séparant, ces deux corps se déchirent
Et je vous jure qu'ils crient
Et puis ils se reprennent, redeviennent un seul
Redeviennent le feu et puis se redéchirent
Se tiennent par les yeux
Et puis en reculant, comme la mer se retire
Ils consomment l'adieu, ils bavent quelques mots
Agitent une vague main
Et brusquement il fuit, il fuit sans se retourner
Et puis il disparaît, bouffé par l'escalier
La vie ne fait pas de cadeaux
Et nom de Dieu, c'est triste Orly le dimanche
Avec ou sans Bécaud
Et puis il disparaît, bouffé par l'escalier
Et elle, elle reste là, cœur en croix, bouche ouverte
Sans un cri, sans un mot, elle connaît sa mort
Elle vient de la croiser
Voilà qu'elle se retourne et se retourne encore
Ses bras vont jusqu'à terre
Ça y est, elle a mille ans
La porte est refermée, la voilà sans lumière
Elle tourne sur elle-même
Et déjà elle sait qu'elle tournera toujours
Elle a perdu des hommes, là elle perd l'amour
L'amour lui a dit revoilà l'inutile
Elle vivra de projets qui ne feront qu'attendre
La revoilà fragile avant que d'être à vendre
Je suis las, je le suis, je n'ose rien pour elle
Que la foule grignote comme un quelconque fruit...

Orly, de Jacques Brel

Ils sont plus de deux mille et je ne vois qu'eux d'eux
La pluie les a soudés, semble-t-il, l'un à l'autre
Ils sont plus de deux mille et je ne vois qu'eux d'eux
Et je les sais qui parlent, il doit lui dire : je t'aime
Elle doit lui dire : je t'aime

284

MAGA... MAGAZINE MAGAZINE MAGAZINE

285

MAGAZINE MAGAZINE MAGAZINE MAGAZINE MAGAZINE MAGAZINE

LES CHAMPS-ÉLYSÉES
(Waterloo road)

Refrain   Aux Champs-Élysées
Aux Champs-Élysées
Au soleil, sous la pluie
A midi ou à minuit
Il y a tout c'que vous voulez
Aux Champs-Élysées.

Je m'baladais sur l'Avenue
Le cœur ouvert à l'inconnu
J'avais envie de dire bonjour
A n'importe qui.
N'importe qui et ce fut toi
Je t'ai dit n'importe quoi
Il suffisait de te parler
Pour t'apprivoiser.

Tu m'as dit « J'ai rendez-vous
Dans un sous-sol avec des fous
Qui vivent la guitare à la main
Du soir au matin ».
Alors je t'ai accompagnée
On a chanté, on a dansé
Et l'on n'a même pas pensé
A s'embrasser.

Hier soir deux inconnus
Et ce matin sur l'Avenue
Deux amoureux tout étourdis
Par la longue nuit
Et de l'Etoile à la Concorde
Un orchestre à mille cordes
Tous les oiseaux du Point du Jour
Chantent l'Amour.

© 1969 by Flamingo Music Ltd 14 Berkeley street - London.
Paroles originales et Musique de Mike Wilsh & Mike Deighan.
Interprétée par Joe Dassin.
Adaptation française : Pierre Delanoë
© Intersong-Paris

Lexique

adverbs (of place) 41, 42, 43
advice, asking for-, giving- 180
agreeing/disagreeing 86
aimer 60, 61
aller 44, 60, 61, 122
alphabet 32
annoyance, expressing- 205
apologising 37, 131, 227
appreciation, expressing- 78, 79, 82, 118, 191
asking the time 69
articles, definite 11, 44, 95
    " *indefinite* 17, 44
    " *partitive* 95, 97
asking the time 69
asking the way 43
avoir 1, 17, 44, 122
cause 217, 218
certainty, uncertainty, expressing- 205, 228
commenting 180
comparisons 79
conditional tense 133
consequence 272
days of the week 168
demonstrative (adjectives and pronouns) 146
descendre 44
directions, giving- 43, 144, 145
disapproval, expressing- 180
distances 79
doubts, expressing- 228
duration 204
en 106
envoyer 52
être 11, 17, 44, 122
excuses, making- 181
faire 44, 105, 122
future tense 122, 123
getting things done 105
greetings 60
habiter 44
il y a 145
imperatives 96
imperfect tense 132, 147, 238
instructions, giving- 144
intensity 218
intentions, stating 118
interest/lack of 227
introductions 58, 60
invitations, accepting- 68, 69
    " *declining-* 148
letters (alphabet) 32
likes and dislikes 59, 60
months 168
narrating 84, 142, 234, 235, 236

negatives 17, 23
numbers (cardinals) 32
    " *(ordinals)* 169
ordering food and drink 89, 90, 94
partitives 95, 97
passé composé 23, 51, 83
passive sentences 239
past conditional tense 205, 239
perdre 52
perfect tense 23, 51, 80
pluperfect tense 205, 239
possessives 23
pour 204
prendre 44, 123
prices 24
probability, expressing- 205
pronouns, subject 51
    " *object* 51, 106, 107, 108
proposals, making- 132, 228
questions, asking simple- 11, 17, 23, 180
reasons, giving- 217, 218
reciprocal verbs 134
reflexive verbs 121, 123
regret, expressing- 205, 215, 217
requests, making- 69, 132
reservations, making- 244 à 250
s'appeler 44
seasons 168
size (clothing, etc) 155, 156, 157
sortir 70
spelling 33
subjunctive 144, 145
superlatives 167
tastes 58, 118, 191
thanking, asking the responding to- 78, 79, 82, 118, 191
time, telling the- 69
    sequency 106
    duration 204
transport 167, 179
verbs, conditional tense 133
  " *future tense* 122, 123
  " *imperatives* 96
  " *imperfect tense* 132, 147, 238
  " *passé composé* 23, 51, 83
  " *passives* 239
  " *past conditional tense* 205, 239
  " *pluperfect tense* 205, 234
  " *reciprocal* 134
  " *reflexives* 121, 123
  " *subjunctives* 144, 145
venir 70, 122
voir 122
vouloir 60, 61, 133
wishes 58, 118, 191

TABLE DES ILLUSTRATIONS

Réf.			
12-h	ph ©	Saint-Duroy/Rapho	
12	©	F. X. Seren	
13-h	©	Phelps/Rapho	
13-g	©	F.X. Seren	
13-d	©	F.X. Seren	
18	©	Château de la Corniche	
18-h	©	F.X. Seren	
18-g	©	Office National Belge de Tourisme	
18-d	©	Anvers-Hôtel	
19-h	©	Délégation Générale du Québec en France	
19-b	©	Saint-Aubin Hôtel. Martinique.	
19-d	©	Jet Evasion	
26-h	ph ©	P. Michaud	
26	©	"P.T.T. Suisses"	
26	©	"P.T.T. de Belgique"	
26-bg	ph ©	Foies Gras Pierre Champion 21, rue Taillefer 24004 Périgueux-France	
26-bm	ph ©	Champagne Pommery-Reims	
26-bd	ph ©	P. Michaud	
27-h		La Libre Belgique, 8 Mai 1985	
	©	Le Monde du 30.07.85	
	©	Journal Fraternité Matin : la Côte d'Ivoire au Quotidien	
	©	Le Journal de Genève du 25.06.1985	
27	©	Carrousel sous Louis XIV - par Eugène Lacaque/Ministère des P.T.T.	
27		Reproduction autorisée par la Société Candienne des Postes	
27-bg	ph ©	Cartier	
27-bd	ph ©	F.X. Seren	
34-h	©	Provost-85 - ph G. Hombourg	
34-b	ph ©	Berli/Rapho	
35-h	ph ©	Imbault/Fotogram	
35-g	ph ©	Baret/Rush	
35-d	ph ©	F.X. Seren	
35-b	©	D.G.T.-P.T.T.	
47		Avec l'aimable autorisation du Ministère de l'Intérieur et de la Décentralisation.	
47		Avec l'aimable autorisation du Ministère des Affaires Étrangères de Belgique.	
47		Avec l'aimable autorisation du Ministère des Affaires Étrangères Suisse	
54	ph ©	Buthaud/Rush	
55-h	ph ©	J.P. Dumontier	
55-b	ph ©	Gaumy/Magnum	
62-h		Affiche du Film : "Le dernier Métro" crée par René Ferracci © "by SPADEM 1986"	
62-b	ph ©	Cahiers du Cinéma	
62-d	ph ©	Zalewsky/Rapho	
63-h	ph ©	Gerber/Rush	
63-b	ph ©	Zalewsky/Rapho	
63-d		1938 - Editions Vianelly 3, rue Rossini - Paris	
72-g	©	Extrait du Guide du Voyageur T.G.V./S.N.C.F.	
72-d	ph ©	J.C. Decaux	
72-b	©	Vignal/S.N.C.F./C.A.V.	
73-h	©	Antenne 2	
73-b	©	Télérama	
86-hg	©	Cahiers du Cinéma	
86-hd		Providence - affiche créée par R. Ferracci © by SPADEM, 1986 Action Films S.A.-SFP-FR3 (Paris) Citel Films (Genève)	
86-b	ph ©	Cahiers du Cinéma	
87-h		Fernand Léger - Composition aux Trois Sœurs © by Spadem 1986 ph © EDIMEDIA	
87-b		by ADAGP 1986, Affiche de Paul Colin - 1932 - Collection "Musée Air-France"	
98-h	ph ©	Collection Christophe L	
98	©	Brasserie Le Cabri	
98-b	©	Riby/Archives Hatier	
99	©	Ile de la Martinique	
99-h	ph ©	Picou/AAA Photo	
99	©	La Marlotte	
99-b	ph ©	F.X. Seren	
110-h	©	Webb/Magnum	
110-m	©	F.X. Seren	
110-b	©	Perenom/Rush	
111-g	ph ©	Lindt & Sprüngli AG	
111-d	ph ©	J.P. Dumontier	
111	©	Gayraud - Domaine de la Martine - Soturac - Lot - Propriétaires, Vignerons depuis plusieurs générations	
111-b		Evian 1984 © Bélier Conseil	
124-h	ph ©	Depardon/Magnum	
124-b	ph ©	P. Michaud	
124-bd		Affiche "La Cantatrice Chauve" dessinée par Jacques Noël - Théâtre de la Huchette	
125-h	©	Daulte/Stratus/Viva/A.C.R.	
125-m	ph ©	Collection Christophe L	
125-b	ph ©	Le Querrec/Magnum	
136	©	Yves Saint-Laurent	
136-d	©	D.G.T.-P.T.T. - ph : Perceval Conseil	
136-b	ph ©	F.X. Seren	
137	©	Synergie/Club Méditéranée - Photo : Hervé Nabon	
137-b	©	D.G.T. P.T.T. - ph : Perceval Conseil	
150-h	©	Ecom-Univas/RATP	
150-b	©	Kempf/Fotogram	
151-h	©	Ecom-Univas/R.A.T.P.	
151-g	©	Antman/Fotogram	
151-b	©	Baret/Rush	
160-hg	©	F.X. Seren	
160-d	©	Perenom/Rush	
160-g	©	Peltier/Fotogram	
160-b	©	Pavlovsky/Sygma	
161-h	©	Berne/Fotogram	
161-d	©	Baret/Rush	
161	©	Printemps	
172-h	©	Archives SNARK/Edimédia	
172-b	©	Schurr/Rush	
172-d	©	Eigenmann-Poly-Photo-Montréal	
173-h	©	S.N.C.F.	
173-d		J. Cheret - Chemins de Fer P.L.M. Auvergne © "by SPADEM, 1986" ph © EDIMEDIA	
173-b	ph ©	Via Rail	
184-h	©	Relations Publiques Citroën	
184-b	©	Document Régie Renault	
185-h	©	Pérénom/Rush	
185-m	©	P. Michaud	
185-d	©	Pérénom/Rush	
185-b		Avec l'aimable autorisation de Publicis Conseil pour Renault	
196-h	ph ©	Alliance Française	
196-d	ph ©	F.X. Seren	
196-b	©	Hatier	
197-h	ph ©	F.X. Seren	
197-b	©	Hatier	
	©	Didier	
197-d	©	Eurocentres	
208-h	ph ©	P. Michaud	
208-b	ph ©	Canault/Viva/A.C.R.	
209-h	ph ©	P. Michaud	
209-m	ph ©	Boiffin-Vivier/Rush	
209-b	ph ©	F.X. Seren	
220-h	ph ©	Ivaldi/Viva/A.C.R.	
220-m	©	Dessin de Wolinski "Vive la Province" Le Nouvel Observateur 24 Mai 1985	
220-b	ph ©	Le Scour/Fotogram	
221-h	ph ©	Zachmann/Rush	
221-m	©	Burri/Magnum	
221-b	©	Boitet/Fotogram	
230-h	©	Descamps/Fotogram	
230-b	©	Festival International du Film Cannes 1985	
231-h	©	Adel Productions	
231-b	ph ©	Sara Films	
242-h	ph ©	Le Diascorn/Viva/A.C.R.	
242-b	ph ©	Le Diascorn/Viva/A.C.R.	
242-243	©	"Le Nouvel Observateur" n° 895, 2 au 9 Janvier 1982 "Les Petits Miracles de l'année - Extraits	
243-h	ph ©	Société de la Loterie Nationale et du Loto National	
243-bg	©	Libération - 7 novembre 1984 "La prison par pitié"	
243-b	ph ©	Kempf/Fotogram	
252-h	ph ©	Baret/Rush	
252-b	©	D.G.T.-P.T.T. - ph Fargeat, Saint-Jean, Vince	
252		Avec l'aimable autorisation de Vittorio Rossi - Palais Omnisports Paris-Bercy	
253-h		Chagall - Plafond de l'Opéra de Paris © by ADAGP, 1986	
	ph ©	Ciccione/Rapho	
253-b	©	Ecom-Univas/R.A.T.P.	
253-g	©	Merlin	
253-b	©	Théâtre National de l'Opéra de Paris	
262-h	©	1947 by Arpège - 25 Bd Beaumarchais - 75004 PARIS	
262-b	ph ©	P. Michaud	
263-h	©	Dessin de Peynet - Editions Hoebeke	
263-d	©	Edimédia - Editions Dix/Droits Réservés	
263-b	©	MCMXLVII by Enoch & Cie Tous droits Réservés	
274-h	ph ©	Chapman/Fotogram	
274-m	ph ©	P. Michaud	
274-b	ph ©	Tourdjam/Fotogram	
275-h	ph ©	P. Michaud	
275-b	ph ©	Pérénom/Rush	
284-h	ph ©	P. Michaud	
284-b	ph ©	Hartmann/Magnum	
285-h	ph ©	P. Michaud	
285-d	ph ©	P. Michaud	
285-b	ph ©	P. Michaud	